博物馆建设研究

朱卫华　石雪梅 ◎ 著

吉林科学技术出版社

图书在版编目（CIP）数据

博物馆建设研究 / 朱卫华，石雪梅著 . —长春：
吉林科学技术出版社，2023.7
ISBN 978-7-5744-0800-5

Ⅰ.①博… Ⅱ.①朱… ②石… Ⅲ.①博物馆事业 –
建设 – 研究 – 中国 Ⅳ.① G269.23

中国国家版本馆 CIP 数据核字（2023）第 168765 号

博物馆建设研究

著	朱卫华	石雪梅
出 版 人	宛 霞	
责任编辑	周振新	
封面设计	易出版	
制 版	易出版	
幅面尺寸	185mm×260mm	
开 本	16	
字 数	275 千字	
印 张	14	
印 数	1–1500 册	
版 次	2023年7月第1版	
印 次	2024年2月第1次印刷	

出 版 吉林科学技术出版社
发 行 吉林科学技术出版社
地 址 长春市福祉大路5788号
邮 编 130118
发行部电话/传真 0431-81629529 81629530 81629531
　　　　　　　　　 81629532 81629533 81629534
储运部电话 0431-86059116
编辑部电话 0431-81629518
印 刷 三河市嵩川印刷有限公司

书 号 ISBN 978-7-5744-0800-5
定 价 96.00元

版权所有 翻印必究 举报电话：0431-81629508

博物馆，作为人类文明的宝库，承载着世界各地不同历史时期、不同文化背景下的珍贵文化遗产。它们如同时间的容器，将过去的记忆和故事保存在其中，让人们能够亲身感受到历史的厚重与文化的多样性。

随着社会的不断发展和进步，人们对博物馆的需求和期待也在不断提高。博物馆不再仅仅是一个展示文物的场所，而是一个集教育、研究、交流和文化传承于一体的综合性平台。人们希望通过参观博物馆，能够深入了解自己的文化根源，拓宽视野，增长知识，培养审美情趣，以及激发创造力和想象力。因此，如何建设一个既具有历史价值又具有现代特色的博物馆，成为了一个值得深入研究的课题。

在本书中，分析了博物馆的功能定位，从收藏、研究、展示、教育、交流、促进经济发展等多个方面，阐述博物馆在现代社会的重要地位和作用。还从建筑设计、展陈设计、运营管理等方面，为读者提供关于博物馆建设的实践指导。在展览策划方面，我们将分享如何根据博物馆的定位和特色，策划有深度、有吸引力的展览内容；在教育推广方面，我们将探讨如何利用博物馆的资源和平台，为公众提供丰富多样的教育体验。

本书共八章：主要讲述了博物馆定位与特点、博物馆建筑建设艺术研究、博物馆建筑建设与周边环境的有机融合、博物馆内部陈设艺术设计、博物馆信息化建设、博物馆安全防范体系的设计与建设、博物馆文化建设、博物馆人才队伍建设与发展、生态博物馆概述。

　　我们希望这本书能够成为您在博物馆建设领域的一个重要参考，帮助您在实践中不断提高自己的专业素养，为推动博物馆事业的发展做出贡献。同时，我们也期待与您一起，共同探讨博物馆建设的未来发展趋势，为构建更加美好的人类文明遗产保护和传承体系贡献力量。

　　本书由山东嘉祥武氏墓群石刻博物馆朱卫华和鱼台县文物保护中心石雪梅共同编写。具体编写分工为：朱卫华编写了第一章、第二章和第四章（共计 152 千字）；石雪梅编写了第三章、第五章、第六章、第七章和第八章（共计 123 千字）。全书由朱卫华负责统稿。

　　本书编写过程中，参考了相关的著作、论文等，在此向原作者表示感谢。

　　由于作者水平有限，不足之处敬请广大读者批评指正！

编　者

2023 年 2 月

目　录

第一章　博物馆概述

第一节　博物馆的定义与构成要素

一、博物馆的定义

博物馆，作为文化和历史的载体，是展示人类智慧和创造力的宝库。在现代社会中，博物馆扮演着重要的角色，不仅仅是一个收藏和展示文物的场所，更是一个向公众传播知识、传承文明的重要机构。

博物馆作为一个文化和历史的宝库，承载着丰富的文化遗产。它通过收集各类文物和艺术品，包括古代器物、绘画、雕塑、手工艺品等，将这些珍贵的文化遗产保存下来，为后人提供了了解历史、感受文化的机会。这些文物和艺术品不仅是过去时代的见证，更是人类文明发展的瑰宝。

博物馆不仅仅是一个静态的展示空间，更是一个活跃的学习平台。博物馆通过举办各类展览、讲座等活动，向公众传递知识和信息。人们可以通过参观展览，深入了解不同领域的知识，如艺术、历史、科学等。同时，博物馆还提供专门的教育资源，为学生和教育机构提供学习和研究的机会。

博物馆还是一个文化交流的桥梁。通过展示不同国家和地区的文物和艺术品，博物馆促进了不同文化之间的交流与理解。观众可以通过欣赏其他国家的艺术品，了解不同文化的独特之处，增进对其他文化的尊重和包容。这种跨文化的交流有助于促进世界各国之间的友好合作与和平发展。

总之，博物馆作为文化和历史的载体，不仅仅是一个收藏和展示文物的场所，更是一个向公众传播知识、传承文明的重要机构。通过收集、保护、研究、展示和传播各类文物和艺术品，博物馆为人们提供了了解历史、感受文化的机会，促进了文化交流与理解。在未来的发展中，博物馆将继续发挥重要的作用，推动文化的繁荣和社会的进步。

二、博物馆的构成要素

博物馆的构成要素涵盖了建筑结构、藏品、陈列设计、管理与运营、以及现代技术等多个方面，这些要素共同构成了博物馆的基本框架，使其能够在传承文化、普及知识、提高公众素质等方面发挥重要作用。

（一）建筑结构

建筑结构是博物馆的重要组成部分，在博物馆建设中扮演着至关重要的角色。一个优秀的博物馆建筑不仅要满足展示和收藏的需求，还要能够体现博物馆的主题和特色。因此，建筑师在设计时需要充分考虑展品的保护需求，合理规划空间布局，确保观众的安全和舒适。

（1）展品的保护是博物馆建筑设计的首要任务之一。博物馆内陈列的文物、艺术品等珍贵物品往往具有极高的历史、文化和艺术价值，需要得到妥善的保护。建筑师在设计时应考虑到这些展品的特殊性质，采用相应的材料和技术来保护它们不受损坏。例如，可以采用防火、防潮、防震等措施，确保展品的安全。此外，博物馆的空间布局也需要考虑到展品的保护需求。合理的布局可以避免展品之间的相互干扰，减少潜在的风险因素。

（2）博物馆建筑的设计还需要考虑到观众的安全和舒适。观众在参观博物馆时需要一个安全、舒适的环境来欣赏展品。建筑师可以通过合理的空间布局和设施设置来提供这样的环境。例如，可以设置宽敞的通道和休息区域，方便观众进出和休憩。同时，还可以考虑无障碍设施的设置，方便行动不便的观众参观。

（3）博物馆的建筑风格也要与博物馆的定位相符合，营造出独特的氛围，吸引观众的注意力。不同的博物馆可以根据自身的特点选择适合的建筑风格，如现代、传统、古典等，以突出其独特的魅力。

建筑结构是博物馆的重要组成部分，它在保证展品的保护需求的同时，还要考虑到观众的安全和舒适。建筑师在设计时应充分考虑以上因素，合理规划空间布局，选择适合的建筑风格，以打造一个优秀的博物馆建筑。这样的建筑不仅可以满足展示和收藏的需求，还能够体现博物馆的主题和特色，吸引更多的观众前来参观。

（二）藏品

藏品是博物馆的核心资源，它们是博物馆的灵魂所在。博物馆的藏品种类繁多，包括文物、艺术品、自然标本等各类珍贵物品。这些藏品不仅具有历史、艺术和文化价值，还能够反映一个时代的风貌和社会变迁。因此，博物馆需要建立科学、系统的藏品管理体系，确保藏品的安全保存和有效利用。同时，博物馆还需要不断丰富藏品的种类和数量，以吸引更多的观众和研究者。

博物馆的藏品是历史的见证者，它们承载着过去的记忆和故事。每一件文物都有着独特的历史背景和文化内涵，通过它们我们可以了解到过去的社会制度、风俗习惯以及人们的生活方式。而艺术品则是人类创造力和想象力的结晶，它们展现了不同时期的审美观念和艺术风格。自然标本则记录了自然界的奥秘和变化，让我们对地球的生态系统有更深入的认识。

博物馆的藏品也是艺术的瑰宝，它们展示了人类智慧和创造力的辉煌成果。每一件文物都是艺术家们辛勤努力的结晶，无论是古代的陶瓷器皿还是现代的绘画作品，都蕴含着艺术家的情感和思想。艺术品则以其独特的形式和表达方式吸引着观众的目光，让我们感受到美的力量和艺术的魅力。自然标本则展示了大自然的神奇和多样性，让我们对自然界的奇妙之处充满敬畏之情。

博物馆的藏品还具有重要的教育意义。通过展示和解读藏品，博物馆可以为观众提供丰富的知识和信息。观众可以通过观赏文物了解历史的发展脉络，通过欣赏艺术品感受艺术的魅力，通过研究自然标本探索自然的奥秘。博物馆还可以举办各种教育活动和讲座，让观众深入了解藏品的内涵和背后的故事。

为了确保藏品的安全保存和有效利用，博物馆需要建立科学、系统的藏品管理体系。这包括藏品的采集、鉴定、分类、保管、展示和研究等方面的工作。博物馆需要制定详细的管理规章制度，明确责任分工和管理流程，加强对藏品的保护和维护工作。同时，博物馆还需要加强与国内外相关机构的合作交流，共同推动藏品的研究和保护工作。

为了吸引更多的观众和研究者，博物馆需要不断丰富藏品的种类和数量。这可以通过征集新的文物、购买艺术品、开展自然标本采集等方式实现。博物馆还可以举办各种展览和活动，让更多的人有机会接触和了解藏品。此外，博物馆还可以利用现代科技手段，如虚拟现实技术、数字化展示等，为观众提供更加丰富多样的观展体验。

博物馆的藏品是宝贵的文化遗产，它们不仅具有历史、艺术和文化价值，还能够反映一个时代的风貌和社会变迁。因此，我们应该重视和支持博物馆的工作，共同努力保护和传承这些宝贵的文化遗产。

（三）陈列设计

陈列设计是展示藏品的主要手段之一。通过精心策划和设计的陈列，可以将藏品以生动、形象的方式呈现给观众，让观众能够更好地理解和欣赏这些珍贵的文物和艺术品。

在陈列设计过程中，博物馆需要充分考虑展品的特点和历史背景。每件展品都有其独特的故事和价值，因此博物馆应该根据展品的特点进行合理的分类和组合，以便观众能够更好地理解它们的历史和文化背景。同时，博物馆还应该运用恰当的展示手法和多媒体技术，如虚拟现实、增强现实等，以增强观众的参与感和体验感。通过这些创新的展示方式，观众可以更加身临其境地感受展品的魅力，从而更好地理解和欣赏它们的价值。

除了展品的展示之外，陈列设计还需要注意空间布局和灯光效果的搭配。合理的空间布局可以使展品之间形成良好的互动关系，增加观众的参观体验。同时，灯光效果的选择和运用也可以营造出不同的氛围和情感，为观众带来更加丰富的观展体验。例如，柔和的灯光可以营造出温馨、舒适的氛围，使观众感到放松和愉悦；而明亮的灯光则可以突出展品的细节和特点，吸引观众的注意力。

（四）管理与运营

良性的管理与运营是博物馆长期发展的关键。一个成功的博物馆需要有专业的管理团队和运营人员，他们负责展览策划、文物保护、观众服务等工作。同时，博物馆还需要与社会各界建立良好的合作关系，包括政府、企业、学校等，共同推动博物馆的发展和创新。

在博物馆的管理方面，专业团队的组建至关重要。管理团队应具备丰富的博物馆管理经验和专业知识，能够制定合理的管理策略和规划，确保博物馆的长期稳定发展。他们需要负责展览策划，包括确定展览主题、内容和形式，以及展品的选择和布置等。同时，他们还应该关注文物保护工作的重要性，制定科学的文物保护措施，确保珍贵文物的安全保存和传承。此外，观众服务也是博物馆管理中的重要环节，管理人员应该提供优质的服务体验，满足观众的需求，增强博物馆的社会影响力。

除了专业的管理团队外，博物馆还需要一支优秀的运营队伍。运营人员是博物馆日常工作的执行者，他们负责展览的日常维护和管理，保证展览的顺利进行。他们需要熟悉展览的内容和布局，及时处理展览中出现的问题，并与其他部

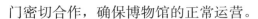

门密切合作，确保博物馆的正常运营。

为了实现博物馆的长远发展，与社会各界建立良好的合作关系至关重要。政府的支持和合作可以为博物馆提供政策支持和资金保障，促进博物馆的发展。企业的合作可以为博物馆提供经济支持和资源整合，推动博物馆的创新和发展。学校的合作可以促进博物馆与社会教育的融合，为学生提供更丰富的学习机会。通过与各方的合作，博物馆可以更好地发挥自身优势，拓宽发展空间，提升社会影响力。

同时，博物馆还需要与社会各界建立良好的合作关系，包括政府、企业、学校等，共同推动博物馆的发展和创新。只有在这样的共同努力下，博物馆才能不断发展壮大，成为文化传承和交流的重要平台。

（五）现代技术

在现代博物馆建设中，技术的作用越来越显著。随着科技的不断进步和创新，博物馆开始利用多媒体技术、虚拟现实等先进技术手段来丰富展览形式，提升观众的参与度和体验感。这些技术的应用不仅为博物馆带来了更多的互动性和趣味性，还能够吸引更多的观众前来参观和学习。

多媒体技术的应用使得博物馆可以通过音频、视频、动画等形式展示文物和展品，使观众能够更加直观地了解历史文化的内涵和背景。通过触摸屏、投影仪等设备，观众可以与展品进行互动，深入了解其背后的故事和意义。这种互动性的展示方式不仅提高了观众的参与度，还增强了他们的学习效果和记忆深度。

虚拟现实技术的应用则为观众带来了全新的参观体验。通过戴上 VR 眼镜，观众可以身临其境地感受历史场景和文化氛围，仿佛置身于古代宫殿或战争现场之中。这种沉浸式的体验不仅让观众更加深入地了解历史文化，还能够激发他们对历史的兴趣和探索欲望。同时，虚拟现实技术还可以用于模拟考古发掘过程，帮助研究人员更好地保护和研究文物。

除了提升观众的参与度和体验感外，数字化技术还在博物馆的保护和研究工作中发挥着重要作用。通过数字化技术，博物馆可以将文物的照片、图像、文字等信息进行高精度的采集和保存，确保文物的历史信息得以完整传承。同时，数字化技术还可以帮助博物馆进行文物的分类、整理和编目工作，提高文物管理的效率和准确性。此外，数字化技术还可以促进博物馆之间的资源共享和合作研究，实现文化遗产的全球共享和交流。

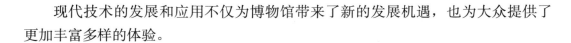

现代技术的发展和应用不仅为博物馆带来了新的发展机遇，也为大众提供了更加丰富多样的体验。

三、博物馆的功能与价值

博物馆是一种重要的文化机构，它在传承、保护、研究和展示人类文化遗产方面发挥着重要的作用。博物馆的功能和价值可以概括为以下几个方面。

（一）传承文化

博物馆作为文化传承的重要载体，发挥着至关重要的作用。通过展示和保存文化遗产，博物馆为人们提供了深入了解和认识历史、文化和艺术等方面的知识的机会。这种文化的传承和发展不仅有助于保护和弘扬传统价值观，还能够促进社会的进步和繁荣。

在博物馆中，人们可以欣赏到各种各样的文物和艺术品，这些珍贵的文化遗产承载着人类的智慧和创造力。无论是古代的器物、书籍、绘画，还是当代的手工艺品、摄影作品等，每一件展品都代表着一段历史的记忆和人类智慧的结晶。通过展览的形式将这些文化遗产传递给后人，使得历史文化得以延续和传承。

博物馆通精心策划的展览设计，引导观众深入思考和理解文化的内涵。展览通常会结合文字解说、音频导览、互动体验等多种方式，使观众能够更加全面地了解文物的历史背景、制作工艺以及背后的故事。这样的展示形式不仅增加了观众的兴趣和参与感，也为他们提供了更深入的思考空间，激发了对文化传承的思考和探索。

除了静态的展示，许多博物馆还举办各种临时展览和活动，以吸引不同年龄段和兴趣爱好的观众。这些展览通常涵盖多个领域，如艺术、科技、历史等，为观众提供了更多的选择和交流机会。同时，博物馆还会定期组织讲座、工作坊等活动，邀请专家学者与观众分享他们的研究成果和经验，进一步推动文化的传承和发展。

总之，博物馆作为文化传承的重要载体，通过展示和保存文化遗产，为人们提供了深入了解和认识历史、文化和艺术等方面知识的平台。通过展览的形式将这些宝贵的文化遗产传递给后人，使得历史文化得以延续和传承。同时，博物馆的丰富多样的展示形式和活动也为观众提供了更多学习和交流的机会，促进了文化的繁荣和社会的进步。

（二）保护文物

保护文物是博物馆的重要职责之一。作为文化遗产的守护者，博物馆通过收藏、整理、研究和保护文物的方式，致力于维护文物的完整性和真实性，为后代传承和发展文化遗产提供了坚实的保障。

博物馆通常会设立专门的文物保护部门，由专业的工作人员负责对文物进行科学的管理和保养。这些工作人员具备丰富的经验和专业知识，能够确保文物不受损坏和腐蚀。他们会制定详细的保护计划，定期进行文物的检查和维护工作，以确保其长期保存下去。

除了日常的保管工作，博物馆还会进行文物修复和复原工作，以使已经受损或遗失的文物得以修复和重建。这些工作通常需要经过严格的程序和专业的技术，以确保修复后的文物能够恢复其原有的艺术价值和历史意义。修复后的文物不仅能够让后人欣赏到完整的文化遗产，还能够让人们更好地了解历史和文化的发展过程。

此外，博物馆还积极开展文物展览和教育活动，向公众普及文物保护的重要性和方法。通过举办各类展览和讲座，博物馆希望能够唤起人们对文物保护的关注和重视，激发公众参与文物保护的热情。同时，博物馆也会与学校、社区等机构合作，开展文物保护教育项目，培养年轻一代的文物保护意识和能力。

博物馆作为文物保护的重要机构，发挥着不可替代的作用。博物馆通过收藏、整理、研究和保护文物，以及修复和复原工作，为后代传承和发展文化遗产提供了坚实的保障。同时，博物馆也积极开展文物展览和教育活动，提高公众对文物保护的认识和参与度，共同守护着宝贵的文化遗产。

（三）文化研究基地

博物馆在文化研究领域扮演着重要的角色，它们被视为文化研究的重要基地。通过对文化遗产的深入研究，揭示文化的本质和内涵，从而推动文化的发展和创新。

博物馆通常会设立专门的研究机构和学术团队，他们致力于开展各种学术研究和文化探索活动。通过深入挖掘文化遗产的内涵和价值，这些研究机构为学术界提供了丰富的研究素材和案例，进一步推动了文化的不断进步和发展。

在博物馆的研究活动中，研究人员会运用各种研究方法和理论框架，对文化遗产进行系统性的分析和解读。他们关注文化遗产的历史背景、社会意义、艺术风格等方面，以揭示其背后的文化内涵和价值观。同时，还会对文化遗产的保护与传承进行研究和探讨，提出相应的建议和措施，以促进文化遗产的可持续利用和发展。

除了学术研究，博物馆还举办各种文化展览和活动，以吸引公众参与并加深对文化的理解。这些展览和活动涵盖了不同的主题和领域，包括历史、艺术、民俗等，旨在向公众展示文化遗产的魅力和重要性。通过这些活动，博物馆不仅为观众提供了一个了解和欣赏文化遗产的机会，也为人们提供了一个交流和分享的平台，促进了不同文化之间的相互理解和交流。

博物馆作为文化研究的基地，通过深入研究文化遗产，揭示文化的本质和内涵，为学术界提供了丰富的研究素材和案例。同时，博物馆的研究成果也推动了文化的发展和创新，丰富了公众对文化的认知和理解。因此，博物馆在文化研究领域具有不可替代的地位和作用。

（四）公众教育

博物馆是公众教育的重要场所，它通过展示和举办各种教育活动，向公众传播知识和文化，提高公众的文化素养和素质。博物馆通常会组织丰富多样的教育活动，如讲座、讲解等，向公众介绍展品的背后故事和文化背景，引导观众深入思考和理解文化遗产的意义。通过这些教育活动，博物馆不仅能够提升公众的文化修养，还能够培养人们的文化意识和审美能力。

博物馆作为一个重要的文化机构，承担着传承和弘扬历史文化的使命。博物馆为公众提供了一个了解历史、探索文化的平台。在博物馆中，人们可以亲身感受到历史的厚重和文明的伟大。通过参观展览，观众可以了解到不同时期的历史事件、社会风貌和艺术成就，从而加深对历史的理解和认识。

博物馆还注重培养公众的文化意识和审美能力。通过展示优秀的艺术作品和文化遗产，博物馆为公众提供了一个欣赏美的机会。观众在欣赏艺术品的同时，也会受到美的熏陶和启发，从而提高自己的审美水平。同时，博物馆还会组织一些艺术表演和文化活动，为观众提供更多的艺术体验和文化享受。

博物馆不仅是一个展示历史的窗口，更是一个培养文化意识和审美能力的乐园。通过参与博物馆的活动，公众可以更好地了解文化遗产的价值和意义，从而增强对文化的认同感和自豪感。

（五）重要的科研基地

博物馆不仅是文化遗产的守护者，更是科学研究的重要基地。许多科学家和学者选择在博物馆开展研究工作，因为博物馆拥有丰富的藏品，这些藏品往往具有很高的科学价值，为科学家们提供了丰富的研究材料。

博物馆的藏品涵盖了各个学科领域，包括自然科学、社会科学、艺术等。这些藏品不仅代表着人类历史和文化的发展，也记录了科学的进展和发现。科学家们可以通过对博物馆藏品的研究，深入了解过去的科学成就和发现，从而启发新的研究方向和思考。

除了作为科学研究的重要基地，博物馆还承担着普及科学知识的责任。通过设立科普教育区，博物馆向公众传递科学知识，激发公众对科学的兴趣和探索精神。科普教育区的展示内容丰富多样，包括实验演示、互动体验等多种形式，使观众能够亲身参与其中，感受到科学的魅力和乐趣。

博物馆作为科学研究的重要基地，不仅为科学家提供了丰富的研究材料和资源，也为公众普及科学知识和激发科学兴趣做出了积极贡献。在未来的发展中，博物馆将继续发挥其重要作用，推动科学研究的进步和社会文化的发展。

（六）促进旅游业发展

博物馆作为旅游景点的重要组成部分，扮演着重要的角色。它们不仅仅是展示文化遗产的场所，更是吸引游客前来参观和体验的重要推动力。通过精心策划的展览和活动，博物馆能够向游客展示丰富多样的文化背景和历史故事，从而激发他们的兴趣并吸引更多的人前来参观。

许多著名的博物馆已经成为了旅游热点，吸引了大量的国内外游客前来观光和学习。这些博物馆以其独特的建筑风格、丰富的藏品以及精彩的展览而闻名于世。游客们可以在这些博物馆中欣赏到珍贵的艺术品、文物和古代文明的遗物，深入了解不同文化的历史和发展。这不仅为当地带来了经济收益，还提升了城市的知名度和文化形象。

与此同时，博物馆还可以与周边景点进行合作，共同打造文化旅游线路。通过将博物馆与其他旅游景点有机地结合起来，游客可以更加全面地了解当地的历史文化，并获得更加丰富和多样化的旅游体验。这种合作不仅有助于提升旅游目的地的吸引力，还能够促进旅游业的发展，带动相关产业的繁荣。

博物馆作为旅游景点的重要组成部分，不仅能够吸引游客前来参观和体验，还能够为当地带来经济收益和文化形象的提升。

总之，博物馆的价值不仅仅体现在它们所收藏的珍贵文物和艺术品上，更体现在它们对历史、文化、科学和艺术的传播和推广中所发挥的巨大作用。博物馆是我们共同的文化遗产，值得我们倍加珍惜和传承。

第二节　不同类型博物馆的定位与特点

一、艺术类博物馆

艺术类博物馆是专门收藏、展示和研究艺术作品的场所，其特点是以视觉艺术为主，包括绘画、雕塑、摄影等多种形式。这类博物馆的定位通常是成为艺术家和艺术爱好者的交流平台，同时也是推动艺术教育和文化交流的重要场所。

（一）艺术类博物馆的定位

艺术类博物馆在社会中扮演着重要的角色。首先，它们是保存和传承人类文化遗产的重要机构。通过收集和展示各类艺术作品，这些博物馆将艺术家的创作成果传递给后代，让更多人能够欣赏到优秀的艺术品。同时，它们也承担着对艺术家及其作品的研究和解读工作，为学术界提供了宝贵的研究资料。

其次，艺术类博物馆是培养艺术兴趣和审美情趣的重要场所。通过展览和教育活动，这些博物馆向观众传递了丰富的艺术知识和审美观念。无论是孩子还是成年人，都可以在这些博物馆中找到适合自己的艺术体验，激发内心的创造力和想象力。

另外，艺术类博物馆也是促进国际文化交流的重要桥梁。许多博物馆致力于展示不同国家和地区的艺术作品，让观众了解不同文化的艺术表达方式。这种跨文化的交流有助于增进各国人民之间的相互理解和友谊，推动文化的多元发展。同时，一些博物馆还与国内外的艺术家和机构合作举办联合展览或项目，进一步促进了艺术界的交流与合作。

（二）艺术类博物馆的特点

1. 收藏丰富

艺术类博物馆通常具有丰富的艺术品收藏，包括绘画、雕塑、陶瓷、摄影等

各种形式的艺术作品。这些藏品往往具有很高的艺术价值和历史价值，反映了各个时期的艺术风格和社会风貌。

2．展览多样

艺术类博物馆会定期举办各类展览，展示馆内的藏品。这些展览不仅包括常设展览，还会根据不同的主题和时期推出临时展览，以满足观众的不同需求和兴趣。

3．教育功能

艺术类博物馆具有很强的教育功能，通过举办各类讲座、工作坊、导览等活动，帮助观众了解艺术品背后的历史、文化、技艺等方面的知识，提高公众的艺术素养和审美能力。

4．推动学术研究

艺术类博物馆通常会与国内外的研究机构、高校等合作，开展艺术史、艺术理论等方面的研究工作，推动艺术领域的学术发展。

5．促进文化交流

艺术类博物馆作为文化传播的重要场所，吸引了来自世界各地的游客和学者。在这里，人们可以欣赏到来自不同国家和地区的艺术品，感受到各种文化的碰撞与交融，促进国际间的文化交流与合作。

6．建筑美学

艺术类博物馆的建筑往往具有很高的美学价值，融合了现代设计与传统文化元素，成为城市的文化地标和旅游景点。同时，博物馆内部的布局和空间设计也注重观众的参观体验，使人们在欣赏艺术品的同时，能够感受到舒适和谐的环境氛围。

7．社会影响

艺术类博物馆在社会中具有广泛的影响力，它们不仅是艺术创作的发源地和传承者，还是公众审美教育的重要基地。通过展示优秀的艺术作品，艺术类博物馆为提升社会文明程度、丰富人们的精神生活做出了积极的贡献。

艺术类博物馆在保护和传承文化遗产、培养艺术兴趣、促进国际文化交流等方面发挥着重要作用。它们是连接艺术家、艺术爱好者和广大观众的纽带，为社会带来了美的享受和文化的繁荣。在未来的发展中，艺术类博物馆将继续扮演着重要的角色，为人们提供更多的艺术体验和文化交流的机会。

二、历史类博物馆

历史类博物馆是专门致力于收集、保存和展示与历史相关的文物、文献和遗址等的机构。这些博物馆注重对历史文化的传承和研究，通过展览和教育活动向公众传递历史知识。

（一）历史类博物馆的定位

历史类博物馆的是历史的见证者和传播者，促进人们对历史的了解和思考。它们致力于保护和传承历史文化，通过收集和保存珍贵的文物和遗址，让人们能够亲身感受到历史的厚重和悠久。博物馆内的展览通常以主题为线索，将历史事件、人物和文化背景有机地结合在一起，通过陈列和展示的方式呈现给观众。这种展示方式既直观又生动，使人们能够更加深入地了解历史的内涵和意义。

除了展览，历史类博物馆还开展各种形式的教育活动。这些活动旨在通过讲座、研讨会等形式，向公众传授历史知识和研究方法。博物馆工作人员通常会邀请专家学者来讲解相关的历史事件或文化现象，与观众进行互动交流。这样的教育活动不仅能够增加观众的知识储备，也能够激发他们对历史的兴趣和热爱。

此外，一些历史类博物馆还会与其他机构合作举办跨学科的研究项目。这些项目可能涉及到考古学、人类学、艺术学等多个领域，旨在深入挖掘历史背后的文化内涵和社会变迁。通过这些研究项目，博物馆能够不断丰富自己的藏品和研究成果，提升自身的学术声誉和社会影响力。

（二）历史类博物馆的特点

1．展示历史文物和艺术品

历史类博物馆通常收藏了大量的历史文物和艺术品，如古代器物、绘画、雕塑等。这些展品通过陈列展示的方式，向观众展示了历史时期的文化、艺术和生活方式。

2．提供历史文化背景知识

历史类博物馆不仅仅是展示物品的场所，更重要的是通过展品和解说文字，向观众提供丰富的历史文化背景知识。观众可以通过观看展品和听取解说，了解历史事件的发生原因、过程和影响，从而更好地理解历史的发展脉络。

3．教育和研究功能

历史类博物馆具有重要的教育和研究功能。它们不仅是人们学习历史的场

所，也是学者进行研究和探讨的对象。历史学家和研究人员可以通过对博物馆的藏品进行研究，深入了解历史事件的细节和背后的原因，为历史学的研究提供重要的参考资料。

4. 保护文化遗产

历史类博物馆是保护和传承文化遗产的重要机构。它们通过收集、整理和展示文物，保存了珍贵的历史遗产。同时，博物馆还承担着对文物进行修复、保护和研究的责任，以确保这些宝贵的文化遗产能够得到妥善的保护和传承。

5. 公众参与和互动体验

为了增加观众的参与感和兴趣度，许多历史类博物馆提供了互动体验项目。例如，观众可以通过触摸展品、参与互动展览或参加讲座等方式，更加深入地了解历史事件和文化背景。这种互动体验不仅丰富了观众的参观体验，也促进了他们对历史知识的学习和理解。

三、科学与技术类博物馆

科学与技术类博物馆是专门用来展示科学和技术领域的各种成果和应用的场所。这些博物馆通常收藏和展示物理、化学、生物以及航空航天等领域的展品，以向公众展示科学的发展和创新。

（一）科学与技术类博物馆的定位

科学与技术类博物馆致力于通过展览和教育活动，向公众传递科学知识，激发他们对科学的兴趣和好奇心。这些博物馆还鼓励公众积极参与科学探索，培养他们的科学思维和实践能力。

为了实现这一目标，科学与技术类博物馆通常会提供丰富多样的展览和活动。他们定期举办专题展览，展示最新的科学研究成果和技术应用。同时，他们还组织科学讲座、工作坊和实验室参观等活动，让公众亲身参与其中，深入了解科学的过程和原理。

此外，科学与技术类博物馆也扮演着科学教育的基地的角色。它们为学校和教育机构提供教育资源和学习环境，为学生和教师提供实践和研究的场所。许多博物馆还与学校合作开展科学教育项目，培养学生的科学兴趣和创新能力。

科学与技术类博物馆还承担着引领科技创新的责任。他们不仅展示科技成果，还推动科学研究的发展和应用。一些博物馆还设立创新实验室或研究中心，支持科学家和工程师进行前沿研究和技术实验。这些创新举措有助于推动科技进

步和社会进步。

（二）科学与技术类博物馆的特点

1. 丰富多样的展品

科学与技术类博物馆通常会展示各种科学原理、技术发明和创新成果，包括机械、电子、航空航天、生物医学等多个领域的实物和模型。这些展品旨在帮助参观者了解科学技术的发展历程，激发他们对科学的兴趣和探索精神。

2. 互动性强

科学与技术类博物馆通常注重与参观者的互动，通过设置实验演示区、互动游戏等设施，让参观者亲身体验科学原理和技术应用的过程。这样的设计有助于提高参观者的学习兴趣和参与度，使他们更好地理解和掌握科学知识。

3. 寓教于乐

科学与技术类博物馆通常会结合趣味性和教育性，通过举办科普讲座、科学表演等活动，使参观者在轻松愉快的氛围中学习科学知识。这种寓教于乐的方式有助于降低科学教育的门槛，让更多人接触和了解科学。

4. 强调实践性

科学与技术类博物馆鼓励参观者通过动手操作、参与实验等方式，将理论知识应用于实际情境中。这种实践性的教学方式有助于培养参观者的动手能力和创新思维，为他们未来的科学研究和技术创新奠定基础。

5. 科技与艺术的结合

为了吸引更多观众，科学与技术类博物馆通常会将科技与艺术相结合，通过现代建筑、艺术装置等元素，为参观者营造一个独特的视觉体验。这种科技与艺术的结合不仅提升了博物馆的审美价值，还有助于传播科学知识和文化理念。

总之，科学与技术类博物馆在科普教育、科学精神和科技创新方面发挥着重要作用。通过丰富多样的展览和活动，向公众普及科学知识，培养科学思维；同时，也致力于成为科学教育的基地和科技创新的引领者，为社会的发展做出积极贡献。

四、自然与人类学类博物馆

自然与人类学类博物馆是专门致力于展示自然界和人类文化的多样性的场所。在这类博物馆中，人们可以欣赏到丰富多样的动植物标本，了解各种生物的生态特征和演化历程。同时，这些博物馆还收藏了大量的化石，让人们可以近距

离观察远古生物的形态和生活方式。

（一）自然与人类学博物馆的定位

自然与人类学类博物馆展示了各个民族的传统服饰和工艺品，让人们了解不同民族的文化传统和艺术风格。通过展览和活动，这些博物馆旨在增进公众对自然和人文的认知和尊重。观众可以通过观察和学习展品，深入了解自然界的奇妙之处，以及人类文明的发展轨迹。

这类博物馆的定位通常是成为自然保护和文化交流的平台。它们不仅致力于保护珍贵的自然资源，呼吁人们关注环境保护和生态平衡，还鼓励不同文化之间的交流与对话。通过展示多元文化的魅力，这些博物馆促进了人们对其他文化的理解和尊重，推动了文化多样性的发展。

在自然与人类学类博物馆中，人们还可以参与各种教育活动和互动体验项目。这些活动旨在培养公众对自然和人文的兴趣，提高他们的科学素养和文化修养。例如，参观者可以参加讲座、工作坊和导览活动，与专家学者和其他参观者进行交流和讨论，共同探索自然界的奥秘和人类文明的瑰宝。

（二）自然与人类学博物馆的特点

1. 丰富的展示内容

自然与人类学类博物馆通常收藏了大量的动植物标本、化石、文物、民间工艺品等，涵盖了自然科学和人文科学的多个领域。这些展品既有自然界的珍稀物种，也有人类历史上的重要文化遗产，为参观者提供了一个全面了解自然和人类社会的平台。

2. 多样的展览形式

自然与人类学类博物馆通常会采用多种展览形式，如实物陈列、图片展示、视频播放、互动体验等，以生动形象的方式展示展品，使参观者更加直观地感受到自然和人类文化的魅力。

3. 教育功能

自然与人类学类博物馆不仅是一个观赏的场所，更是一个具有教育意义的空间。许多博物馆会定期举办各类讲座、研讨会、培训班等活动，帮助参观者提高科学素养和文化修养，培养他们的环保意识和民族自豪感。

4. 科研与交流的平台

自然与人类学类博物馆往往是科研机构和专家学者开展研究的重要场所。同时，博物馆还承担着对外交流的任务，通过举办国际性的展览、学术会议等活动，促进不同国家和地区之间的文化交流与合作。

5．保护与传承的使命

自然与人类学类博物馆肩负着保护珍贵自然资源和人类文化遗产的重要使命。博物馆会对收藏的展品进行严格的保护和管理，确保其完好无损地传承给后代。同时，博物馆还会积极参与非物质文化遗产的保护和传承工作，推动民族文化的繁荣发展。

6．科普与旅游的结合

自然与人类学类博物馆往往位于风景优美的地区，吸引了大量游客前来参观。博物馆会通过开展科普活动、推出旅游产品等方式，将科普知识与旅游休闲相结合，为游客提供更加丰富的体验。

自然与人类学类博物馆是一个集教育、研究和展示于一体的综合性场所。通过丰富多样的展品和活动，这些博物馆向公众传递了对自然的敬畏和对人类文化的热爱，激发了人们对自然保护和文明传承的关注和行动。在未来的发展中，这类博物馆将继续发挥重要作用，为人们提供更深入的了解自然和人文的机会，促进社会的可持续发展和文化多样性的保护。

第二章　博物馆建筑建设艺术研究

第一节　博物馆建筑建设艺术研究

博物馆建筑建设的馆外立面艺术是博物馆建筑建设的重要组成部分，它不仅体现了博物馆的外观形象，还反映了博物馆的文化内涵和设计理念。馆外立面艺术主要包括以下几个方面。

一、博物馆建筑的比例与尺度

博物馆建筑的比例与尺度是衡量博物馆建筑外观是否协调的重要标准。设计师需要根据博物馆的功能需求和周边环境来确定建筑的尺度和比例，使其与周围环境相协调，并能够引导参观者进入博物馆。合理的比例与尺度可以增强建筑的稳定性和美感，同时也为参观者提供舒适的空间感受。

在设计博物馆建筑时，比例与尺度的选择至关重要。

设计师需要了解博物馆的功能需求，包括展览空间、储藏室、研究设施等。这些功能需求将直接影响到建筑的整体布局和空间划分。同时，设计师还需要考虑到博物馆所处环境的地理特点，如地形、气候等因素，以确保建筑的适应性和可持续性。

其次，设计师需要考虑博物馆建筑与周围环境的协调性。一个成功的博物馆建筑应该能够与周围的城市景观、自然景观或历史建筑相融合，形成一种和谐统一的氛围。这需要设计师在建筑风格、材料选择等方面进行细致的考虑，以实现与周围环境的有机衔接。例如，如果博物馆位于历史悠久的城市中心，设计师可以选择使用传统材料和建筑风格，以尊重周围的历史建筑；而如果博物馆位于自然环境优美的地区，设计师可以选择使用现代材料和技术，以融入周围的自然环境。

此外，博物馆建筑的比例与尺度还需要引导参观者进入博物馆。设计师可以通过建筑的立面设计、入口布局等方式，创造出吸引人的视觉效果，激发参观者的兴趣。例如，设计师可以使用大胆的比例和尺度来突出博物馆的特色和主题；或者通过创新的立面设计，使博物馆在周边环境中独具一格。同时，合理的比例与尺度还可以为参观者提供舒适的空间感受，使他们能够在博物馆内自由行走、观赏展品，享受愉悦的参观体验。设计师可以考虑设置宽敞的走廊和休息区域，以便参观者在参观过程中得到休息和放松。

总之，博物馆建筑的比例与尺度是建筑设计中不可忽视的重要因素。设计师需要充分考虑博物馆的功能需求、周边环境以及参观者的舒适度，才能创造出既具有艺术价值又实用的博物馆建筑。这样的建筑不仅能够提升博物馆的形象，还能够为参观者带来深刻的文化体验。通过合理的比例与尺度的设计，博物馆可以成为城市的地标性建筑，吸引着来自世界各地的游客和文化爱好者。同时，建筑师也应该注重与周围环境的协调性，使博物馆建筑与周围的自然景观或历史建筑相得益彰，共同构建一个美丽和谐的城市空间。

二、博物馆建筑的节奏与平衡

博物馆建筑的节奏与平衡是建筑设计中至关重要的要素，它涉及到建筑的高度、宽度、柱距、墙体等各个方面。为了实现最佳的建筑节奏与平衡，设计师需要通过精心的布局和设计来协调这些要素之间的关系。

（一）建筑物的高度

建筑物的高度在整个建筑中起着关键的作用。合理的高度分布可以创造出层次感和空间感，使整个建筑显得更加立体和有韵律感。当参观者从底层逐渐向上参观时，他们可以感受到建筑的高度变化所带来的视觉冲击和空间体验。同时，高度的变化也可以引导参观者的视觉流动，使其在游览过程中产生一种动态的体验。例如，在博物馆的不同楼层之间设置楼梯或自动扶梯，可以引导参观者沿着设定的路径进行移动，从而增加了空间的流动性和连贯性。

其次，博物馆建筑的高度还与周围环境的关系密切相关。建筑师需要考虑周围建筑物的高度和位置，以确保博物馆的建筑高度与周围环境的协调统一。如果博物馆的高度过于突兀或不协调，可能会破坏整个区域的景观效果和城市形象。因此，设计师需要在设计过程中充分考虑周围环境的因素，确保博物馆建筑的高度与其所在的区域相得益彰。

此外，建筑物的高度还可以影响室内空间的利用效率。在博物馆建筑设计

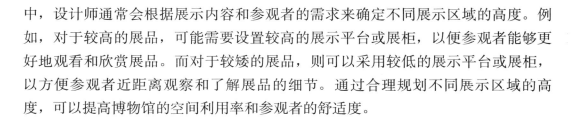

中，设计师通常会根据展示内容和参观者的需求来确定不同展示区域的高度。例如，对于较高的展品，可能需要设置较高的展示平台或展柜，以便参观者能够更好地观看和欣赏展品。而对于较矮的展品，则可以采用较低的展示平台或展柜，以方便参观者近距离观察和了解展品的细节。通过合理规划不同展示区域的高度，可以提高博物馆的空间利用率和参观者的舒适度。

（二）建筑物的宽度

建筑物的宽度也是影响建筑节奏与平衡的重要因素。宽敞的展览空间可以提供充足的展示面积，使展品得以充分展示，同时也为参观者提供了舒适的观展环境。而狭窄的通道则可以增加建筑的神秘感和独特性，给人一种探索的感觉。

在设计博物馆建筑物时，宽度的选择需要综合考虑多个因素。首先，建筑物的宽度应能够适应展览品的大小和数量。如果展览空间过于狭窄，可能会限制展品的展示效果，使得观众无法全面了解展品的特点和历史背景。因此，建筑师需要在保证展品展示效果的前提下，合理利用宽度来创造出最佳的展览空间。

其次，博物馆建筑物的宽度也需要考虑参观者的流线和体验。宽敞的通道可以为参观者提供舒适的观展环境，让他们能够自由地浏览展品，感受其中的文化魅力。而狭窄的通道则可以增加建筑的神秘感和独特性，给人一种探索的感觉。这种设计手法常常被用于一些具有历史和文化价值的博物馆中，以突出其独特的氛围和风格。

此外，博物馆建筑物的宽度还与建筑的整体风格和主题密切相关。不同的博物馆可能有不同的设计风格和主题，建筑师需要根据这些特点来确定合适的宽度。例如，一些现代风格的博物馆可能更倾向于采用较窄的建筑物宽度，以突出其简洁和现代感；而一些艺术类博物馆可能更注重创造独特的空间体验，因此可能会选择较宽的建筑物宽度，以提供更多的艺术表达空间。

（三）柱距

合理的柱距可以使建筑物的结构更加稳定，同时也可以通过柱子的位置和数量来控制光线和空气的流动，进一步影响建筑的氛围和体验。

在建筑设计中，柱距的选择对于建筑的整体效果起着至关重要的作用。通过合理设置柱距，建筑师可以创造出丰富多样的空间感和视觉效果。例如，较大的柱距可以创造出宽敞明亮的室内空间，使人们在其中感到舒适自在；而较小的柱距则可以营造出紧凑而私密的氛围，适合用于展示和收藏特定类型的艺术品或文物。

除了对空间的影响外，柱距还对建筑的结构稳定性起着重要作用。适当的柱距可以确保建筑物在受到外部力的作用时能够保持平衡，防止倾斜或倒塌。此外，柱距还可以提供支撑和加强建筑物的框架结构，增加其承载能力。

另外，柱距还可以通过控制光线和空气的流动来影响建筑的氛围和体验。在设计中，建筑师可以根据需要选择不同位置和数量的柱子，以便更好地引导自然光线进入建筑物内部。合理的柱距可以确保光线均匀分布在整个空间中，避免出现阴暗角落或过度强烈的照射。此外，通过调整柱子的高度和角度，建筑师还可以控制空气流动的方向和速度，为人们创造一个通风良好的室内环境。

总的来说，柱距在建筑设计中扮演着多重角色。它不仅连接了建筑物的不同部分，还影响着建筑的稳定性、空间感、氛围和体验。因此，在设计和建造博物馆等公共建筑时，建筑师需要仔细考虑柱距的选择，以确保建筑物既美观又实用，能够为观众提供一个良好的参观和学习环境。

（四）墙体

墙体的设计确实是决定建筑节奏与平衡的关键因素之一。不同的材质和厚度的墙体可以创造出不同的质感和视觉效果，从而对整个建筑的风格和氛围产生深远的影响。合理的墙体设计不仅可以增强建筑的结构性，还可以通过开窗或封闭的方式控制室内外的交流和流通。

在博物馆建筑中，节奏与平衡是通过合理的布局和设计来实现的。一个具有美感和协调性的博物馆建筑可以创造出流畅而有序的空间序列，使参观者在游览过程中感受到舒适和愉悦。因此，建筑师在设计博物馆时应该注重建筑的节奏与平衡，以创造出一个独特而吸引人的建筑作品。

在墙体设计方面，建筑师可以考虑使用不同的材质，如石材、砖块或者玻璃等，来赋予建筑独特的质感和外观。同时，根据建筑的功能和使用需求，选择适当的墙体厚度，以满足结构的强度和稳定性要求。例如，博物馆内部通常需要较高的隔音效果，因此可以选择较厚的墙体材料，如砖石或混凝土，以减少噪音的传播。

除了材质和厚度的选择外，墙体的设计还应考虑到窗户和开口的位置和大小。通过合理布置窗户和开口，可以实现室内外的通风和采光需求，同时也为建筑增添了一种开放和通透的感觉。此外，一些特殊的墙体设计还可以实现艺术

效果，如大面积的玻璃幕墙或者装饰性的墙面图案，进一步丰富了建筑的视觉效果。

三、博物馆建筑的质感与肌理

博物馆建筑的质感与肌理是指建筑的表面处理和材料选择，如砖、石、混凝土、玻璃等。设计师需要根据博物馆的文化内涵和设计理念，选择合适的材料和表面处理方式，使建筑的质感和肌理达到最佳状态，使其在视觉上具有独特的个性和美感。不同的材质和处理方式会给人带来不同的触感和视觉体验，从而增加建筑的艺术性和观赏性。

博物馆作为文化传承和展示的重要场所，其建筑设计不仅仅是为了提供空间，更是通过建筑的质感与肌理来传递一种情感和文化内涵。因此，设计师在选择材料和处理方式时需要考虑博物馆的定位和主题，以及所要展示的文物或艺术品的特点。

例如，对于一座以古代文物为主题的博物馆，设计师可能会选择使用石材作为主要材料，以展现历史的沧桑感。同时，通过对石材表面的精细打磨和雕刻，可以营造出一种古朴而庄重的氛围，使人们在进入博物馆时就能感受到历史的厚重感。

而对于一座现代艺术博物馆，设计师可能会更倾向于使用玻璃等透明材料，以突出展品的现代感和艺术性。透明的玻璃墙面可以让光线自由穿透，创造出明亮而通透的空间感，同时也能让人们更好地欣赏到展品的细节和色彩。

此外，博物馆建筑的质感与肌理还可以通过其他细节的处理来增强。比如，利用不同材质的组合和拼接，可以在建筑表面创造出丰富的纹理和层次感；或者通过特殊的光影设计，营造出独特的光影效果，使建筑在日间和夜间都能呈现出不同的美感。

博物馆建筑的质感与肌理是设计师通过对材料和处理方式的选择来实现的。通过精心的设计和处理，建筑的质感与肌理可以成为博物馆的独特标志，为人们带来独特的观展体验，同时也能够更好地展示博物馆的文化内涵和艺术品的价值。

四、博物馆建筑的色彩与装饰

博物馆建筑的色彩与装饰是指建筑的外观颜色和装饰元素，如屋顶、墙面、门窗、立面等。设计师需要根据博物馆的文化内涵和设计理念，选择合适的色彩和装饰元素，使建筑的色彩和装饰达到最佳状态，使其在视觉上具有美感和个性。

色彩的选择可以根据博物馆的主题和文化定位来进行。例如，如果博物馆的主题是古代文明，那么设计师可以选择以暖色调为主，如红、黄、橙等，来营造出古代文明的氛围。暖色调可以让人联想到温暖、舒适的感觉，与古代文明的历史沉淀相呼应。而如果博物馆的主题是现代艺术，那么设计师可以选择以冷色调为主，如蓝、绿、紫等，来突出现代艺术的特点。冷色调可以给人一种清新、冷静的感觉，与现代艺术的创新和前卫相契合。此外，色彩还可以通过搭配不同的色相、明度和饱和度来表达出不同的情感和氛围。例如，搭配相近的色相可以增强空间的和谐感，而对比强烈的色彩组合则可以营造出鲜明的视觉效果。

装饰元素的选择则可以丰富建筑的层次感和细节表现力。例如，建筑师可以在墙面上运用不同材质和纹理的石材、砖块或者玻璃进行装饰，以增加建筑的质感和立体感。石材的质感可以给人一种稳重、质朴的感觉，砖块的质感则可以营造出朴实、自然的氛围。而玻璃的装饰可以让光线透过玻璃产生独特的光影效果，为建筑增添一丝神秘感和现代感。同时，建筑师还可以通过运用雕塑、壁画、装置艺术等艺术品来点缀建筑空间，以展示博物馆的文化内涵和艺术价值。这些艺术品可以是具有代表性的雕塑作品，也可以是艺术家的创作作品，它们的存在丰富了建筑的空间层次，使人们在参观过程中能够更加深入地了解博物馆的文化内涵。此外，窗户的设计也是一个重要的装饰元素，可以通过采用特殊的玻璃材料或者窗花图案来提升建筑的美观度和独特性。窗户的设计不仅可以引入自然光线，还可以为建筑增添一份雅致和浪漫的氛围。

总之，博物馆建筑的色彩与装饰是一门综合性的设计艺术，需要设计师根据博物馆的主题和文化定位来进行精心的选择和搭配。通过合理的色彩运用和装饰元素的选择，可以使博物馆建筑在视觉上具有美感和个性，同时也能够传达出博物馆的文化内涵和艺术价值，为观众带来独特的参观体验。

第二节　博物馆建筑建设与周边环境的有机融合

在当代城市发展中，博物馆建筑的建设不仅仅是为了展示文化和历史的遗产，更是为了与周边环境实现有机的融合。这种融合不仅体现在建筑外观上与周边环境的协调统一，还体现在博物馆的功能设置与周围社区需求的紧密结合。

一、博物馆建筑建设与历史遗址的敏感关系

博物馆作为保存和展示文化遗产的重要场所，其建筑设计与周边的历史遗址密切相关。在博物馆的建设过程中，建筑师需要充分考虑历史遗址的保护和尊重。他们需要在博物馆的建筑风格、布局和装饰等方面与历史遗址相协调，以保持历史的连续性和文化的传承性。同时，博物馆的设计也需要避免对历史遗址造成破坏或干扰，确保其完整性和安全性。因此，博物馆建筑建设与历史遗址之间存在着一种敏感的关系，需要建筑师在设计和施工过程中进行细致的考虑和平衡。

在博物馆建筑建设中，保护历史遗址的重要性不言而喻。历史遗址是过去文明的痕迹，承载着丰富的历史和文化内涵。一旦这些遗址遭到破坏或消失，将无法再还原和传承。因此，建筑师在设计博物馆时必须尊重历史遗址的存在，并采取相应的措施来保护它们。例如，在博物馆的建设地点选择上，建筑师需要考虑到周边历史遗址的保护范围和限制条件，以确保不会对遗址造成损害。同时，在博物馆的建筑外观和内部布局上，建筑师也应该遵循与历史遗址相协调的原则，以保持整体环境的和谐统一。

为了实现历史遗址的保护，建筑师在博物馆的设计中还可以采取一些创新的方法。例如，利用现代科技手段对历史遗址进行数字化记录和展示，既能保护遗址的原貌，又能让人们更直观地了解其历史价值。另外，建筑师还可以通过合理的空间规划和展览布置，最大限度地减少对历史遗址的影响。比如，在博物馆的内部布局上，可以将主要展览区域设置在离历史遗址较远的位置，或者采用特殊的隔离措施来保护遗址的安全。此外，建筑师还可以借助绿色建筑技术，使博物馆与周边环境融为一体，既美化了环境又减少了对历史遗址的视觉冲击。

然而，在保护历史遗址的同时，博物馆的设计也不能忽视其功能性和公众需求。博物馆作为一个公共文化场所，除了保存和展示文化遗产外，还承担着教育和研究的任务。因此，建筑师在设计博物馆时需要兼顾这些功能需求，提供舒适、便利的参观环境和设施。这可能意味着在某些方面需要做出折衷和权衡。例如，为了容纳更多的展览品和提供更多的互动体验，博物馆的建筑规模可能会相对较大，这可能会对周边的历史遗址造成一定的压迫感。在这种情况下，建筑师可以通过合理的空间规划和景观设计来缓解这种压迫感，使博物馆与历史遗址相互融合而不是对立。

博物馆建筑建设与历史遗址之间存在着一种敏感的关系。建筑师在设计和施工过程中需要综合考虑历史遗址的保护、公众需求以及自身设计理念等多方面因素。只有在平衡各方利益的基础上，才能实现博物馆建筑与历史遗址的和谐共生，为人们提供一个既能欣赏文化遗产、又能感受历史氛围的独特场所。这样的博物馆不仅能够有效地保存和传承文化遗产，也能够成为城市发展的亮点和文化地标。

二、博物馆建筑建设与周边城市的冲突关系

博物馆建筑建设也可能引发与周边城市环境的冲突。一方面，博物馆作为一个重要的文化设施，往往需要占据一定的土地面积，这可能导致周边土地的开发和利用受到影响，甚至引发土地纠纷和利益冲突。另一方面，博物馆的建筑风格和外观可能与周边城市的建筑风貌不协调，导致视觉上的冲突和不适感。因此，在博物馆建筑建设过程中，需要与周边城市进行充分的沟通和协商，寻求双方的利益平衡和共同发展。

为了解决博物馆建筑建设与周边城市的冲突关系，可以采取以下措施：

1. 提前规划和评估

在博物馆建设前，提前规划和评估是非常重要的环节。首先，需要进行详细的土地使用规划，明确博物馆的用地范围、用途以及周边配套设施的布局。这一步骤需要充分考虑土地资源的合理利用，确保博物馆建筑与周边环境相协调，同时避免对其他重要设施的影响。

建筑设计应该符合现代审美观念，同时也要兼顾功能和实用性。在设计过程中，需要考虑到博物馆的展览空间、观众流动路线、安全疏散等方面的需求，以确保博物馆的运营效率和参观体验。

此外，通过评估周边城市的环境情况和发展潜力，可以预测并避免可能出现的冲突问题。例如，需要考虑博物馆所在地的交通状况、人口密度、商业氛围等因素，以确保博物馆能够吸引足够的游客流量。同时，还需要关注周边环境的变化趋势，以便及时调整博物馆的发展策略。

2. 充分沟通和协商

博物馆的建设方应该与周边城市的相关方面进行深入的沟通和协商。这包括但不限于政府部门、社区组织、商业机构以及其他可能对博物馆建设产生影响的组织或个人。这样的沟通和协商是至关重要的，因为它们可以帮助各方更好地理解彼此的需求和利益，从而找到能够满足所有人需求的解决方案。

在沟通过程中，各方可以通过召开座谈会、听证会等形式，公开地表达自己

的观点和建议。这些活动不仅可以让各方有机会直接参与到决策过程中来，还可以让博物馆建设方了解到各方的真实想法和期待。通过这种方式，各方可以共同探讨解决方案，寻找出最能满足所有人需求的最佳方案。

在这个过程中，博物馆建设方需要保持开放和包容的态度，尊重并充分考虑到各方的意见和建议。只有这样，才能确保博物馆的建设能够顺利进行，同时也能保证各方的利益得到充分的保障。

3. 尊重城市风貌和文化传统

博物馆建筑设计应该充分尊重周边城市的城市风貌和文化传统，与周围环境相协调。在设计过程中，建筑外观可以借鉴和采用与周边城市建筑相似的元素，以减少视觉冲突和不适感。这样做不仅可以保持与周围环境的和谐统一，还可以为城市增添独特的魅力和文化特色。

首先，博物馆建筑设计应注重融入周边城市的历史和文化背景。了解周边城市的历史沿革、文化传承和建筑风格，可以帮助设计师更好地理解并尊重当地的独特之处。通过将博物馆建筑与周边城市的特色相结合，可以为游客提供更丰富的文化体验，让他们更好地了解和感受当地的历史和文化。

其次，博物馆建筑设计应注重与周边城市建筑风格的协调。在设计过程中，可以参考周边城市建筑的设计风格、材料选择和构造方式等，以确保博物馆建筑与周围的建筑物形成统一的视觉效果。这种协调不仅能够提升整体城市形象，还能够增加博物馆建筑的可识别性和独特性。

此外，博物馆建筑设计还应考虑与周边自然环境的融合。在设计中，可以充分利用周围的自然资源和景观特点，将博物馆建筑与周围的山水、植被等自然元素有机地结合起来。这样的设计不仅能够创造出宜人的室内外空间，还能够提升游客的参观体验，让他们更好地感受到自然与人文的和谐共生。

最后，博物馆建筑设计还应注重可持续性发展。在设计和建造过程中，应尽量采用环保材料和技术，减少对自然资源的消耗和环境的破坏。同时，还应考虑建筑的能源利用效率和通风、采光等方面的设计，以提高建筑的可持续性和环保性能

4. 合理利用土地资源

在博物馆建设过程中，合理利用土地资源是至关重要的。为了避免过度开发和占用周边土地，建设方应该采取一系列合理的布局和空间利用方式，以最大限度地减少对周边土地的影响。

首先，建设方可以优化土地使用计划，确保博物馆的建设不会侵占过多的土

地资源。这可以通过精确测量和规划来实现，以确保建筑物的位置和规模与周边环境相协调，避免不必要的土地浪费。例如，通过使用现代测绘技术和地理信息系统（GIS），建设方可以精确地确定建筑物的位置和边界，并根据实际情况进行合理的土地分配和利用。此外，建设方还可以考虑采用垂直建设的方式，将建筑物分层建造，从而节约地面空间。例如，可以将展览区、办公区和储存区等功能分别设置在不同的楼层上，减少对地面空间的需求。

其次，建设方可以探索创新的空间利用方式。例如，可以利用地下空间进行停车场、储藏室等设施的建设，从而节省地面用地。地下空间的开发利用不仅可以提高土地利用效率，还可以增加建筑物的稳定性和安全性。此外，还可以通过合理的建筑设计和结构布局，最大化地利用建筑物的空间。比如，采用开放式的展览设计，使得参观者可以在不同楼层之间自由穿梭，减少了对地面空间的需求。同时，还可以通过灵活的展示布局和可移动的展品陈列方式，进一步提高空间利用率。

除了以上提到的措施外，建设方还可以积极引入先进的科技手段，以提高土地资源的利用效率。例如，可以利用建筑信息模型（BIM）技术进行建筑设计和施工管理，实现对建筑物的全生命周期管理，从而最大限度地减少对土地资源的浪费。此外，还可以考虑使用可持续建筑材料和技术，降低建筑物的能耗和环境影响，从而实现土地资源的可持续利用。

5. 加强环境保护意识

博物馆建设方在设计和建设过程中，应当充分认识到环境保护的重要性，并采取一系列措施来减少对周边环境的影响。首先，他们应该积极推广和采用环保材料和技术。这些材料和技术不仅能够降低建筑过程中的污染，还能够在使用过程中节约资源，减少废弃物的产生。例如，他们可以选择使用可回收或可降解的材料，以减少对环境的破坏。同时，他们也可以利用先进的节能技术，如太阳能、风能等，来减少对传统能源的依赖，从而降低碳排放。

此外，博物馆建设方还应该采取措施减少能源消耗。这可以通过优化建筑设计，提高建筑的保温性能，以及使用高效的照明设备等方式来实现。例如，他们可以在建筑的设计中考虑到自然光的利用，以提高室内的照明效率。

最后，博物馆建设方还应该尽量减少废弃物的产生和排放。这可以通过提高资源的利用率，以及合理处理废弃物等方式来实现。例如，他们可以在建设过程中尽量使用可回收的材料，以减少废弃物的产生。同时，他们也应该有专门的废弃物处理设施，以确保废弃物不会对环境造成污染。

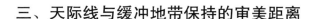

三、天际线与缓冲地带保持的审美距离

在博物馆建筑设计中，天际线与缓冲地带的协调和保持审美距离是至关重要的。

首天际线是指建筑物在远处形成的轮廓线，它对建筑物的形象和美感有着重要影响。一个美观的天际线可以为博物馆增添独特的魅力，使其成为城市的地标建筑。博物馆是一个公共的、开放的建筑，它的建筑设计需要充分考虑与周边天际线的协调性，以实现整体和谐的景观效果。如果博物馆的建筑设计能够与周边天际线相得益彰，那么这座博物馆就能够更好地融入城市环境，成为城市的一道亮丽的风景线。

为了保护周边环境和居民的生活质量，博物馆周围还需要设置一定的缓冲地带。缓冲地带可以有效地减少噪音、光污染等对周围环境的影响，提供一个宁静宜人的环境。同时，缓冲地带还可以为游客提供休息和观赏的空间，提升博物馆的使用体验。因此，在博物馆建筑建设过程中，建筑师需要合理规划缓冲地带的位置和范围，确保其与周边环境的有机融合。

此外，天际线与缓冲地带的协调还需要考虑建筑物的高度和体量。博物馆作为重要的文化设施，其建筑设计应该具有一定的庄重感和气势。因此，博物馆建筑的高度和体量应该与周边天际线相协调，避免过于突兀或不协调的效果。建筑师可以通过合理的布局和比例关系，使博物馆建筑与周边天际线形成和谐的整体。

天际线与缓冲地带的协调还需要考虑到建筑物的功能和使用需求。博物馆作为一个文化设施，除了提供展示和研究空间外，还需要为观众提供舒适的观展环境。因此，建筑师在设计博物馆建筑时，需要综合考虑建筑物的功能和使用需求，确保其与周边天际线和缓冲地带的协调性能够满足人们的需求。

总之，博物馆建筑建设中的天际线与缓冲地带保持的审美距离是一个重要考虑因素。建筑师需要在设计过程中充分考虑与周边天际线的协调性和审美距离的保持，以实现与周边环境的有机融合，并提供一个宜人的观展环境。只有在充分考虑这些因素的基础上，博物馆建筑才能成为一个真正具有独特魅力和文化价值的场所。

四、博物馆建筑建设与周边生态环境的关系

在博物馆建筑设计和施工过程中，应该充分考虑周边生态环境的保护和改

善，使其与周边环境相协调，同时也能够体现博物馆建筑的绿色建筑理念和可持续发展的思想。

（一）博物馆建筑建设应注重生态环境保护

在设计和规划阶段，博物馆建筑建设应该充分重视生态环境保护。这意味着在设计过程中，需要深入了解周边自然环境的特点和生态资源状况，以便能够合理利用并保护现有的自然资源。例如，如果博物馆周边有湿地、森林或其他自然景观，可以考虑将博物馆建筑与这些自然景观有机地融合在一起，以形成一种和谐共生的建筑形态。这样的设计不仅能够美化环境，还能够提升游客的体验感。

此外，博物馆建筑还应考虑采用可再生能源、节能技术和环保材料。可再生能源的利用可以减少对传统能源的依赖，降低碳排放，从而减少对环境的负面影响。节能技术的应用可以提高能源利用效率，减少能源浪费。环保材料的使用可以减少对自然资源的开采和消耗，同时也能够降低建筑对环境造成的污染。

除了以上措施，博物馆建筑建设还应注重绿化和生态保护。在建筑周围种植适宜的植物，可以改善空气质量、调节气温、保持土壤稳定等。同时，博物馆建筑还可以设置生态廊道或绿色步道，供游客休闲散步，增加人与自然的互动。

另外，博物馆建筑建设还应注重水资源的保护和管理。合理利用水资源，采取节水措施，如安装节水设备、推广雨水收集系统等，可以减少对水资源的浪费和污染。

（二）博物馆建筑建设应与周边环境相协调

博物馆建筑的风格和外观设计应该与周边环境相协调。这意味着在设计过程中，建筑师和设计师应该充分了解周边建筑的风格和色彩，并尽量选择与之相似的建筑材料和色彩搭配。这样做不仅可以避免对周围环境的视觉冲击，还可以增强博物馆与周围环境的融合度，使整个区域呈现出统一和谐的氛围。

博物馆建筑建设还应注重可持续性和环保性。在设计和建造过程中，应采用环保材料和技术，减少对环境的负面影响。同时，也应注重节能和资源利用的合理性，通过合理的布局和设计，最大限度地减少能源消耗和浪费。这样的努力不仅有助于保护环境，还能为未来的可持续发展奠定基础。

（三）博物馆建筑建设应体现绿色建筑理念和可持续发展思想

绿色建筑强调在建筑设计、施工和运营过程中最大限度地减少对环境的负面

影响，提倡节能减排、资源循环利用和生态保护。在博物馆建筑设计中，可以采用雨水收集系统、太阳能光伏发电等技术手段，实现能源的自给自足；同时，通过合理的空间布局和绿化设计，提高室内空气质量，创造宜人的室内环境。此外，博物馆建筑还应注重可持续利用土地资源，避免过度开发和破坏自然环境。

总之，博物馆建筑建设与周边生态环境的关系密切。在设计和施工过程中，应充分考虑生态环境保护和改善的问题，使博物馆建筑与周边环境相协调，并体现绿色建筑理念和可持续发展的思想。只有这样，才能为游客提供一个优美、舒适的文化场所，同时也能够保护好我们宝贵的自然资源。

五、博物馆建筑建设与周边文化的关系

在博物馆建筑建设过程中，应该充分考虑周边文化的发展和需求，使其能够成为周边文化的重要支持者和推动者，同时也能够为周边文化带夹经济和社会效益。

博物馆作为一个重要的文化场所，应该充分了解周边地区的历史、传统和文化遗产。通过对周边文化的深入了解，博物馆可以更好地展示和传承这些宝贵的文化资源，从而促进周边文化的传承和发展。同时，博物馆还可以通过举办各种展览和活动，吸引游客和观众参与其中，进一步提升周边文化的影响力和知名度。

博物馆建筑建设应该与周边环境相协调，融入当地的建筑风格和文化元素。这样做不仅可以使博物馆与周边环境融为一体，增强其观赏性和艺术性，还可以为周边地区的旅游业发展提供支持。例如，一些历史悠久的古镇或村庄可以在博物馆周围建设具有地方特色的商业街区，吸引更多游客前来参观和消费。

博物馆建筑建设还需要与周边地区的经济发展相结合。可以通过开展文化产业项目、举办文化节庆活动等方式，促进博物馆与周边企业的合作与发展。此外，博物馆还可以与周边地区的旅游机构合作，共同开发文化旅游产品，提升整个地区的旅游吸引力和竞争力。

第三章　博物馆内部陈设艺术设计

第一节　博物馆陈设设计沿革

一、博物馆陈设与陈设设计的概念

博物馆陈设是指博物馆内展示物品的布局和陈列方式，旨在通过合理的空间规划和展品组合，传达特定的主题和信息。在博物馆中，陈设设计起着至关重要的作用，它不仅仅是简单地将展品摆放在展览空间中，而是需要经过深入的思考和精心的创作。

（一）博物馆陈设的设计需要考虑展品的选择

在设计博物馆的陈设时，展品的选择是一个至关重要的因素。博物馆通常会收藏各种各样的展品，包括但不限于文物、艺术品、自然标本等。这些展品不仅代表了各种文化和历史，也是艺术和科学的结晶。

设计师在考虑展品选择时，首先需要明确博物馆的定位和主题。博物馆可以有各种不同的定位，例如教育性博物馆、研究性博物馆、娱乐性博物馆等。每种定位都有其特定的目标观众和展示需求。设计师需要根据博物馆的定位，选择能够体现其特色和价值的展品进行展示。例如，如果博物馆的定位是教育性博物馆，那么设计师可能会选择一些具有教育意义的文物或艺术品进行展示；如果博物馆的定位是研究性博物馆，那么设计师可能会选择一些具有科学价值的自然标本进行展示。

其次，设计师还需要对展品进行分类和归纳。这不仅可以使得展品在展览空间中形成有序的整体，也可以帮助观众更好地理解和欣赏展品。分类可以根据展品的类型、年代、来源等因素进行，而归纳则可以根据展品的主题或者故事进行。例如，设计师可以将同一种类型的文物按照年代顺序进行排列，或者将同一

主题的艺术品按照艺术家或者创作时期进行归类。

总之，博物馆陈设的设计是一项需要深思熟虑的工作，它涉及到展品的选择、分类和归纳等多个环节。设计师需要充分考虑博物馆的定位和主题，以及展品的特性和价值，才能设计出既有吸引力又有教育意义的展览空间。

（二）博物馆陈设的设计还需要考虑展品的摆放位置

博物馆陈设的设计是一个复杂而精细的过程，其中必须考虑的重要因素之一就是展品的摆放位置。每个展品都有其独特的特性和历史背景，因此需要根据其特点来选择合适的展示环境。

对于文物来说，保持相对稳定的环境是至关重要的。文物往往具有悠久的历史和丰富的文化内涵，它们的价值在于传承历史、传递文化。为了保护这些宝贵的文物，博物馆通常会将其放置在相对稳定的环境中，如恒温恒湿的展柜中，以防止因环境变化而对其造成损害。同时，展柜的设计也会考虑到文物的保护需求，如使用特殊的玻璃或材料来防止光照、湿度等对文物的影响。

相比之下，艺术品则可以更加灵活地展示。艺术品通常具有较高的观赏性和审美价值，它们可以通过不同的展示方式来呈现其独特的艺术魅力。设计师可以根据艺术品的特点和展示需求，选择适合的展示方式。例如，一幅画作可以选择挂在墙上供观众近距离欣赏，也可以在特定的空间内设置展示架，让观众从不同角度欣赏作品的细节和构图。此外，艺术品还可以与其他展品进行组合展示，通过对比和对话来展现更丰富的艺术内涵。

为了更好地欣赏和理解展品，设计师需要根据展品的特点和展示需求，合理规划其摆放位置。首先，他们需要考虑展品的大小、形状和重量，以便选择适当的展示空间和支撑结构。其次，设计师还需要考虑观众的流动路线和视线引导，使观众能够顺畅地浏览展品并充分领略其独特之处。此外，设计师还可以利用灯光、色彩和装饰等元素来增强展品的表现力和吸引力，使观众能够更好地融入到展览的氛围中。

博物馆陈设的设计是一项综合性的工作，需要兼顾展品的保护和展示的需求。设计师需要深入了解每个展品的特点和历史背景，根据其特点选择合适的展示环境，并通过合理的摆放位置和展示方式来让观众更好地欣赏和理解展品。只有这样，博物馆才能充分发挥其文化传承和教育启迪的作用，为观众带来丰富而有意义的参观体验。

（三）灯光设置也是博物馆陈设设计的重要方面之一

灯光设置在博物馆陈设设计中扮演着重要的角色，它可以通过照射的角度和强度来创造出不同的氛围和效果，从而增强展品的表现力和吸引力。设计师需要根据展览空间的大小和特点，选择合适的灯光方案，使展品在照明下呈现出最佳的视觉效果。

在博物馆陈设设计中，灯光的运用可以起到画龙点睛的作用。通过合理布置灯光的位置和角度，设计师可以营造出各种独特的氛围，如庄重、神秘、温馨等，以吸引观众的注意力并引发他们的兴趣。例如，在展示历史文物的展厅中，柔和的灯光可以营造出一种温暖的氛围，使观众感受到历史的沉淀和文化的底蕴；而在展示艺术品的展厅中，明亮的灯光可以突出展品的细节和色彩，使其更加生动和立体。

此外，灯光还可以通过调整亮度和色温来改变展品的外观和质感。适当的亮度可以使展品清晰可见，而较暗的灯光则可以营造出一种神秘感和艺术感。同时，不同色温的灯光也可以为展品赋予不同的情感色彩。例如，暖色调的灯光可以给人一种温暖和舒适的感觉，适合展示一些温馨的场景或主题；而冷色调的灯光则可以给人一种冷静和高雅的感觉，适合展示一些庄重和神秘的场景或主题。

除了营造氛围外，灯光还可以起到突出重点的作用。设计师可以利用灯光的投射效果将观众的注意力引导到特定的展品或区域上。通过合理的灯光布局，可以在展厅中创造出一个焦点区域，使观众的目光集中在该区域，从而更好地欣赏和理解展品的内涵和意义。

灯光在博物馆陈设设计中具有重要的作用。通过合理的灯光设置，设计师可以为观众打造出一个富有艺术感和表现力的展览空间，使他们能够更好地欣赏和体验展品的魅力。因此，在博物馆陈设设计中，设计师需要充分考虑灯光的角度、强度、亮度和色温等因素，以确保展品能够在最佳的照明条件下展现出最佳的视觉效果。

除了以上几个方面，博物馆陈设设计还可能涉及到展墙的装饰、展示柜的设计、导览标识的设置等方面。这些细节都需要设计师进行综合考虑，以确保博物馆陈设的整体效果能够达到预期的目标。

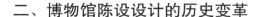

二、博物馆陈设设计的历史变革

博物馆陈设设计，作为博物馆展示文化和历史的关键环节，其历史变革过程充满了创新和探索。从最初的简单展示到现代的多媒体交互，这个领域经历了深远而丰富的转变。

早期，博物馆的设计主要关注的是物理空间的组织和展示物品的陈列方式。这种设计方法通常以时间顺序或地理位置为基础，将展品安排在有明确逻辑关系的顺序中。例如，历史博物馆可能会按照时间的先后顺序来排列展品，而自然历史博物馆则可能会按照地理区域来组织展品。这种传统的陈设方式强调的是展品的静态展示，观众的角色主要是观看者，而非参与者。他们被鼓励去欣赏和理解展品，但并不被鼓励去互动或参与展品的解释和解读。

随着社会的不断进步和科技的飞速发展，博物馆陈设设计正经历着一场革命性的变革。这种变革体现在两个方面：一是设计师们开始尝试打破物理空间的限制，通过数字技术将博物馆扩展到线上，让更多的人能够通过网络了解和参观博物馆；二是他们开始重视观众的参与和互动，通过各种交互式展示和体验设计，让观众成为展览的一部分，从而提升观众的参与感和体验感。

这种变革不仅改变了博物馆的物理形态，也改变了观众与博物馆的关系。在21世纪，博物馆陈设设计进入了一个全新的阶段。设计师们开始探索如何通过混合现实（MR）、增强现实（AR）等前沿技术，为观众提供更丰富、更深入的体验。这些技术可以让博物馆的展品以更加生动、立体的方式呈现在观众面前，让观众仿佛置身于现场，感受到展品的魅力。

同时，设计师们还在尝试以更多元化的方式展示不同的文化和社会现象，从而让博物馆成为一个更具包容性和多元性的文化中心。这意味着博物馆不再仅仅关注某一特定领域或文化的展示，而是尽可能地涵盖各个文化和社会现象，让不同背景的观众都能在其中找到共鸣和认同。

此外，随着社会对环保和可持续发展的重视，博物馆陈设设计也在逐步向绿色环保的方向发展。设计师们在选材、制作和展示过程中都更加注重环保和可持续性，力求在保护环境的同时，为观众提供高质量的展览体验。

总之，随着社会的进步和科技的发展，博物馆陈设设计正朝着更多元化、互动化、数字化和绿色环保的方向发展，为观众提供更加丰富、深入的体验，同时也让博物馆成为一个重要的文化交流和文化传承的平台。

第二节　博物馆陈设艺术设计的性质与内容

一、博物馆陈设艺术设计的性质

博物馆陈设艺术设计是一门综合性的学科，它融合了艺术、历史、建筑、文化等多个领域的知识。作为一种特殊的设计形式，博物馆陈设艺术设计具有以下性质。

（1）文化性：博物馆陈设艺术设计的首要任务是传递和展示文化遗产。设计师需要深入了解展品的历史背景和文化内涵，以准确表达其独特价值。同时，设计还应该注重文化的传承和发展，使观众在欣赏艺术品的同时能够感受到文化的熏陶。

（2）教育性：博物馆陈设艺术设计不仅仅是为了美化空间，更重要的是要为观众提供教育和启发。设计师可以通过创新的陈列方式和互动体验，激发观众的思考和学习兴趣。通过展览的设计，观众可以更深入地了解展品背后的故事，拓宽视野，增长知识。

（3）审美性：博物馆陈设艺术设计追求美的表现和创造。设计师需要考虑展品的色彩搭配、形状组合、空间布局等元素，以创造出令人赏心悦目的展览效果。同时，设计师还要关注展品与观众之间的情感交流，通过细节的处理和氛围的营造，使观众在欣赏艺术品时能够产生共鸣和愉悦感。

二、博物馆陈设艺术设计的主要内容

（一）展品陈列

展品陈列是博物馆陈设艺术设计中至关重要的一环。设计师在陈列展览时，需要根据展品的特点、主题以及展示的目的，精心选择合适的陈列方式和陈列位置，以最大限度地突出展品的价值和特点，吸引观众的注意力。

1. 解展品的特点和主题

每个展品都有其独特的历史背景、文化内涵和艺术价值，设计师应该充分挖掘这些元素，将其融入到陈列设计中。例如，如果展品是一幅具有悠久历史的绘画作品，设计师可以选择将其悬挂在墙面上，以便观众可以近距离欣赏到作品的

细节；如果展品是一件珍贵的文物，设计师可以考虑将其放置在展柜中，以保护其免受损坏。

2．陈列的方式

陈列方式可以包括平面展示、立体展示、悬挂展示等多种形式。平面展示是指将展品摆放在平面上，如桌面、地面等，让观众可以从多个角度观看展品。立体展示则是指将展品放置在立体空间中，如立体展柜、立体墙面等，让观众可以从不同的角度欣赏展品的立体效果。悬挂展示是指将展品悬挂在空中，如吊挂装置、吊篮等，让观众可以从上方俯瞰展品。设计师可以根据展品的特点和展示目的，灵活运用这些展示方式，创造出丰富多样的陈列效果。

3．陈列的位置

陈列的位置应根据展品的重要性和观众的视线来选择。一般来说，重要的展品应放在显眼的位置，以便观众能够第一时间注意到它们；而次要的展品则可以放置在相对较远的地方。此外，设计师还可以利用灯光、色彩等元素，营造出富有氛围感的展示空间，使观众在参观过程中能够更好地沉浸在展品的魅力之中。

总之，展品陈列是博物馆陈设艺术设计的核心内容之一。设计师需要根据展品的特点和主题，选择合适的陈列方式和陈列位置，以突出展品的价值和特点。通过精心设计的陈列空间，博物馆可以为观众呈现出一场视觉与心灵的盛宴，让人们在欣赏艺术品的同时，感受到历史的厚重和文化的魅力。

（二）空间规划

在博物馆陈设艺术设计中，空间规划是一个重要的环节。设计师需要全面考虑整个展览空间的布局和规划，以确保展品的展示效果和观众的参观体验达到最佳状态。

1．展厅的大小、形状和高度

展厅的大小应该根据展览的主题和内容来确定，既要满足展示的需求，又要充分利用空间。展厅的形状可以根据展览的形式和风格来设计，例如可以选择开放式、封闭式或者半开放式等不同的形式，以营造不同的氛围和观展体验。展厅的高度也需要根据展品的特点和观众的需求来确定，既要保证展品的展示效果，又要考虑观众的视觉舒适度。

2．展厅内的流线设计

流线设计是指人们在展厅内移动的路径规划，它直接影响到观众的参观体

验。设计师可以通过合理的布局和导视系统的设计，引导观众按照一定的路线进行参观，避免拥挤和迷路的情况发生。流线设计还可以考虑到不同展区之间的连接关系，使得观众可以方便地从一个展区转移到另一个展区，提高参观的效率和便利性。

3．照明设计

照明设计也是博物馆陈设艺术设计中不可忽视的因素。照明设计可以通过灯光的亮度、色温和角度等因素来营造出不同的氛围和视觉效果，增强展品的表现力和吸引力。同时，照明设计还可以考虑到观众的视觉舒适度和保护展品的需要，选择合适的照明设备和光线处理方式。

4．声学设计

声学设计也是博物馆陈设艺术设计中需要考虑的因素之一。声学设计可以通过合理的材料选择、声音吸收和反射的处理等方式来控制展厅内的噪音和回声，提高观众的听觉体验。同时，声学设计还可以考虑到展品的保护需求，避免过高或过低的声音对展品造成损害。

（三）环境装饰

博物馆陈设艺术设计是一个综合性的工作，除了对展品进行精心的陈列和布局外，还需要考虑展览环境的装饰和美化。设计师在这个环节中扮演着至关重要的角色，他们需要通过选择适合的材质、色彩和装饰品，为观众营造出一个与展品相符合的氛围和风格。

1．材质的选择

材质的选择对于博物馆陈设艺术设计至关重要。不同的材质可以传达出不同的质感和触感，从而为观众带来不同的观展体验。例如，木质材料可以给人一种温暖和自然的感觉，金属材质则可以展现出现代感和科技感。设计师需要根据展览的主题和展品的特点，选择合适的材质来营造合适的氛围。

2．色彩

色彩也是博物馆陈设艺术设计中不可或缺的元素。色彩可以直接影响观众的情绪和感受，因此设计师需要根据展览的主题和展品的特点，选择合适的色彩搭配来营造出与展品相符合的氛围。例如，如果展览的主题是历史和文化，可以选择一些稳重和古典的色彩，如棕色、灰色和红色；而如果展览的主题是现代艺术或科技，可以选择一些明亮和鲜艳的色彩，如蓝色、绿色和黄色。

3．装饰品

装饰品也是博物馆陈设艺术设计中重要的一环。装饰品可以是艺术品、雕塑、摆件等，它们可以为展览增添一份独特的美感和艺术性。设计师需要根据展览的主题和展品的特点，选择合适的装饰品来丰富展览的内容和形式。同时，装饰品的摆放位置和数量也需要精心设计，以突出重点展品并营造出一种平衡和谐的效果。

此外光影效果和声音设计也是增强展览的艺术性和观赏性的重要手段。光影可以通过投射、反射等方式改变展览空间的明暗和层次感，从而创造出不同的视觉效果。声音设计则可以通过音乐、声音效果等方式增加展览的趣味性和互动性。设计师可以根据展览的主题和展品的特点，巧妙地运用光影效果和声音设计，提升观众的观展体验。

总之，博物馆陈设艺术设计不仅仅是对展品的陈列和布局，还包括对展览环境的装饰和美化。设计师需要通过选择适合的材质、色彩和装饰品，以及巧妙运用光影效果和声音设计，为观众营造出一个与展品相符合的氛围和风格，从而增强展览的艺术性和观赏性。

（四）互动体验

为了提升观众的参与感和互动体验，博物馆的陈设艺术设计可以进一步考虑融入一些互动元素。这些互动元素不仅可以使参观者更加投入，还能使他们更深入地理解和欣赏展品。

在展览区域设置触摸屏幕或多媒体展示设备。这样的设备可以让观众通过触摸、操作等方式与展品进行互动。比如，他们可以通过触摸屏获取关于展品的详细信息，或者通过操作设备来模拟展品的某些功能。这样，观众不仅可以直观地了解展品，还可以从中获得一种身临其境的体验。

设置解说牌、导览图等辅助设施。这些设施可以帮助观众更好地理解展品的背景和意义。解说牌可以提供关于展品的文字描述和解释，而导览图则可以提供展品的布局和关联信息。通过这些辅助设施，观众可以在参观过程中随时查阅相关信息，从而更好地理解和欣赏展品。

总的来说，通过加入互动元素，博物馆可以提升观众的参与度和互动性，使他们在参观过程中获得更丰富、更深入的体验。这不仅可以提高观众的满意度，也可以增强他们对博物馆的记忆和好感，从而提高博物馆的吸引力和影响力。

第三节　博物馆陈设艺术设计的类型与陈设要点

博物馆作为文化传承和展示的重要场所，陈设艺术设计在其中扮演着至关重要的角色。一个成功的博物馆陈设设计不仅能够吸引观众的目光，还能够传达出丰富的文化内涵和历史价值。在本章中，我们将深入探讨博物馆陈设艺术设计的类型以及陈设设计的要点。

一、陈设艺术设计类型

博物馆陈设艺术设计的类型包括主题性陈设设计、时间序列陈设设计、空间布局陈设设计和多媒体陈设设计。

主题性陈设设计是根据博物馆的主题或展览内容进行的设计。通过合理的布局和展品的摆放，突出展示特定主题的核心内容，使观众能够更好地理解和感受展览的内涵。例如，如果博物馆的主题是自然历史，那么在陈设设计中可以重点展示与自然历史相关的展品，如化石、动物标本等，并通过合适的展示方式和标签解释，帮助观众深入了解自然历史的演变和发展。

时间序列陈设设计是按照时间顺序进行陈列的设计。通过将展品按照年代或者事件的发展顺序进行展示，可以帮助观众更好地了解历史的发展和演变过程。例如，在一场关于古代文明的展览中，可以将不同时期的文物按照时间顺序陈列，从最早的石器时代开始，一直到现代文明的发展，让观众能够清晰地了解人类文明的演进过程。

空间布局陈设设计是通过对博物馆内部空间进行合理规划和利用的设计。通过巧妙的布局和空间划分，可以使展览区域更加有序和美观，提高观众的参观体验。例如，在一座大型博物馆中，可以根据不同的展示主题划分不同的区域，如历史区、艺术区、科技区等，每个区域都有独特的布局和装饰风格，使观众能够根据自己的兴趣选择不同的参观路线。

多媒体陈设设计是结合现代科技手段，如音频、视频、互动装置等，为观众提供更加丰富和立体的展览体验。通过运用多媒体技术，可以使展览内容更加生动有趣，增强观众的参与感和沉浸感。例如，在一场关于宇宙探索的展览中，可以设置虚拟现实装置，让观众身临其境地感受太空飞行的刺激和神秘。

博物馆陈设艺术设计的类型涵盖了主题性陈设设计、时间序列陈设设计、空

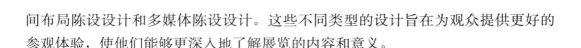

间布局陈设设计和多媒体陈设设计。这些不同类型的设计旨在为观众提供更好的参观体验，使他们能够更深入地了解展览的内容和意义。

二、博物馆陈设设计的要点

博物馆陈设设计的要点包括以下几个方面：

1. 确定展览主题

在进行博物馆陈设设计时，首先要明确展览的主题和目标受众。根据不同的主题和受众需求，确定合适的陈设风格和设计元素。例如，如果展览的主题是历史事件，可以采用古典风格的陈设元素，如大理石雕塑、古代绘画等；如果展览的主题是科技发展，可以选择现代感十足的设计元素，如 LED 灯光、金属材质等。

2. 注重展品选择

博物馆陈设设计的核心是展品的选择。要选择具有代表性、历史价值和文化内涵的展品，同时要考虑展品的数量、尺寸和展示方式等因素。展品的选择应该与展览主题相呼应，能够全面展示主题内容。此外，展品的陈列方式也要考虑到观众的观看体验，如高度、角度、布局等。

3. 合理布局与空间利用

博物馆陈设设计要注重空间布局和利用。要根据展览内容的特点和展厅的结构，合理划分展览区域，充分利用空间资源，使展览效果最大化。例如，可以通过设置不同的展示区来区分不同的主题内容，或者通过合理的空间布局来引导观众的视线流动。

4. 创新设计手法

博物馆陈设设计要不断创新和发展。可以运用现代科技手段，如虚拟现实、增强现实等，为观众提供更加丰富和立体的展览体验。例如，可以利用虚拟现实技术让观众身临其境地感受历史事件或科学实验的过程，增强观众的参与感和沉浸感。同时，要注重与其他艺术形式的融合，如建筑、雕塑、绘画等，形成独特的博物馆风格。

5. 人性化设计

博物馆陈设设计要充分考虑观众的需求和舒适度。要设置合适的照明、通风、导览等设施，为观众提供良好的参观环境。例如，可以采用柔和的灯光照明，避免刺眼的强光对观众眼睛的刺激；可以设置空调系统，保持室内温度适宜；可以设置导览标识和解说牌，方便观众了解展品的背景和意义。同时，要注重无障碍设施的设计，方便不同年龄、身体条件的观众参观。例如，设置无障碍通道、扶手等设施，方便行动不便的人士进入展厅。

第四节 博物馆陈设艺术设计的基本条件与原则

一、博物馆陈设艺术设计的基本条件

博物馆陈设艺术设计是一项复杂而精细的工作，需要综合考虑多个方面的因素。

1. 展品的特性

在博物馆陈设艺术设计中，首先需要考虑展品的特性。这包括展品的形式、材质、大小、重量、颜色、质感等。不同的展品可能具有独特的特点，需要特定的展示方式和环境来突出其独特之处。因此，设计师需要根据展品的特点来进行合理的安排和布局，以确保观众能够充分了解和欣赏展品的内涵和价值。

2. 展示环境的特性

展示环境对博物馆陈设艺术设计也有着重要的影响。设计师需要考虑展厅的大小、高度、照明、通风、温度、湿度等因素。一个良好的展示环境能够提升观众的观展体验，同时也能够保护展品的安全和完整性。例如，合适的照明可以突出展品的细节和色彩，而适宜的温度和湿度可以防止展品受到损坏或变形。

3. 观众的特性

博物馆陈设艺术设计还需要考虑观众的特性。观众的年龄、性别、文化程度、兴趣爱好、观展目的等因素都会对展示效果产生影响。设计师需要根据不同观众的需求来进行个性化的设计，以吸引和引导他们的兴趣和注意力。例如，针对儿童观众的设计可以更加生动有趣，而对于专业观众的设计则需要更加准确和详细。

4. 社会文化背景

博物馆陈设艺术设计还需要考虑社会文化背景。展品所属的历史时期、文化背景、社会价值观等因素都会影响到展示的方式和内容。设计师需要深入了解和研究相关的社会文化背景，以确保展览的准确性和可信度。例如，在展示古代文物时，设计师需要尊重历史事实和文化传统，避免对历史进行歪曲或误解。

二、博物馆陈设艺术设计的基本原则

（一）整体性原则

在博物馆陈设艺术设计中，整体性原则是至关重要的。这个原则要求设计师在进行设计时，首先要考虑的是各个陈列区域之间的有机联系，以形成一个统一、和谐的整体。这不仅仅包括了空间布局的设计，还包括展示方式的选择以及装饰元素的运用等方面。

空间布局是整体性原则的重要组成部分。设计师需要确保整个博物馆的空间布局流畅、合理，使得各个陈列区域之间的联系更加紧密。例如，展览区与休息区之间的距离要适中，既不能过近以免影响观众的参观体验，也不能过远以免观众感到不便。此外，各个陈列区域的面积、高度等也要根据其内容和特点进行合理分配，以保证各个区域的功能得到充分发挥。

展示方式也是整体性原则的重要内容。设计师需要根据博物馆的主题和内容，选择合适的展示方式。例如，对于历史类博物馆，可以采用时间线式的展示方式，让观众更好地了解历史的发展脉络；而对于艺术类博物馆，可以采用主题式或者故事式的展示方式，让观众更加深入地感受艺术作品的内涵。同时，展示方式的设计还应该注重观众的参与度，通过设置互动环节，让观众在参观过程中能够更加投入和享受。

装饰元素的运用也是整体性原则的重要体现。设计师需要根据博物馆的风格和氛围，选择合适的装饰元素。例如，对于庄重、高雅的博物馆，可以选择一些具有历史感和文化底蕴的装饰元素，如古典雕塑、古籍、文物等；而对于轻松、活泼的博物馆，可以选择一些色彩鲜艳、造型独特的装饰元素，如抽象画、现代雕塑等。同时，装饰元素的运用还应该注意与整个博物馆的风格和氛围保持一致，避免出现突兀、不协调的现象。

总之，在博物馆陈设艺术设计中，整体性原则是必须遵循的原则之一。只有将各个陈列区域有机地结合起来，形成一个统一的整体，才能使博物馆的视觉效果更加出色，同时也能增强观众的参观体验。因此，设计师在进行设计时，一定要充分考虑整体性原则的要求，力求打造出一个既美观又实用的博物馆空间。

（二）独特性原则

独特性原则是博物馆陈设艺术设计中的重要指导原则之一。每个博物馆都有其独特的历史和文化内涵，因此在设计过程中，设计师需要充分体现这种独特性。这意味着设计师应该采用创新的陈列手法和个性化的展示元素，以突出博物馆的独特性和特色。

设计师可以通过运用特定的展示手法，以强调博物馆的独特性和吸引力。在当今数字化时代，多媒体技术和互动装置等手段成为了设计师们常用的工具，可以将博物馆的历史和文化内涵以更具创意和趣味性的方式呈现给观众。通过使用这些现代技术，观众可以更加身临其境地感受到博物馆的魅力。

多媒体技术的应用使得博物馆的展览内容更加生动形象。例如，通过虚拟现实（VR）技术，观众可以沉浸在博物馆的虚拟场景中，仿佛亲临其境。他们可以亲身体验历史事件、探索古代文明或参与艺术创作的过程，这种沉浸式的体验能够让观众更加深入地了解博物馆的主题和特色。

此外，互动装置也是设计师们常用的展示手法之一。通过设置交互式展品或游戏，观众可以主动参与到展览中来。他们可以通过触摸屏幕、操作机械装置或回答问题等方式与展品进行互动，从而获得更丰富的信息和更深入的理解。这样的互动体验不仅能够增加观众的兴趣，还能够激发他们的思考和创造力。

其次，设计师还可以通过个性化的展示元素来突出博物馆的独特性。这些元素可以包括艺术品、文物、图片、文字等，它们都是博物馆历史和文化的具体体现。设计师可以根据博物馆的主题和特点，选择与之相关的展示元素，并将其巧妙地融入到展览空间中。这样一来，观众在参观过程中就能够更加直观地感受到博物馆的独特魅力。

举个例子来说，如果博物馆的主题是古代文明，那么设计师可以通过使用特定的展示手法和元素来强调这一主题。他们可以运用古代建筑模型、古代服饰等展品，将其与现代科技相结合，创造出一种独特的展示效果。这样一来，观众不仅能够欣赏到古代文明的美丽和神秘，还能够感受到现代科技对历史的再现和解读。

独特性原则在博物馆陈设艺术设计中具有重要的意义。设计师应该通过创新的陈列手法和个性化的展示元素，突出博物馆的独特性和特色。只有这样，才能让观众在参观过程中真正感受到博物馆的魅力，从而更好地理解和传承历史文化。

（三）教育性原则

博物馆建设不仅仅是为了展示物品，更重要的是要传达知识和信息给观众。因此，设计师需要遵循教育性原则，确保他们的作品能够真正地发挥教育作用。在遵循教育性原则的过程中，设计师应该采用合理的陈列方式和互动展示手段，以便观众能够更好地理解和感受展品背后的历史文化内涵。这意味着设计师需要深入挖掘展品的历史背景和文化意义，并将其以易于理解的方式呈现给观众。同时，设计师还需要考虑到观众的多样性，以便让不同年龄、文化背景和兴趣爱好的人都能够从博物馆中获得乐趣和知识。因此，设计师应该在展示内容和展示方式上多下功夫，让观众能够在参观过程中获得更多的收获。

为了满足不同观众的需求，设计师可以运用多媒体技术、虚拟现实等先进技术手段，将展品与现代科技相结合，创造出更具吸引力和互动性的展览空间。例如，通过触摸屏或投影仪等设备，观众可以更直观地了解展品的信息和背后的故事；通过虚拟现实技术，观众可以身临其境地体验历史场景或参与互动活动，增强对历史文化的认知和感受。此外，设计师还可以设计一些教育性的互动游戏或任务，引导观众主动参与，提高他们的学习兴趣和积极性。

除了展览内容的设计和展示方式的创新外，设计师还应该注重博物馆的整体规划和布局。合理的空间布局可以使观众在参观过程中更加舒适和方便，同时也能更好地突出展品的主题和特点。设计师可以通过设置不同的主题区域、设置导览线路等方式，引导观众有条理地参观展览，避免拥挤和混乱的局面。此外，设计师还可以考虑提供舒适的休息区、儿童游乐区等设施，以满足不同人群的需求和兴趣

（四）可持续性原则

博物馆陈设艺术设计在追求美感和创意的同时，还需要考虑可持续性原则。这意味着设计师应该注重环境保护和资源利用的可持续性。例如，设计师可以选择环保材料和节能设备，以减少能源消耗和环境污染。同时，设计师也需要注重展品的保护和维护工作，以延长展品的生命周期。这样，不仅可以保护环境，也可以节约成本。

为了实现可持续性原则，博物馆可以采取一系列措施。博物馆可以采用节水措施，如安装节水器和收集雨水来浇灌植物。

除了环境保护方面，可持续性原则还要求设计师关注资源的合理利用。他们

可以选择可再生材料和回收再利用的材料，以减少对自然资源的开采和消耗。此外，设计师还可以考虑使用可降解材料，如可降解塑料或纸张，以减少垃圾产生和对环境的污染。

在展品保护方面，博物馆可以制定详细的展览计划和操作规程，确保展品得到适当的保护和维护。这包括定期清洁、修复和维护展品，以防止其损坏或退化。同时，博物馆还可以提供专业的展品保护培训给工作人员，以提高他们的专业水平和责任心。

第五节　博物馆陈设艺术设计的正确导向

一、博物馆陈设艺术设计的思想性

博物馆陈设艺术设计的思想性是其核心所在。设计师应该具备深刻的思想内涵，通过展品的陈列和展示，传达出特定的主题和观点。这意味着在设计过程中，设计师需要对历史、文化和社会现象进行深入的思考，将作品融入更广阔的人文关怀之中。

首先，博物馆陈设艺术设计应当注重对历史的研究与理解。设计师可以通过研究相关历史资料和文献，了解历史事件的背景和发展过程。通过对历史的深入了解，设计师可以把握历史的脉络和演变，从而在设计中体现出历史的特点和意义。同时，设计师还可以通过对历史事件的解读和分析，提炼出特定的主题和观点，将其融入到展览的设计中，使观众能够更好地理解和感受历史的内涵。

其次，博物馆陈设艺术设计还应当关注文化的传承与创新。设计师可以通过对不同文化的研究与比较，探索文化的共性和差异，以及文化的发展和演变。在设计中，设计师可以运用传统文化元素和现代设计手法相结合的方式，创造出具有独特魅力和文化内涵的展览作品。同时，设计师还可以通过引入当代艺术和文化形式，为观众带来新的视觉体验和文化触动。

最后，博物馆陈设艺术设计还应当关注社会现象的关注与反思。设计师可以通过对社会现象的研究和观察，发现社会中存在的问题和挑战。在设计中，设计师可以选择一些与社会问题相关的展品或主题，通过展览的形式引发观众对社会问题的思考和反思。这样的设计不仅能够让观众更加深入地了解社会现象，还能

够激发观众的社会责任感和参与意识。

综上所述，博物馆陈设艺术设计应当具备深刻的思想内涵，通过展品的陈列和展示，传达出特定的主题和观点。设计师应该注重对历史、文化和社会现象的思考，将作品融入更广阔的人文关怀之中。同时，设计还应当具有启发思考的功能，引发观众对当代社会问题的思考和反思。这样的设计不仅能够提升观众的艺术欣赏能力，还能够促进观众对社会问题的认知和思考，推动社会的发展和进步。

二、博物馆陈设艺术设计的学术性

博物馆陈设艺术设计的学术性是其不可或缺的一部分。它要求设计师通过对展品进行深入研究和整理，以展示其独特的学术价值和研究成果。为了实现这一目标，设计师需要具备广泛的知识和专业背景，深入了解相关领域的理论和实践。

设计师应当掌握相关领域的专业术语和概念，以便能够准确地表达展品的内涵和特点。这包括对历史、文化、艺术等方面的知识进行深入研究，了解不同时期和地域的设计风格和特点。只有通过对这些知识的掌握，设计师才能更好地理解展品的背景和意义，并将其通过设计手法准确地传达给观众。

设计还应当注重学术研究的延续性，为后续的研究提供参考和启示。博物馆陈设艺术设计不仅仅是一次性的作品，而应该是一个长期的研究过程。设计师可以通过与学者、专家的合作，开展更深入的研究项目，探索新的设计理念和方法。同时，他们还可以将研究成果应用于实际的设计实践中，推动整个行业的发展和进步。

博物馆陈设艺术设计的学术性还体现在其对社会的影响和作用上。通过展览设计和陈设艺术，博物馆可以为观众提供一个深入了解历史和文化的平台。设计师应当注重将学术研究成果转化为观众易于理解和接受的形式，使观众能够从中获取知识和启发。同时，设计师还应当关注社会的需求和变化，不断更新和完善设计方案，以满足观众的需求和社会的发展。

总之，博物馆陈设艺术设计的学术性是其设计过程中不可忽视的重要因素。设计师应当通过深入研究和整理展品，展示其学术价值和研究成果。同时，他们还应当注重学术研究的延续性，为后续的研究提供参考和启示。只有这样，博物馆陈设艺术设计才能真正发挥其教育和研究的功能，为观众和社会带来更多的价值和意义。

三、博物馆陈设艺术设计的知识性

博物馆陈设艺术设计的知识性是其核心要素之一。设计师在陈列和解读展品时，需要具备丰富的知识储备，以便能够将各种知识信息传递给观众。这种知识性不仅仅是对艺术品本身的了解，还涉及到各个领域的知识体系。

设计师需要深入了解相关的历史和文化背景，掌握相关领域的知识，以便能够将这些知识融入到设计中。通过巧妙地运用这些知识元素，设计师可以为观众呈现一个更加丰富、有深度的展览体验。例如，在展示古代文明的博物馆中，设计师可以通过对历史事件的解读，向观众介绍当时的政治、经济和社会状况，让观众更好地理解古代文明的发展轨迹。

除了专业知识，博物馆陈设艺术设计还应当注重知识的普及性和教育性。设计师可以运用生动的语言和形象的展示方式，使观众在欣赏艺术品的同时也能够获得知识和启迪。例如，在展示自然科学的博物馆中，设计师可以通过互动式的展品和解说牌，引导观众参与其中，让他们亲身体验科学实验的过程，从而增加对科学知识的理解和兴趣。

此外，博物馆陈设艺术设计还可以借助多媒体技术来增强知识的传递效果。通过音频、视频等多种形式，设计师可以将知识以更加生动、直观的方式呈现给观众，激发他们的学习兴趣和探索欲望。例如，在展示科技发展的博物馆中，设计师可以利用虚拟现实技术，让观众身临其境地感受科技创新的过程，从而加深对科技进步的理解。

综上所述，博物馆陈设艺术设计的知识性是其不可或缺的要素之一。通过丰富的知识融入设计中，设计师可以为观众打造一个充满知识和启迪的艺术空间，让他们在欣赏艺术品的同时也能够获得知识和文化的滋养。这样的设计不仅能够满足观众的审美需求，还能够提升他们的文化素养和认知水平。因此，博物馆陈设艺术设计应当注重知识的融合与传递，为观众提供一个全方位的艺术体验。

四、博物馆陈设艺术设计的观赏性

博物馆陈设艺术设计应当具备观赏性，通过合理的布局和精心的设计，创造出美的感受和视觉享受。设计师应当注重展品的陈列方式和空间布局，运用色彩、光影和材质等元素，营造出独特的视觉效果。同时，设计还应当注重展品与观众之间的互动性，使观众能够更好地参与到展览中，增强观赏的乐趣和体验。

五、博物馆陈设艺术设计的趣味性

博物馆陈设艺术设计应当具备一定的趣味性，这是为了通过创新的方式和手法吸引观众的注意力和兴趣。设计师可以运用多媒体技术、互动装置等手段，增加展览的趣味性和互动性。通过在展览中融入声音、图像、动画等元素，以及设置交互式展品和体验区，观众可以更加身临其境地感受展览内容，增强参与感和记忆度。

同时，设计还应当注重展品的多样性和丰富性，通过不同的题材和形式，满足不同观众的需求和兴趣。博物馆可以根据不同的主题和馆藏特点，设计出丰富多样的展览内容，涵盖历史、文化、艺术等多个领域。例如，可以设置专题展厅，展示某一特定时期或地区的文物艺术品；也可以设置临时展览，引入国内外优秀艺术家的作品，为观众带来新鲜的视觉享受。

此外，博物馆还可以通过创新的陈列方式和展示手法，提升陈设艺术设计的趣味性。例如，利用光影效果、空间布局等元素，创造出独特的视觉效果，使展览更具吸引力。同时，设计师还可以考虑将展览与教育活动相结合，设计互动游戏、解说牌等元素，让观众在欣赏展品的同时，获得更多的知识和启发。

总之，博物馆陈设艺术设计应当注重趣味性，通过创新的方式和手法吸引观众的注意力和兴趣。同时，多样化的展品和丰富的陈列方式也是提升趣味性的重要手段。通过这些努力，博物馆可以更好地满足观众的需求，提供更富有吸引力的文化体验。

六、博物馆陈设艺术设计的通俗性

博物馆陈设艺术设计的重要性在于其通俗性。这意味着设计师应该避免使用过于专业化的术语和语言，而是采用通俗易懂的方式进行表达和解读。这样，广大观众都能够理解和欣赏展览作品，而不仅仅是专业人士。

在陈设艺术设计中，与观众的交流和互动也是非常重要的。通过引导观众参与展览的方式，他们可以更好地理解和感受作品的内涵。这可以通过设置互动装置、提供解说员或导览手册等方式实现。观众可以通过亲身体验和参与，更深入地了解展品背后的故事和文化背景。

此外，博物馆陈设艺术设计还应当注重视觉效果的传达。设计师可以利用色彩、形状、灯光等元素来创造出吸引人眼球的展览空间。通过精心选择展品的陈列方式和布局，可以使观众的视线自然地被吸引到重要的展品上，从而更好地理解展览的主题和意义。

另外，博物馆陈设艺术设计还应当尊重展品本身的特点和历史背景。设计师需要深入了解每件展品的历史、文化背景和技术特点，以便能够以恰当的方式展示它们。同时，设计师还应当考虑展品的保护和保存问题，确保它们能够得到适当的保护和维护。

总之，博物馆陈设艺术设计的通俗性是至关重要的。通过采用通俗易懂的方式进行表达和解读，注重与观众的交流和互动，以及关注视觉效果的传达和展品的保护，设计师可以创造出更具吸引力和教育性的展览空间，使广大观众都能够真正理解和欣赏博物馆的文化价值。

第四章 博物馆信息化建设

博物馆作为文化传承和展示的重要场所，正逐渐意识到信息化建设的重要性。信息化建设旨在通过现代科技手段，提升博物馆的管理效率、丰富展览内容，以及提供更好的观众体验。本章将对博物馆信息化建设进行详细的概述。

第一节 博物馆信息化建设概述

随着信息技术的快速发展，数字化、网络化已经成为社会发展的趋势。博物馆作为传统文化的守护者和传播者，需要与时俱进，积极拥抱信息化，以更好地适应社会的需求。信息化建设不仅可以提高博物馆的工作效率，还能够为观众提供更多元化、个性化的服务，增强博物馆的社会影响力和文化价值。

一、博物馆信息化建设的内容和方向

（一）数字化资源建设

博物馆正在将收藏的各类文物和艺术品进行数字化处理，以便建立详细的数字档案。这些数字化的资源不仅包括了各种物质文化遗产，如古代建筑、石刻、陶器等，也包括了各种非物质文化遗产，如传统工艺、音乐、舞蹈、戏剧等。通过这种方式，博物馆能够将这些珍贵的文化遗产保存下来，使其得以长久传承。

同时，博物馆也通过互联网等渠道向公众开放这些数字化的资源。观众可以通过电脑、手机等设备，随时随地在线浏览博物馆的藏品，甚至可以进行深度学习和研究。这种在线浏览的方式不仅方便了观众，也为观众提供了更多的学习机会。

此外，数字化资源建设还能够提供更丰富的信息和服务。例如，通过虚拟现实技术，观众可以身临其境地欣赏藏品；通过大数据和人工智能技术，博物馆可以为观众提供个性化的推荐服务；通过社交媒体，博物馆可以与观众进行更直接

的交流和互动。

总的来说，博物馆将收藏的文物、艺术品等进行数字化处理，建立数字档案，并通过互联网等渠道向公众开放，不仅能够保护和保存珍贵的文化遗产，还能够方便观众在线浏览和学习，同时也能够提供更多的信息和服务。

（二）虚拟展览和互动体验

在数字化资源建设中，博物馆可以利用虚拟现实（VR）、增强现实（AR）等技术手段，打造虚拟展览空间，让观众可以通过电子设备身临其境地感受展品的魅力。观众可以在家中或任何地方通过智能设备参观博物馆的展览，无需实际到场，节省了时间和精力。同时，通过互动装置和游戏设计，增加观众参与感和趣味性，提升参观体验。观众可以通过触摸屏幕、手势识别等方式与展品进行互动，深入了解文物背后的故事和历史背景。这种互动体验不仅使观众更加投入，还能够激发他们的学习兴趣和探索欲望。

数字化资源建设还可以为博物馆提供更多的展示形式和交流平台。通过数字化技术，博物馆可以将展品进行多角度、全方位的展示，让观众能够从不同的视角欣赏和理解文物。此外，数字化资源建设还可以促进博物馆与其他文化机构、教育机构等的合作与交流，推动知识共享和文化传承。

另外，数字化资源建设也为博物馆提供了更多的商业机会和服务创新的可能性。通过数字化展览和线上销售，博物馆可以为观众提供更多元化的购物选择和购买方式。同时，数字化资源建设还可以为博物馆带来更多的观众群体，扩大影响力和传播力。

数字化资源建设是博物馆未来发展的重要方向之一。它不仅能够保护和保存珍贵的文化遗产，方便观众在线浏览和学习，还能够提供更丰富的展示形式和交流平台，为博物馆带来更多的商业机会和服务创新的可能性。随着科技的不断进步和社会的发展需求，数字化资源建设将继续在博物馆领域发挥重要作用。

（三）智能化管理与服务

智能化管理与服务是博物馆发展的重要方向之一，通过引入物联网、大数据等先进技术，可以实现对博物馆内部设施和藏品等方面的智能化管理。例如，利用智能导览系统，观众可以根据自己的兴趣和需求自由选择参观路线，不再受限于固定的展览安排。这种个性化的导览方式不仅提高了观众的参观体验，还为博物馆提供了更多的数据支持，有助于优化展览布局和服务内容。

通过智能安防系统的应用，博物馆的安全性得到了有效提升。智能安防系统可以通过视频监控、入侵检测等技术手段实时监测博物馆的安全状况，及时发现并应对潜在的安全风险。这不仅保护了博物馆的文物和藏品，也为观众提供了一个安全可靠的参观环境。

博物馆还可以通过手机 APP 等方式提供便捷的在线购票、导览预约等服务。观众可以通过手机随时随地购买门票，避免了排队等候的麻烦。同时，通过在线导览预约系统，观众可以提前选择自己感兴趣的展览或活动，避免了现场排队等待的时间浪费。这些智能化服务不仅方便了观众的参观体验，也提高了博物馆的管理效率。

智能化管理与服务还可以在博物馆的运营管理中发挥重要作用。例如，通过智能化的能源管理系统，博物馆可以根据不同区域的实际需求进行能源调配，降低能源消耗的同时提高能源利用效率。同时，智能化管理系统还可以对博物馆内部的设备运行状态进行实时监测和维护，确保设备的正常运行和延长使用寿命。

智能化管理与服务还可以为博物馆提供更多的商业机会和收入来源。通过智能化的广告推送系统，博物馆可以根据观众的兴趣和行为习惯，精准地向其推送相关的广告信息，增加博物馆的商业合作机会和品牌曝光度。同时，智能化管理系统还可以为博物馆提供会员管理和积分兑换等功能，吸引更多的观众成为会员并增加其忠诚度。

智能化管理与服务在博物馆发展中具有重要的意义。通过引入先进的技术手段，如物联网和大数据，博物馆可以实现对内部设施和藏品的智能化管理，提升观众的参观体验和管理效率。同时，智能化管理与服务还可以为博物馆提供商业机会和收入来源，推动博物馆的发展和创新。

（四）教育与研究合作

博物馆与学校、研究机构等可以展开深入合作，共同开展数字化教学和研究项目。这种合作可以通过资源共享和技术交流来推动博物馆教育的发展，培养更多的文化传承人才。

在数字化教学方面，博物馆可以与学校合作，利用丰富的藏品资源和专业知识，为学生提供更加丰富多样的学习内容。例如，博物馆可以开设虚拟展览或在线讲座，让学生通过网络远程参观博物馆，了解历史文化背景和艺术品背后的故事。同时，博物馆还可以与学校合作开发互动式教学资源，如在线导览系统、虚拟实验室等，以提升学生的学习体验和参与度。

在数字化研究方面，博物馆可以与研究机构合作，共同开展科研项目。通过共享研究成果和技术资源，博物馆可以更好地支持研究人员进行深入的学术研究。例如，博物馆可以提供研究数据、文献资料等支持，帮助研究人员开展相关课题的研究工作。同时，博物馆还可以邀请专家学者进行讲座或研讨会，促进学术交流和合作。

这种合作不仅有助于提升博物馆的教育水平和影响力，还能够培养更多的文化传承人才。通过与学校的合作，博物馆可以将专业知识传授给学生，培养他们对文化遗产的兴趣和理解。而与研究机构的合作则可以为研究人员提供更多的研究机会和平台，激发他们的创造力和创新思维。这些人才将成为未来文化传承的重要力量，为社会的发展做出积极贡献。

博物馆与学校、研究机构等的合作是推动博物馆教育发展的重要举措。通过资源共享和技术交流，博物馆可以拓展教育资源，提升教学质量；同时也可以培养更多具有专业素养和文化意识的人才，为社会的文化传承和发展注入新的活力。这样的合作模式将为博物馆教育带来更广阔的前景和更深远的影响。

第二节　博物馆信息化建设的理念

博物馆信息化建设是博物馆发展中的重要一环，其核心理念是以藏品信息数据库为基础，以信息网络为支撑，以业务应用为核心，注重创新，不断探索新的理念和方法，提高博物馆的综合实力和竞争力。

一、信息化与博物馆的关系和互动作用

博物馆是收藏、保护、研究、展示和传播人类文化遗产的机构。作为文化遗产的守护者和传承者，博物馆肩负着重要的使命，即保护和传承人类历史、文化、艺术等各方面的遗产。博物馆的藏品涉及文物、艺术品、自然标本等多个领域，是博物馆最重要的资源。

同时，信息化技术的高速发展为博物馆的各项工作提供了更加便捷、高效、智能化的支持。信息化技术的应用，不仅可以提高博物馆的管理效率和服务水平，还可以增强展示效果，扩大社会影响力，为博物馆的发展注入新的动力。

（一）信息化技术可以提高博物馆的管理效率

通过运用信息化技术，博物馆可以实现藏品信息的数字化管理，从而大大提高了管理效率。具体而言，建立藏品信息数据库是信息化技术在博物馆管理中的重要应用之一。这个数据库可以包含博物馆所有的藏品信息，包括藏品的名称、作者、年代、材质、尺寸等各种详细信息。通过这个数据库，管理人员可以快速、准确地查询、统计和维护藏品信息。例如，他们可以通过输入关键词或使用高级搜索功能来查找特定的藏品，而不需要翻阅大量的纸质资料。同时，他们还可以利用数据库提供的数据进行各种统计分析，如藏品的数量、种类、年代分布等，以便更好地了解博物馆的藏品情况。这些功能的实现不仅节省了管理人员的时间和精力，也提高了他们的工作效率。

此外，信息化技术还可以实现博物馆内部信息的快速传递和共享。在传统的博物馆管理中，信息传递通常需要通过手工或纸质文件的形式进行，这不仅费时费力，还容易出现信息丢失或错误的情况。而通过信息化技术，博物馆可以建立起一个高效的内部信息交流平台，使得各个部门之间的信息传递更加便捷和准确。例如，当一个新的展览计划确定后，相关部门可以通过系统发送通知给其他人员，避免了传统方式下的信息滞后和传递不完整。同时，信息化技术还可以实现跨部门的信息共享，让不同岗位的工作人员能够及时获取到所需的信息，从而提高工作效率。

总之，信息化技术在博物馆管理中的广泛应用可以提高管理效率。通过建立藏品信息数据库和实现内部信息的快速传递和共享，博物馆的管理工作变得更加高效、便捷和准确。这将有助于博物馆更好地展示和管理馆藏文物，提升观众的参观体验，同时也为博物馆的发展提供了有力的支持。

（二）信息化技术可以提高博物馆的服务水平

在当今的信息时代，信息化技术的发展为博物馆提供了全新的服务方式和手段。通过运用网站建设、智能导览、虚拟展厅等先进技术，博物馆可以提供更加便捷和个性化的服务，以满足不同观众的需求。

首先，信息化建设使得博物馆可以通过网站提供服务。这种在线平台不仅能够提供博物馆的基本信息，如展览信息、活动安排等，还可以提供在线购票、预约参观等服务，大大方便了观众的参观体验。同时，通过数据分析，博物馆还可以了解观众的行为习惯和需求，从而提供更符合观众需求的服务。

其次，智能导览系统的引入也为博物馆的服务质量提升做出了贡献。通过智能导览系统，观众可以通过手机或其他移动设备获取展品的详细信息，包括历史背景、艺术价值等。此外，智能导览系统还可以根据观众的兴趣和需求推荐合适的展品或路线，使参观过程更加个性化和高效。

再者，虚拟展厅的出现为观众提供了全新的观展体验。虚拟展厅可以360度全景展示展品，让观众仿佛身临其境。此外，虚拟展厅还可以提供互动体验，如虚拟现实技术可以让观众与展品进行互动，增强了观众的参与感和体验感。

最后，信息化技术还可以实现博物馆的在线教育和服务。通过线上课程和讲座，博物馆可以向更广泛的受众传播知识，扩大博物馆的影响力。同时，博物馆还可以利用社交媒体等渠道与观众进行互动，收集观众的反馈和建议，以不断改进和提升服务质量。

信息化技术的发展为博物馆提供了更多的服务方式和手段，使得博物馆能够更好地满足不同观众的需求。通过网站建设、智能导览、虚拟展厅等技术手段的应用，博物馆的服务水平得到了显著提升，进一步扩大了博物馆的服务范围和受众群体。

（三）信息化技术可以增强博物馆的展示效果

信息化技术在博物馆的应用可以显著增强其展示效果，为观众带来更加丰富、立体的视觉体验。通过数字化展示技术，博物馆可以将实物展品进行高精度的三维扫描和建模，将其转化为数字化的形式，使观众可以通过触摸屏、虚拟现实设备等交互方式与展品进行互动，深入了解文物的历史背景和背后的故事。

此外，虚拟现实（VR）技术的应用也为博物馆带来了全新的展示方式。观众可以通过佩戴VR眼镜，身临其境地感受古代建筑、自然景观等各种场景，仿佛穿越时空回到过去，亲身体验历史事件和文化传承。这种沉浸式的体验不仅能够激发观众的兴趣，还能够增加他们对文化遗产的认知和理解。

另外，增强现实（AR）技术也在博物馆展示中发挥着重要作用。通过将数字信息叠加在现实世界中，观众可以利用手机或平板电脑等设备观看展品的详细信息、历史背景等内容，增强了对文物的感知和理解。同时，AR技术还可以结合地理位置信息，为观众提供与展品相关的周边信息，如附近的景点、交通路线等，提升参观的便捷性和趣味性。

信息化技术的应用为博物馆带来了更加生动、立体、富有感染力的展示效果。通过数字化展示、虚拟现实、增强现实等技术手段，观众可以更好地理解和

感受文化遗产的魅力，进一步加深对历史文化的认识和热爱。

（四）信息化技术可以扩大博物馆的社会影响力

通过互联网传播、社交媒体推广等方式，可以让更多的人了解和关注博物馆，扩大博物馆的影响力和知名度。信息化技术的应用为博物馆的传播提供了全新的平台和渠道，使博物馆的信息能够更广泛地传播到社会各个角落。通过建设官方网站、开设在线展览、发布数字藏品等方式，博物馆可以将丰富的文化资源向公众展示，吸引更多的人前来参观和学习。同时，利用社交媒体平台进行推广和互动，可以与观众建立更加紧密的联系，增强博物馆的社交属性和社会参与度。

在信息化时代，博物馆还可以借助虚拟现实、增强现实等技术手段，打造沉浸式的展览体验，让观众身临其境地感受文化遗产的魅力。通过数字化的展示和交互方式，观众可以自主探索展品的背后故事和历史背景，提高对文物的认知和理解。同时，信息化技术还可以为博物馆提供智能化的管理和服务支持，提高工作效率和观众满意度。例如，通过智能化导览系统和自助服务设备，观众可以根据自己的兴趣和需求自由选择参观路线和获取信息，提升参观体验。

总之，信息化与博物馆的关系是相互促进、相互补充的。信息化建设可以为博物馆的各项工作提供更加便捷、高效、智能的支持，同时也可以为博物馆的发展注入新的动力和活力。因此，博物馆应该紧跟信息化技术的发展趋势，不断探索新的信息化技术手段和方法，为文化遗产的保护和传承贡献更大的力量。只有充分利用信息化技术的优势，结合博物馆的特色和需求，才能更好地推动博物馆事业的创新和发展，实现文化遗产的传承与共享。

二、以人为本的发展理念

（一）以人为本的定义和意义

以人为本是一种以人的需求、利益和福祉为出发点和归宿的发展观。在博物馆信息化建设中，以人为本意味着将观众的需求和体验放在首位，通过信息化手段提供更加便捷、丰富、个性化的展览和服务，满足观众的知识需求和审美追求。以人为本的发展理念体现了博物馆作为文化传承和公共服务机构的社会责任，有助于提升观众对博物馆的认同感和满意度，促进博物馆事业的可持续发展。

在博物馆信息化建设中，以人为本的理念具有重要意义。首先，它强调了观众的需求和体验是博物馆发展的核心目标。博物馆作为文化传承和公共服务机构，应该关注观众的需求，提供符合他们期望的展览和服务。只有真正了解观众的需求，才能更好地满足他们的期待，提高他们的参观体验。

以人为本的理念倡导通过信息化手段提供更加便捷、丰富、个性化的展览和服务。随着科技的进步，信息化已经成为博物馆发展的重要方向之一。通过数字化技术，博物馆可以更好地展示藏品，提供更多的信息和互动体验，使观众能够更加深入地了解展品背后的历史和文化内涵。同时，信息化还可以提供更多的在线服务，如虚拟展览、在线导览等，让观众随时随地都能参观博物馆，满足他们的学习和欣赏需求。

以人为本的理念还强调了博物馆作为文化传承和公共服务机构的社会责任。博物馆不仅仅是一个展示文物的地方，更是一个传播文化、教育公众的重要场所。以人为本的发展理念要求博物馆要积极参与社会教育和文化传承工作，通过举办各类活动、讲座等形式，向公众传递知识、启发思考，促进社会的文化繁荣和进步。

以人为本的发展理念有助于提升观众对博物馆的认同感和满意度。当观众感受到博物馆真正关注他们的需求，提供优质的服务和丰富的内容时，他们对博物馆的认同感和满意度也会相应提高。这种认同感和满意度不仅会增加观众的参观频率，还会促使他们将博物馆推荐给更多的人，进一步扩大博物馆的影响力和知名度。

总之，以人为本的定义和意义在博物馆信息化建设中具有重要的指导作用。它强调了观众需求的重要性，倡导通过信息化手段提供更好的展览和服务，强调了博物馆作为文化传承和公共服务机构的社会责任，促进了观众对博物馆的认同感和满意度的提升。这些理念的实施将推动博物馆事业的可持续发展，使其成为人们学习、欣赏和传承文化的宝贵资源

（二）以人为本在博物馆信息化建设中的应用

以人为本在博物馆信息化建设中的应用主要体现在以下几个方面：

（1）通过数字化技术，实现展品信息的多媒体呈现，使观众能够更直观、深入地了解展品背景和内涵。数字化技术的应用使得博物馆可以通过图像、音频、视频等多种形式展示展品信息，让观众能够更加生动地感受到展品的魅力。例如，通过虚拟现实技术，观众可以身临其境地感受历史事件或文化场景，增强参

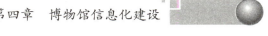

观体验的沉浸感。同时，数字化技术还可以提供详细的展品介绍和解读，帮助观众更好地理解展品的历史背景、文化内涵和艺术价值。

（2）利用互联网和移动终端，为观众提供线上导览、互动体验等服务，打破时间和空间的限制，满足不同观众的需求。随着智能手机和移动互联网的普及，博物馆可以开发手机应用程序或建设移动网站，为观众提供线上导览、展览推荐、互动游戏等功能。观众可以通过手机随时随地获取展品信息、参观路线、活动安排等信息，提高参观效率和便利性。此外，通过社交媒体平台和在线社区，博物馆还可以与观众进行互动交流，收集观众的意见和建议，不断改进展览和服务。

（3）通过大数据分析，挖掘观众的兴趣和行为特征，为其提供个性化的推荐和服务，提高参观效果。博物馆可以利用大数据技术对观众的访问记录、评价反馈等信息进行分析，了解观众的兴趣偏好和行为习惯。基于这些数据，博物馆可以向观众推荐与其兴趣相关的展品或活动，提供个性化的参观建议和导览服务。例如，对于喜欢古代文物的观众，博物馆可以推送相关主题的展览或讲座信息；对于学生群体，博物馆可以推出针对学生的教育活动或学习资料。通过个性化的服务，博物馆可以更好地满足观众的需求，提高参观效果和满意度。

（4）加强与社区、学校等机构的合作，开展丰富多样的教育活动，培养公众的文化素养和创新精神。博物馆可以与社区教育中心、学校等教育机构合作，共同举办讲座、工作坊、夏令营等活动，为公众提供学习和文化交流的平台。通过这些教育活动，公众可以深入了解博物馆的藏品和展览内容，提升自身的文化素养和知识水平。同时，博物馆还可以鼓励公众参与创作和创新活动，如艺术展览、设计比赛等，激发公众的创新思维和文化创造力。

以人为本在博物馆信息化建设中的应用涵盖了数字化技术的应用、线上服务的提供、个性化推荐的实现以及与教育机构的合作等方面。这些应用不仅能够提升观众的参观体验和满意度，还能够促进公众的文化素养提升和创新能力的培养。

（三）以人为本对博物馆信息化建设的影响和启示

以人为本的发展理念对博物馆信息化建设产生了深远的影响。一方面，它推动了博物馆信息化技术的不断创新和完善，如虚拟现实、人工智能等技术的应用，使博物馆展示更加生动、智能。通过虚拟现实技术，观众可以身临其境地感受历史事件或文化背景，增强了参观体验的沉浸感和互动性。而人工智能技术的应用则使得博物馆能够根据观众的兴趣和需求，提供个性化的导览和解说服务，提升了观众的参观体验和参与度。另一方面，它也促使博物馆关注观众需求的变化，不断调整和优化信息服务内容和方式，提高服务质量。博物馆通过开展问卷调查、用户反馈等方式，了解观众的期望和需求，从而针对性地改进展览布局、增加互动项目、提升服务水平，以更好地满足观众的需求。此外，以人为本的发展理念还为博物馆信息化建设提供了启示：要关注观众的体验和参与，充分利用信息技术手段，打造富有创意和互动性的展览环境。博物馆可以通过数字化展示、多媒体互动等方式，将展品信息以更直观、生动的方式呈现给观众，激发他们的学习兴趣和探索欲望。同时，还可以利用互联网和移动应用等技术手段，提供在线导览、互动游戏等功能，让观众能够随时随地参与到展览中来。要注重培养公众的文化素养和创新能力，通过教育项目和活动，传播科学知识、弘扬优秀传统文化。博物馆可以开展丰富多样的教育项目和活动，如讲座、工作坊、亲子活动等，向公众传授科学知识和传统文化，培养他们的文化素养和创新能力。通过这些活动，博物馆不仅可以吸引更多的观众参观，还能够促进公众对文化遗产的保护和传承意识的提升。总之，以人为本的发展理念对博物馆信息化建设产生了积极的影响。它不仅推动了博物馆信息化技术的不断创新和完善，还促使博物馆关注观众需求的变化，不断调整和优化信息服务内容和方式，提高服务质量。同时，它还为博物馆信息化建设提供了启示，要关注观众的体验和参与，打造富有创意和互动性的展览环境；要注重培养公众的文化素养和创新能力，通过教育项目和活动传播科学知识、弘扬优秀传统文化。这些启示对于博物馆信息化建设的发展具有重要的指导意义。

三、科技创新与博物馆信息化的关系

（一）科技创新的概念和特点

科技创新是指通过科学研究、技术开发和应用等方面的新成果、新方法和新理念，推动社会进步和经济发展的一种能力。在博物馆信息化领域，科技创新起着至关重要的作用。它不仅能够提升博物馆的管理水平和服务质量，还能够为观众提供更加丰富多样的展览和教育体验。

1. 科技创新具有创新性的特点

这意味着科技创新的成果和方法是独一无二的，具有原创性和独特性。在博物馆信息化中，科技创新可以带来新的展示方式、交互技术和虚拟展览等形式，

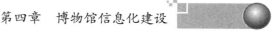

使博物馆的内容更加生动有趣，吸引观众的注意力。

2．科技创新具有前瞻性的特点

科技创新关注未来发展的趋势和需求，能够帮助博物馆适应时代的变化和社会的发展。例如，随着人工智能、大数据和云计算等技术的不断发展，博物馆可以利用这些技术来分析观众的兴趣和行为模式，提供个性化的展览推荐和服务。

3．科技创新还具有实用性的特点

科技创新能够解决实际问题和满足社会需求，提高博物馆的运营效率和观众的体验质量。例如，通过引入智能化设备和系统，博物馆可以实现自动化管理和服务，减少人力资源的浪费和人为错误的发生。

4．科技创新还具有系统性的特点

科技创新涉及多个学科领域和技术层次，需要不同领域的专家共同合作。在博物馆信息化中，科技创新往往需要与计算机科学、信息技术、艺术设计等多个领域的专家进行合作，共同探索和实现创新的理念和技术方案。

5．科技创新还具有可持续性的特点

科技创新有利于资源的合理利用和环境保护，促进社会的可持续发展。在博物馆信息化中，科技创新可以帮助博物馆优化资源配置和管理，减少能源消耗和废物排放，实现绿色可持续发展的目标。

综上所述，科技创新与博物馆信息化密切相关。科技创新的概念和特点为博物馆信息化提供了新的思路和方法，推动了博物馆的发展和进步。在未来的发展中，博物馆应该积极拥抱科技创新，不断提升自身的信息化水平，为观众提供更好的服务和体验。

（二）科技创新在博物馆信息化建设中的作用

科技创新在博物馆信息化建设中发挥着重要作用。

首先，科技创新推动了信息技术的不断发展和应用。随着互联网、大数据和人工智能等技术的广泛应用，博物馆信息化得以快速发展，为博物馆提供了强大的技术支持。这些技术的应用使得博物馆能够更好地管理和展示藏品，提供更丰富的展览内容，同时也为观众提供了更加便捷和个性化的参观体验。

其次，科技创新提高了博物馆信息化的水平和应用效果。数字化技术的应用使得展品信息得以永久保存，不再受时间和空间的限制。观众可以通过互联网随时随地访问博物馆的在线展览，了解展品的背后故事和历史背景。同时，数字化技术还为博物馆提供了更多的展示方式，如虚拟现实、增强现实等技术的应用，使观众能够身临其境地感受展品的魅力，增强了展览的吸引力和互动性。

此外，科技创新拓展了博物馆信息化的服务范围和功能。通过开展线上展览、虚拟导览等服务，博物馆能够打破地域限制，让更多人能够参与到文化传承和学习中来。观众可以通过手机、电脑等设备随时随地参观博物馆，不再受制于时间和地点的限制。同时，线上展览还可以吸引更多的年轻人参与其中，提高他们对传统文化的认知和兴趣。

最后，科技创新促进了博物馆与其他领域的融合发展。博物馆与教育、旅游、文化产业等产业的深度融合，实现了资源共享和优势互补。例如，博物馆可以与学校合作开展教育项目，将展览资源引入课堂，让学生通过亲身体验更好地学习和理解历史文化；博物馆还可以与旅行社合作推出文化旅游产品，吸引更多游客前来参观；同时，博物馆还可以与文化产业合作开发文创产品，将传统文化与现代创意相结合，推动文化产业的发展。

总之，科技创新在博物馆信息化建设中发挥着重要作用，不仅推动了信息技术的发展和应用，提高了博物馆信息化的水平和应用效果，还拓展了博物馆信息化的服务范围和功能，促进了博物馆与其他领域的融合发展。这些创新举措为博物馆的发展带来了新的机遇和挑战，也为公众提供了更加丰富多样的文化体验。

（三）科技创新对博物馆信息化发展的推动作用

科技创新在博物馆信息化发展中起着至关重要的推动作用。

首先，科技创新催生了新的信息技术和应用模式的出现，如云计算和物联网等技术的应用，为博物馆信息化建设提供了新的思路和方法。这些新技术使得博物馆能够更好地存储、管理和展示大量的文物和资料，提高了博物馆的信息处理能力和工作效率。

其次，科技创新促进了博物馆信息化人才的培养和队伍建设。通过在线教育和远程培训等方式的实施，博物馆工作人员可以不断学习和提升自己的信息素养和技术能力。这不仅有助于提高博物馆工作人员的专业水平，也为博物馆信息化建设提供了有力的人才支持。

第三，科技创新推动了博物馆信息化管理的改革创新。大数据分析等手段的运用使得博物馆能够更加科学地管理和利用数据资源，提高了博物馆管理的效率和水平。智能化管理等新技术的应用也使得博物馆的管理更加便捷和高效，为博物馆的发展提供了更好的保障。

最后，科技创新激发了博物馆信息化创新的动力和活力。创新创业项目的开

展为博物馆信息化建设带来了新的机遇和挑战，推动了博物馆信息化建设的不断发展和完善。这些创新项目不仅提升了博物馆的服务水平和用户体验，也为博物馆的文化传承和教育功能注入了新的活力。

总之，科技创新对博物馆信息化发展具有重要的推动作用。它催生了新的信息技术和应用模式，促进了博物馆信息化人才的培养和队伍建设，推动了博物馆信息化管理的改革创新，激发了博物馆信息化创新的动力和活力。这些作用共同促进了博物馆信息化建设的不断发展和完善，为博物馆的可持续发展提供了有力支撑。

四、以藏品信息数据库为基础、以信息网络为支撑、以业务应用为核心的理念

（一）以藏品信息数据库为基础

藏品是博物馆的核心资源，因此藏品信息数据库的建设是博物馆信息化建设的基础。藏品信息数据库应该包含藏品的所有基本信息，如名称、年代、材质、尺寸、重量、来源、保存状态等。同时，还应该包含藏品的照片、视频等多媒体信息，以及相关的文献资料、研究成果等信息。建立完善的藏品信息数据库，不仅可以提高藏品的管理效率，还可以为相关的学术研究、文化传承、展览展示等提供更加全面、准确的数据支持。

在博物馆中，藏品信息的数据库建设是一项至关重要的任务。它不仅涵盖了藏品的基本信息，如名称、年代、材质、尺寸、重量、来源和保存状态等关键要素，而且还应该包括更多丰富的内容。例如，可以包括藏品的照片和视频等多媒体信息，这些图像可以直观地展示藏品的特征和细节。此外，相关文献资料和研究成果也是藏品信息数据库的重要组成部分，它们可以为研究者和学者提供宝贵的参考资料和研究成果。

通过建立完善的藏品信息数据库，博物馆可以实现对藏品的高效管理。数据库可以记录每个藏品的详细信息，并提供便捷的检索功能，使管理人员能够快速找到所需信息。这不仅可以提高博物馆的工作效率，还可以减少人为错误和遗漏的可能性。同时，藏品信息数据库还可以为学术研究和文化传承提供有力的支持。研究人员可以通过查询数据库中的文献资料和研究成果，深入挖掘藏品背后的历史背景和文化内涵。而展览展示方面，数据库中丰富的藏品信息可以为策展人员提供灵感和参考，从而打造更具吸引力和教育性的展览内容。

除了以上所述的方面外，藏品信息数据库还可以为博物馆的数字化建设做出贡献。随着科技的发展，数字化已经成为博物馆发展的重要趋势之一。藏品信息数据库的建设可以作为数字化博物馆的基础，实现藏品信息的数字化存储和管理。这样一来，博物馆可以通过互联网和其他数字平台与公众分享藏品的信息，打破时空限制，让更多人了解和欣赏到博物馆的珍宝。

总之，藏品信息数据库的建设对于博物馆信息化建设至关重要。它不仅可以提高博物馆的管理水平，还为学术研究、文化传承和数字化建设提供了强有力的支持。因此，博物馆应当重视藏品信息数据库的建设，不断完善和更新其中的内容，以满足不同领域的需求，推动博物馆事业的可持续发展。

（二）以信息网络为支撑

信息网络作为博物馆信息化建设的基础设施，其建设应该注重网络的稳定性、安全性和可扩展性。博物馆应该建立高速、稳定、安全的网络环境，实现内部网络与外部网络的无缝连接，确保信息的快速传递和共享。同时，还应该建立完善的信息安全保障体系，包括网络安全、数据安全、应用安全等方面，确保网络的安全和稳定运行。

为了提高网络的稳定性，博物馆可以采用冗余设计和负载均衡技术，确保网络设备和服务器的高可用性。通过部署多个节点和备份服务器，即使某个节点出现故障，其他节点仍能继续提供服务，从而保证了网络的持续稳定运行。此外，还可以采用虚拟化技术将多个物理服务器虚拟化为多个虚拟机，提高资源利用率和灵活性。

在保障网络安全方面，博物馆应加强防火墙的配置和管理，限制非授权访问，并定期进行漏洞扫描和安全评估。同时，博物馆还应建立完善的用户身份认证机制，确保只有授权人员能够访问敏感信息和系统资源。对于数据传输过程中的加密需求，博物馆可以选择使用 SSL/TLS 等加密协议来保护数据的机密性和完整性。

除了网络安全，数据安全也是博物馆信息化建设中不可忽视的重要方面。博物馆应建立健全的数据备份和恢复机制，定期对重要数据进行备份，并存储在不同地点以防止意外数据丢失。此外，博物馆还应制定数据分类和权限管理策略，确保敏感数据只能被授权人员访问和使用。

最后，应用安全是博物馆信息化建设中的另一个关键因素。博物馆应加强对应用程序的安全性测试和代码审查，确保应用程序不包含漏洞和安全隐患。此

外，博物馆还应定期更新应用程序和系统软件，及时修补已知漏洞，以提高系统的整体安全性。

总之，以信息网络为支撑的博物馆信息化建设需要注重网络的稳定性、安全性和可扩展性。通过建立高速、稳定、安全的网络环境，并建立完善的信息安全保障体系，博物馆能够更好地实现信息的快速传递和共享，提升整体工作效率和服务质量。

（三）以业务应用为核心

博物馆信息化建设的核心在于业务应用。在设计和实施信息化项目时，博物馆应该注重应用的实用性、便捷性和智能化程度。这意味着博物馆应该根据自身的业务需求，开发符合实际工作需要的业务应用系统。

首先，藏品管理系统是博物馆信息化建设中的重要部分。这个系统可以帮助博物馆实现对藏品的有效管理，包括藏品的登记、分类、查询和统计等功能。通过这个系统，博物馆可以实时掌握藏品的数量、状态和价值等信息，为藏品的保护和利用提供数据支持。

其次，陈列展览系统也是博物馆信息化建设的重要组成部分。这个系统可以帮助博物馆实现对展览内容的管理和展示，包括展览主题的策划、展品的选择和布展的设计等功能。通过这个系统，博物馆可以灵活地组织和展示各类展览，满足不同观众的需求。

此外，公众教育系统也是博物馆信息化建设的重要内容。这个系统可以帮助博物馆实现对公众的教育和引导，包括科普知识的普及、教育活动的组织和互动交流的开展等功能。通过这个系统，博物馆可以提高公众的文化素养和科学认知能力，促进社会文化的发展。

这些业务应用系统应该能够实现业务流程的自动化、智能化，提高工作效率和服务质量。具体来说，它们可以通过引入先进的信息技术手段，如人工智能、大数据分析和云计算等，实现对业务流程的自动化处理和智能化决策。这样一来，不仅可以大大减少人工操作的工作量和错误率，还可以提高业务的响应速度和准确性，提升博物馆的整体服务水平。

综上所述，以业务应用为核心是博物馆信息化建设的关键所在。博物馆应该根据自身的业务需求，开发符合实际工作需要的业务应用系统，并通过引入先进的信息技术手段，实现业务流程的自动化、智能化，提高工作效率和服务质量。只有这样，博物馆才能更好地适应信息化时代的发展需求，为公众提供更优质的文化服务。

博物馆信息化建设还应该注重创新理念和方法。随着信息化技术的不断发展和更新，博物馆应该紧跟发展趋势，不断探索新的信息化技术手段和方法，将其应用于博物馆的业务工作中，提高博物馆的综合实力和竞争力。同时，博物馆还应该注重培养信息化技术人才，建立专业的信息化团队，为博物馆的信息化建设提供人才保障。

五、开放共享的合作理念

博物馆信息化建设是一项复杂而重要的任务，它需要博物馆与多个相关机构、专家、企业等多方合作，共同形成开放共享的合作理念。这种理念强调了信息资源的共享和合作，促进了不同博物馆之间的交流与合作，推动了博物馆事业的发展。

在博物馆信息化建设中，建立合作伙伴关系至关重要。博物馆作为文化传承和展示的重要场所，承载着丰富的文化遗产和知识资源。然而，由于人力、物力和财力的限制，单个博物馆往往无法独立完成所有的信息化建设任务。因此，与相关机构、专家和企业建立合作伙伴关系，共同开展技术研发、资源共享和项目合作等工作，成为实现信息化建设的有效途径。通过合作伙伴关系，各方可以整合各自的优势资源，提高博物馆信息化建设的效率和质量。

合作伙伴关系的建立不仅能够促进博物馆之间的交流与合作，还能够推动整个行业水平的提升。通过开放数据接口和共享研究成果等方式，不同博物馆可以共享彼此的资源和经验，互相借鉴学习，推动博物馆事业的共同发展。例如，一个博物馆在某个领域取得了重要研究成果，可以通过开放数据接口将其成果分享给其他博物馆使用，从而加快该领域的研究进程。这种开放共享的合作方式有助于提升整个行业水平，为公众提供更好的文化服务。

然而，在开放共享的过程中，保护知识产权和用户隐私也是不可忽视的重要问题。博物馆所拥有的文物藏品和研究成果往往具有重要的历史和文化价值，需要得到妥善的保护。因此，在合作过程中应建立健全的知识产权保护机制，确保合作方的权益不受侵害。同时，用户隐私的保护也是合作中必须重视的问题。合作方应严格遵守相关法律法规，采取必要的安全措施和技术手段，保护用户的个人信息不被泄露或滥用。只有在保护知识产权和用户隐私的前提下，开放共享的合作才能够持续进行并取得更大的成果。

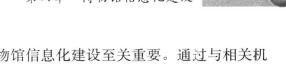

总之，开放共享的合作理念对于博物馆信息化建设至关重要。通过与相关机构、专家和企业建立合作伙伴关系，共同开展技术研发、资源共享和项目合作等工作，可以有效推动博物馆事业的发展。然而，在合作过程中要注重保护知识产权和用户隐私，确保合作的合法性和可持续性。只有在这样的合作模式下，博物馆才能充分利用各方的优势资源，实现信息化建设的快速推进。

六、安全可靠的技术理念

在博物馆信息化建设中，安全可靠的技术理念是至关重要的。这意味着博物馆必须建立和实施一系列措施，以确保其信息系统的安全性、稳定性和可靠性。

首先，网络安全保障是博物馆信息化建设的基础。博物馆应建立健全的网络安全防护体系，包括防火墙、入侵检测系统和反病毒软件等，以防止恶意攻击和未经授权的访问。同时，博物馆还应加强对网络设备的管理和维护，确保设备的安全性能和稳定性。

其次，系统稳定性维护是保证博物馆信息化建设顺利进行的关键。博物馆应制定详细的系统维护计划，定期对系统进行巡检、维护和升级，及时发现和解决潜在的问题，确保系统的稳定运行。此外，博物馆还应建立应急预案，以应对突发情况的发生，最大限度地减少系统故障对博物馆业务的影响。

第三，数据备份与恢复是博物馆信息化建设的重要环节。博物馆应定期对重要数据进行备份，并存储在不同的地点，以防止数据丢失或损坏。同时，博物馆还应建立完善的数据恢复机制，确保在数据丢失或损坏的情况下能够迅速恢复数据，保障博物馆业务的连续性和完整性。

除了以上几点，博物馆还应加强员工的安全意识和培训，提高员工对信息安全的认识和理解。通过定期组织安全培训和演练，使员工掌握必要的安全知识和技能，能够有效应对各种安全威胁和风险。

总之，安全可靠的技术理念是博物馆信息化建设不可或缺的一部分。只有建立健全的安全管理体系，制定相应的安全策略和规范，加强网络安全防护措施，防范恶意攻击和信息泄露风险，才能确保博物馆信息系统的安全可靠运行，为博物馆的业务发展提供有力的支持。

第三节　博物馆信息化工作

博物馆信息化工作是博物馆信息化建设的关键环节之一，包括信息化规划与建设、信息化管理与运行、信息化服务与应用、信息化培训与人才队伍建设等方面。

一、信息规划与建设

博物馆信息化规划是博物馆信息化建设的重要起点，包括需求分析、目标设定、方案设计、实施计划等环节。

（一）需求分析

在博物馆信息化建设的规划与建设过程中，首先需要进行博物馆建设的需求分析。这一步骤是至关重要的，它涉及到对博物馆的现状、功能需求、业务流程以及信息化需求进行全面的分析。通过对这些方面进行深入研究和探讨，可以明确博物馆信息化建设的目标和方向，为后续的工作提供指导。

1. 现状分析

在进行对博物馆现状的分析时，我们需要全面深入地了解其基本情况。这其中包括了博物馆的馆藏资源，这是博物馆的核心，也是其吸引力所在。我们需要了解博物馆的藏品种类、数量、质量以及价值等方面的信息，以便对其整体实力有一个准确的把握。

此外，展览布局也是我们分析的重点。我们需要了解博物馆的展览设计、展品陈列方式、展览主题等方面的情况，以评估其展览效果和观众体验。同时，我们还需要关注博物馆的展览更新频率、新展品引进情况等，以了解其对于展品的管理和利用能力。

观众流量是衡量博物馆影响力和吸引力的重要指标。我们需要了解博物馆的日参观人数、月参观人数、年参观人数等数据，以及观众的年龄结构、性别比例、教育背景等情况，以便更好地理解博物馆的目标观众群体。

同时，我们还需要关注博物馆在管理、服务、研究等方面的现状。管理方面，我们需要了解博物馆的组织架构、人员配置、管理模式等情况；服务方面，我们需要了解博物馆的服务质量、服务项目、服务效率等情况；研究方面，我们

需要了解博物馆的研究水平、研究成果、研究经费等情况。这些方面的信息可以帮助我们更全面地了解博物馆的运营状况和发展需求

2．功能需求分析

在博物馆信息化建设的功能需求分析中，我们首先需要明确具体的目标。这些目标可能包括提高观众的体验，优化业务流程，以及提高工作效率等。例如，我们可以通过数字化展示，提供更丰富、更生动的展览内容，从而提高观众的参观体验。同时，通过优化业务流程，我们可以减少不必要的人工操作，提高工作效率。

此外，我们还需要对博物馆在信息化建设中需要实现的功能模块进行详细的分析。这些功能模块可能包括导览系统、预约系统、数字化展示等。例如，导览系统可以提供实时的导航服务，帮助观众更好地了解博物馆的布局和展品信息。预约系统则可以让观众提前预约参观时间，避免现场排队等待的情况。数字化展示则可以通过各种高科技手段，如虚拟现实、增强现实等，提供更直观、更深入的展品解读。

3．业务流程分析

在业务流程分析的过程中，我们首先需要对博物馆的各项业务进行详尽的梳理。这包括了解博物馆的运营模式、展览内容、教育活动、票务系统等各个方面。在这个过程中，我们需要深入到每一个细节，找出现有流程中的问题和不足，以便为信息化建设提供改进的方向。

例如，我们可以通过对博物馆导览业务的分析，发现目前导览服务存在的问题。可能存在的问题包括导览路线不合理、导览设备老旧、导览员服务质量不高等。这些问题都会影响到观众的参观体验，因此需要我们在信息化建设中予以改进。

同时，我们还可以通过对博物馆讲解业务的分析，找出讲解服务的不足。可能存在的问题包括讲解内容不丰富、讲解方式单一、讲解人员素质不高等。这些问题同样会影响到观众的参观体验，因此也需要我们在信息化建设中予以改进。

此外，我们还可以通过对博物馆购票业务的分析，找出购票服务的痛点。可能存在的问题包括购票流程复杂、购票设备不便、购票价格不透明等。这些问题同样会影响到观众的参观体验，因此也需要我们在信息化建设中予以改进。

总的来说，通过对博物馆各项业务的详细分析，我们可以找出现有流程中的痛点和不足之处，为信息化建设提供改进方向。这不仅可以提高观众的参观体验，也可以提升博物馆的整体运营效率。

4．信息化需求分析

在信息化需求分析中，我们需要对博物馆的信息化建设进行全面评估。这个评估涉及到多个方面，包括硬件设施、软件系统以及网络环境等。

首先，我们需要考虑博物馆的硬件设施需求。这包括博物馆的物理空间设计，如展览空间、接待区、办公区等的设计和布局，以及相关的设备和设施，如展示设备、安全监控设备、消防设备等的需求。这些硬件设施是信息化建设的基础，只有满足了这些硬件设施的需求，才能保证信息化建设的顺利进行。

其次，我们需要考虑博物馆的软件系统需求。这包括博物馆的信息管理系统、导览系统、票务系统等的需求。这些软件系统是博物馆信息化建设的重要组成部分，它们可以帮助博物馆提高工作效率，提供更好的服务，同时也能够提高博物馆的管理水平。

最后，我们需要考虑博物馆的网络环境需求。这包括博物馆的网络带宽、网络安全、网络稳定性等的需求。一个良好的网络环境是信息化建设的重要保障，只有保证了网络环境的稳定和安全，才能保证信息化建设的顺利进行。

通过对博物馆在信息化建设方面的需求进行全面评估，我们可以为后续的方案设计提供依据。这样，我们就可以根据博物馆的实际需求，设计出最适合博物馆的信息化建设方案，从而确保信息化建设能够顺利进行。

在进行需求分析的基础上，还需要对博物馆的资源状况和技术条件进行评估。这包括对博物馆的资金投入、人力资源、技术支持等方面进行综合考量，以确保信息化建设能够得到充分的保障和支持。

总之，在博物馆信息化建设的规划与建设过程中，需求分析是一个关键步骤。通过对博物馆的现状、功能需求、业务流程以及信息化需求进行全面的分析，明确博物馆信息化建设的目标和方向，可以为后续的方案设计和实施提供有力的支持。

（二）目标设定

在博物馆建设需求分析的基础上，我们需要明确博物馆信息化建设的具体目标。这些目标应该包括数字化资源的整合与共享、信息管理系统的建设、智能化服务的提升等。同时，我们还需要考虑到博物馆信息化建设的可持续性，确保其能够适应未来的发展需求。

1．数字化资源的整合与共享是博物馆信息化建设的重要目标之一

首先，数字化资源的整合与共享是博物馆信息化建设的重要目标之一。通过

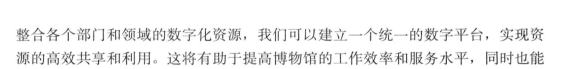

整合各个部门和领域的数字化资源，我们可以建立一个统一的数字平台，实现资源的高效共享和利用。这将有助于提高博物馆的工作效率和服务水平，同时也能够促进不同机构之间的合作与交流。

在数字化时代，博物馆作为文化传承和展示的重要场所，面临着数字化资源的挑战和机遇。为了适应这一变革，博物馆需要积极拥抱数字化技术，将其应用于资源整合与共享的实践中。通过建立统一的数字平台，博物馆可以实现各类数字化资源的集中管理和统一检索，提供更加便捷高效的服务。

这个统一的数字平台可以是一个在线数据库或一个综合性的数字化管理平台。它应该具备强大的数据存储和处理能力，能够容纳各种类型的数字化资源，包括图片、音频、视频、文本等。同时，该平台还应该具备智能化的功能，能够根据用户的需求进行智能推荐和个性化定制。

通过整合各个部门和领域的数字化资源，博物馆可以形成一个庞大的数字图书馆，为用户提供丰富多样的文化体验。无论是学术研究人员、学生还是普通公众，都可以通过这个平台轻松获取到所需的数字化资源。这不仅可以满足用户对知识的需求，还能够激发他们的学习兴趣和创造力。

数字化资源的整合与共享还可以促进博物馆与其他机构的合作与交流。不同博物馆之间可能存在一些互补的资源，通过共享这些资源，可以实现优势互补，提升整体服务水平。例如，一个博物馆可能拥有丰富的历史文献资料，而另一个博物馆则擅长展示艺术品。通过合作共享，双方可以互相借鉴经验，共同开展展览活动，为观众提供更多元化的文化体验。

此外，数字化资源的整合与共享还可以推动博物馆与社会的互动与参与。博物馆可以利用社交媒体等渠道将数字化资源向更广泛的受众传播，吸引更多的人关注和参与到文化遗产的保护与传承中来。同时，博物馆还可以通过在线展览、虚拟导览等方式，让用户在家中就能够欣赏到珍贵的文物和艺术品，进一步拉近了博物馆与公众之间的距离。

综上所述，数字化资源的整合与共享是博物馆信息化建设的重要目标之一。通过构建统一的数字平台，实现资源的高效共享和利用，博物馆可以提高工作效

2. 信息管理系统的建设也是博物馆信息化建设的关键目标之一

博物馆信息化建设的核心目标之一是建立完善的信息管理系统。一个高效的信息管理系统能够有效地管理博物馆的各项业务活动，包括展览策划、藏品管理、观众服务等。通过建立科学的信息管理体系，我们可以实现信息的快速传递和准确记录，从而提高博物馆的工作效率和管理水平。

首先，在展览策划方面，信息管理系统可以帮助博物馆制定详细的展览计划，包括展览主题、展品选择、布展时间等。通过系统化的管理，博物馆可以更好地组织和协调各项资源，确保展览的顺利进行。同时，信息管理系统还可以提供实时的展览数据和统计报告，为博物馆管理层提供决策支持。

其次，在藏品管理方面，信息管理系统可以实现对博物馆馆藏的全面管理。通过系统化的数据录入和查询功能，博物馆可以方便地掌握藏品的数量、种类、来源等信息。此外，信息管理系统还可以实现藏品的分类和标签管理，方便工作人员进行藏品的查找和整理。这样一来，博物馆可以更好地保护和管理珍贵的文物资源，提高馆藏的价值和影响力。

再次，在观众服务方面，信息管理系统可以为观众提供便捷的服务体验。通过系统的预约参观功能，观众可以提前预约参观时间，避免排队等待的情况发生。此外，信息管理系统还可以提供导览服务，为观众提供详细的展品介绍和解说内容。通过这些服务，博物馆可以提高观众的满意度和参与度，增强博物馆的社会形象和知名度。

总之，建立完善的信息管理系统对于博物馆信息化建设至关重要。通过科学的信息管理体系，博物馆可以实现信息的快速传递和准确记录，提高工作效率和管理水平。这将有助于推动博物馆的发展和创新，提升其在文化传承和社会教育中的作用。因此，博物馆应该重视信息化建设，投入必要的资源和人力，建设高效可靠的信息管理系统。

3. 智能化服务的提升也是博物馆信息化建设的重要目标之一

智能化服务的提升是博物馆信息化建设的重要目标之一。随着科技的不断发展，智能化技术在各个领域得到了广泛应用。在博物馆建设中，我们可以利用人工智能、大数据等技术手段，提供更智能、个性化的展览和服务。

通过人脸识别技术，可以实现观众的身份识别和自动导览。观众只需在入口处进行一次面部扫描，系统将自动记录其信息并为其生成专属的参观路线。这样，观众就可以按照自己的兴趣和需求，自由地选择参观路线，不再需要排队等待或寻找导览员的帮助。同时，系统还可以根据观众的行为数据，实时调整展览布局和内容，以更好地满足观众的需求。

通过大数据分析，可以深入了解观众的兴趣和需求，为他们提供更好的参观体验。博物馆可以通过收集和分析观众的行为数据，了解他们的参观习惯、偏好和需求。基于这些数据，博物馆可以优化展览内容和布局，提供更加吸引人的展品和活动。同时，博物馆还可以根据观众的兴趣和需求，定制个性化的推荐和导

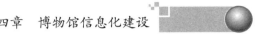

览服务，让每个观众都能够得到最满意的参观体验。

除了身份识别和自动导览，智能化服务还可以应用于博物馆的其他领域。例如，通过虚拟现实技术，观众可以身临其境地参观历史场景或艺术作品；通过语音识别技术，观众可以通过语音指令与博物馆互动；通过智能导览设备，观众可以随时获取展品的详细信息和背景故事。这些智能化服务不仅提高了博物馆的服务质量和效率，还为观众带来了更加丰富多样的参观体验。

智能化服务的提升是博物馆信息化建设的重要目标之一。通过应用人工智能、大数据等技术手段，博物馆可以提供更智能、个性化的展览和服务，满足观众的需求，提升参观体验。随着科技的不断进步，相信未来的博物馆将会变得更加智能化、互动化，为观众带来更多惊喜和乐趣。

（三）方案设计

在明确了博物馆信息化建设的目标之后，我们需要进行详细的方案设计。方案设计主要包括系统架构设计、功能模块设计以及技术选型等方面。

1. 系统架构设计

博物馆信息化系统架构设计是一个重要的步骤，它将直接影响到我们的系统是否能够有效地扩展和适应不断变化的需求。一个良好的系统架构设计将确保系统的可扩展性，使其能够随着博物馆的发展和需求的变化而进行相应的扩展。这意味着我们需要在系统设计中考虑到未来可能的扩展需求，以便在需要时可以轻松地添加新的功能或模块。

为了实现系统的可扩展性，我们可以采用模块化的设计思路，将系统划分为多个独立的模块，每个模块负责不同的功能。这样，当某个模块的功能发生变化或者需要增加新的功能时，我们只需要对该模块进行修改和扩展，而不需要对整个系统进行大规模的改动。同时，我们还可以利用云计算和虚拟化技术，将系统部署在不同的服务器上，从而实现系统的弹性扩展，满足不同时间段和不同规模的访问需求。

除了可扩展性之外，系统的安全性也是我们不能忽视的重要因素。我们需要确保博物馆的信息数据安全，防止任何可能的数据泄露或被恶意攻击。为了实现这一目标，我们需要在系统架构中加入各种安全措施。首先，我们可以采用加密技术对敏感数据进行保护，确保数据传输和存储的安全性。其次，我们可以建立完善的用户权限管理系统，控制不同用户的访问权限，防止未经授权的人员获取敏感信息。此外，我们还可以定期进行系统的安全审计和漏洞扫描，及时发现并

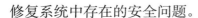
修复系统中存在的安全问题。

另外，系统的可维护性和易用性也是设计过程中需要考虑的因素。良好的系统架构设计应该使得系统的维护工作变得简单且高效。我们可以采用模块化的设计思想，使得各个模块之间的耦合度降低，便于单独对每个模块进行维护和升级。同时，我们还需要提供友好的用户界面和操作指南，以方便用户使用系统并解决问题。

总之，博物馆信息化系统架构设计是一个综合性的任务，需要综合考虑系统的可扩展性、安全性、可维护性和易用性等多个方面。只有在架构设计阶段就充分考虑这些因素，并采取相应的措施，才能确保系统能够稳定运行并满足博物馆的需求。

2. 功能模块设计

在博物馆的功能模块设计中，我们需要根据博物馆的实际需求来明确各个功能模块的具体实现方式。这包括但不仅限于藏品管理、展览管理、观众服务、数据分析等功能模块。为了确保功能的完善和高效运行，我们需要深入了解每个功能模块的具体需求，并设计出最符合需求的实现方式。

首先，对于藏品管理功能模块，我们需要考虑到博物馆的藏品数量庞大且种类繁多的特点。因此，我们可以采用现代化的藏品管理系统，通过数字化技术对藏品进行分类、编号和存储，以便更方便地进行藏品的查找和管理。同时，我们还可以开发一个用户友好的界面，方便工作人员和观众查询和了解藏品的信息。

其次，展览管理功能模块的设计也非常重要。我们可以建立一个展览管理系统，用于展示博物馆的各个展览信息，包括展览的主题、时间、地点等。此外，系统还可以提供展览预约和导览功能，方便观众提前预约参观和了解展览的内容。同时，我们还可以设计一个展览评价系统，让观众可以对展览进行评价和反馈，以便博物馆能够及时改进和完善展览内容。

观众服务功能模块的设计也是不可或缺的一部分。我们可以开发一个观众服务平台，提供在线购票、导览预约、互动问答等功能，方便观众获取博物馆的相关信息和服务。此外，我们还可以设计一个会员制度，为忠实观众提供积分兑换、优先参观等特权，增加观众的参与度和忠诚度。

最后，数据分析功能模块的设计可以帮助博物馆更好地了解观众的需求和行为习惯。我们可以收集和分析观众的访问数据、评价数据等，通过数据挖掘和机器学习算法，发现潜在的观众兴趣和需求趋势。基于这些数据分析结果，我们可以调整和优化展览内容和服务策略，提升博物馆的吸引力和影响力。

综上所述，博物馆的功能模块设计需要根据实际需求进行深入的研究和探讨。只有充分了解每个功能模块的具体需求，并设计出最符合需求的实现方式，才能为博物馆提供高效、便捷的服务，满足观众的期望和要求。

3. 技术选型

在博物馆信息化建设中，技术选型是一个至关重要的环节，需要综合考虑多个因素来选择最适合的技术和产品。首先，我们需要选择那些在市场上已经得到广泛认可和良好口碑的技术。这意味着这些技术的可靠性和稳定性经过了长时间的实践验证，用户对其性能和功能有较高的满意度。选择这样的技术可以降低系统实施的风险，提高项目的成功率。

其次，我们还需要考虑技术的成熟度。成熟的技术往往具有更完善的生态系统和丰富的文档支持，这将有助于我们更好地理解和使用这些技术。此外，成熟的技术通常也有更多的用户群体，这意味着我们可以从他们的经验和反馈中学习到更多宝贵的经验。因此，在选择技术时，我们应该优先选择那些已经被大量用户验证过的技术。

除了成熟度之外，我们还需要考虑技术的性能。性能是衡量一个技术是否能满足我们系统需求的关键指标。我们需要选择那些能够满足我们系统性能需求的技术，以确保我们的系统能够在高负载下稳定运行，为用户提供良好的体验。这可能需要我们对不同技术的性能进行详细的测试和分析，以便找到最佳的技术解决方案。

最后，我们也需要考虑技术的成本。成本不仅包括购买和维护技术所需的费用，还包括实施新技术所需的时间和人力资源。在选择技术时，我们应该尽量选择那些在满足我们需求的同时，成本也在我们可以接受的范围内的技术。这可能需要我们在多个方案之间进行权衡，以实现性价比的最佳平衡。

总之，在博物馆信息化建设中，技术选型是一个复杂而重要的过程。我们需要综合考虑技术的成熟度、性能、成本等因素，选择最适合的技术和产品。通过仔细评估市场上的各种选项，并结合我们的实际需求和预算，我们将能够为博物馆信息化建设做出明智的决策，从而提高项目的成功概率和价值回报。

（四）实施

在博物馆信息化建设的方案设计完成后，接下来的实施工作显得尤为重要。这一阶段需要严格按照设计方案的要求和步骤，逐步推进各项工作，确保各个模块能够按照预期的功能正常运行，为博物馆提供高效、便捷的信息化服务。

首先，实施过程中要明确各个模块的具体任务和责任分工，确保各个环节的工作都能有序进行。同时，要加强与各参与方的沟通协作，确保各方在实施过程中能够形成良好的合作氛围，共同推动博物馆信息化建设的顺利进行。

其次，实施过程中要对各项任务进行详细的进度跟踪和监控，确保各项工作都能按照既定的时间表和要求完成。对于可能出现的问题和风险，要及时进行识别和分析，采取相应的措施加以解决，确保实施过程的稳定性和可靠性。

此外，为了提高博物馆员工对新信息化系统和服务的熟练程度，还需要开展针对性的培训和指导工作。通过组织各类培训班、讲座等形式，帮助员工掌握新系统的使用方法和技巧，提高他们的工作效率和服务质量。

同时，要注重培养员工的信息化意识和素质，使他们能够在日常工作中自觉地运用信息化手段，充分发挥信息化系统的优势。此外，还要关注员工的使用体验和需求反馈，及时调整和完善信息化服务内容，以满足不同用户的需求。

总之，在博物馆信息化建设的实施过程中，要全面考虑各个方面的因素，确保各项工作都能按照预期的目标顺利完成。通过不断优化和完善信息化系统和服务，为博物馆的发展提供有力的支持，助力博物馆实现现代化、智能化的转型升级。

博物馆信息化管理与运行

博物馆需要建立完善的信息化管理制度和运行维护体系，以确保信息化的稳定、安全、高效运行。

（一）信息化资源的规划与配置

博物馆在信息化资源的规划与配置方面，需要进行全面的考虑和安排。这包括对硬件设备、软件系统以及网络环境的规划和配置。

首先，硬件设备的规划与配置是博物馆信息化资源规划的重要组成部分。博物馆需要根据自身的需求和实际情况，选择合适的硬件设备，如计算机、服务器、存储设备等。这些硬件设备的性能和稳定性直接影响到博物馆信息化资源的有效运行。因此，博物馆在硬件设备的规划与配置过程中，需要考虑设备的性能、可靠性、安全性等因素，以确保信息化资源的稳定运行。

其次，软件系统的规划与配置也是博物馆信息化资源规划的重要内容。博物馆需要选择适合自身需求的软件系统，如数据库管理系统、信息管理系统、展示系统等。这些软件系统的功能性、易用性、兼容性等因素都会影响到博物馆信息化资源的有效利用。因此，博物馆在软件系统的规划与配置过程中，需要考虑

软件系统的功能需求、用户体验、数据兼容性等因素，以确保信息化资源的有效利用。

此外，网络环境也是博物馆信息化资源规划与配置的重要方面之一。博物馆需要建设稳定、高速、安全的网络环境，以支持博物馆信息化资源的高效运行。在网络环境的规划与配置过程中，博物馆需要考虑网络的带宽、延迟、安全性等因素，以确保信息化资源的高效传输和安全使用。

在信息化资源的规划与配置过程中，博物馆还需要考虑实际需求和未来发展的需要。博物馆应该根据自身的工作特点和发展方向，合理规划和配置信息化资源，以满足当前的工作需求，并为未来的发展提供支持。同时，博物馆还应该关注信息化技术的发展趋势和应用前景，及时调整和更新信息化资源，以适应新的工作需求和技术发展。

综上所述，博物馆在信息化资源的规划与配置方面，需要进行全面的考虑和安排。通过合理的硬件设备、软件系统和网络环境的规划与配置，博物馆可以确保信息化资源的合理利用和高效运行，提升博物馆的工作效率和服务质量，为观众提供更好的参观体验。

（二）信息化资源的使用与维护

博物馆作为文化、教育和科研的重要场所，对于信息化资源的使用与维护显得尤为重要。为了确保信息化资源的安全、稳定和高效运行，博物馆需要建立一套完善的信息化资源使用和维护制度。

首先，在硬件设备方面，博物馆应确保各类设备的正常运行和维护。这包括计算机、服务器、打印机等办公设备，以及监控摄像头、门禁系统等安全设备。定期对硬件设备进行检查、清洁和维护，确保其性能和寿命，及时更换老化或损坏的设备，以保障信息化资源的持续供应和稳定运行。

其次，在软件系统方面，博物馆需要建立健全的软件使用管理制度。这包括对操作系统、数据库、应用软件等进行定期更新和维护，确保其安全性和稳定性。同时，加强对软件系统的培训和指导，提高工作人员的信息化技能水平，使他们能够熟练运用各种软件工具，提高工作效率和质量。

此外，在网络环境方面，博物馆应加强网络安全管理。建立完善的网络安全策略和防护措施，包括防火墙、入侵检测系统等，保护博物馆的网络免受恶意攻击和数据泄露的威胁。同时，加强对员工的网络安全意识教育，提高他们对网络安全的认识和防范能力。

除了以上的硬件设备、软件系统和网络环境方面的使用和维护，博物馆还需要建立信息化运行维护体系。这个体系应包括技术支持、故障处理和系统升级等方面的内容。技术支持人员应及时响应用户的需求和问题，提供专业的技术支持和解决方案。在故障处理方面，博物馆应建立健全的故障报修机制，确保故障能够及时得到处理和解决。对于系统升级，博物馆应根据实际需求和技术发展情况，定期进行系统升级和优化，提升信息化资源的效能和功能。

总之，博物馆需要建立完善的信息化资源使用和维护制度，包括对硬件设备、软件系统、网络环境等方面的使用和维护。同时，博物馆还需要建立信息化运行维护体系，包括技术支持、故障处理、系统升级等方面的内容，以确保信息化的安全、稳定和高效运行。只有通过科学合理的管理和维护，才能充分发挥信息化资源的作用，为博物馆的工作和发展提供有力支持。

（三）信息化管理制度的建立

博物馆作为文化传承和展示的重要场所，其信息化管理制度的建立至关重要。为了确保信息化的稳定运行，博物馆需要建立一套完善的信息化管理制度，以规范信息化操作流程。

首先，在管理制度中，博物馆需要明确信息化管理的责任和权利。这意味着每个相关工作人员都应清楚自己在信息化管理中的职责和权限范围。同时，博物馆管理者也应承担起监督和管理的责任，确保信息化管理工作的有效进行。

其次，制定信息化操作规范是确保信息化安全和稳定运行的关键。博物馆应根据实际情况，制定详细的信息操作规程和流程，包括信息的收集、存储、传输和使用等方面。这些规范将为工作人员提供明确的操作指南，避免因操作不当而导致信息泄露或系统故障等问题的发生。

另外，信息安全保障措施也是不可或缺的一部分。博物馆应加强信息安全意识教育，提高工作人员对信息安全的重视程度。同时，采取必要的技术手段，如加密、防火墙等，确保信息的安全性和机密性。此外，定期开展信息安全演练和风险评估，及时发现和解决潜在的安全风险，保障信息化系统的稳定运行。

总之，建立完善的信息化管理制度是博物馆信息化建设的基础和保障。通过明确责任和权利、制定操作规范和安全措施，博物馆能够有效地管理和利用信息化资源，提升工作效率和服务质量，为观众提供更好的参观体验和文化传承服务。

（四）信息化运行维护团队的建设

博物馆的信息化建设是一个复杂而全面的过程，其中，信息化运行维护团队的建设是至关重要的一环。这个团队的主要职责包括提供信息化的技术支持、处理各种可能出现的故障、负责系统升级等任务。他们的工作直接影响到博物馆的日常运营和服务质量。

博物馆需要建立一支专业的信息化运行维护团队。这个团队的成员应该具备深厚的信息技术知识，能够熟练地使用各种信息技术工具，以便在遇到问题时能够迅速找到解决方案。同时，他们还需要具备良好的服务意识，能够以用户为中心，提供优质的服务。为了培养这样的人才，博物馆可以与高校、科研机构合作，开展信息技术培训课程，吸引优秀的学生和专业人才加入团队。此外，博物馆还可以邀请行业专家定期为团队成员进行技术指导和交流，提升团队的整体技术水平。

博物馆在团队建设中需要注重人才培养和技术交流。这意味着博物馆需要定期为团队成员提供培训和学习的机会，让他们能够掌握最新的信息技术知识和技能。例如，博物馆可以组织内部培训课程，邀请专家讲解最新的信息技术发展趋势和应用案例，让团队成员了解行业动态并学习先进的技术方法。此外，博物馆还可以鼓励团队成员参加外部的技术研讨会和培训班，与其他行业从业者进行交流和学习，拓宽视野，提高专业素养。

通过这样的团队建设，博物馆可以为自身的信息化建设提供有力的支持。一个专业的信息化运行维护团队不仅可以保证博物馆信息系统的稳定运行，还可以通过技术创新，推动博物馆的信息化建设向前发展。例如，团队可以研究和应用新的信息技术手段，如人工智能、大数据分析等，提升博物馆的展览展示效果和观众体验。同时，团队还可以根据博物馆的发展需求，提出信息化建设的新方案和改进措施，为博物馆的长期发展提供持续的支持。

博物馆的信息化建设需要一个专业的信息化运行维护团队的支持。通过注重人才培养和技术交流，博物馆可以建立起一支具备深厚信息技术知识和良好服务意识的团队，为博物馆的信息化建设提供有力的支持，推动博物馆的发展和进步。

总之，在信息化管理与运行方面，博物馆需要建立完善的信息化管理制度和运行维护体系，加强对信息化资源的规划与配置、使用与维护等方面的管理，确保信息化的稳定、安全、高效运行。同时，博物馆还需要注重信息化运行维护团

队的建设，为博物馆的信息化建设提供有力的支持。

信息化服务与应用

博物馆信息化服务与应用是博物馆信息化建设的重要成果，包括网站建设、智能导览、虚拟展厅等方面。通过信息化技术手段，博物馆可以为观众提供更加便捷、个性化、智能化的服务。同时，信息化应用也可以提高博物馆的管理效率和服务水平，为文化遗产的保护和传承提供更好的支持。

在博物馆信息化建设中，网站是一个非常重要的组成部分。通过建设专业的官方网站，博物馆可以向全球范围内的观众展示丰富的馆藏和展览信息。观众可以通过浏览官方网站了解博物馆的历史背景、展览安排、馆藏特色等内容，从而更好地规划参观行程。此外，博物馆还可以利用网站提供在线预约、导览地图、互动问答等服务，方便观众的参观体验。

智能导览是博物馆信息化服务的另一个重要方面。通过使用先进的导航技术和智能设备，博物馆可以为观众提供个性化的导览服务。观众可以通过手机 APP 或自助导览终端获取实时导览路线和解说内容，根据自己的兴趣和需求选择参观路线。智能导览系统还可以根据观众的行为数据进行智能推荐，为他们提供更符合个人兴趣的展品和活动信息。

虚拟展厅是博物馆信息化建设的又一创新应用。通过虚拟现实技术，博物馆可以将实体展览转化为数字形式，让观众在家中就能欣赏到珍贵的文物和艺术品。虚拟展厅不仅可以突破时空限制，让更多人有机会欣赏到博物馆的藏品，还可以通过互动体验和多媒体展示方式，增强观众的参与感和学习效果。

除了以上方面，博物馆信息化服务还可以应用于教育、研究、交流等多个领域。例如，通过建立数字化档案库和学术研究平台，博物馆可以为学者和研究人员提供丰富的学术资源和研究工具；通过开展线上教育和培训活动，博物馆可以为公众提供更加便捷的学习和交流机会。这些应用不仅丰富了博物馆的功能和服务范围，也为文化遗产的保护和传承提供了新的途径和方法。

总之，博物馆信息化服务与应用的发展为博物馆带来了巨大的变革和提升。通过利用信息技术手段，博物馆能够更好地满足观众的需求，提供更加便捷、个性化、智能化的服务。同时，信息化应用也提高了博物馆的管理效率和服务水平，为文化遗产的保护和传承贡献了力量。随着科技的不断进步和应用的不断拓展，相信未来博物馆的信息化服务将会更加完善和创新，为人们带来更加丰富多样的文化体验。

此外，博物馆信息化培训与人才队伍建设是博物馆信息化建设的重要保障。

博物馆需要加强对员工的信息化技能培训，提高员工的信息化素质和操作能力。同时，博物馆还需要建立专业的信息化团队，为博物馆的信息化建设提供人才保障。

第四节 博物馆文物藏品信息资源建设

博物馆文物藏品信息资源建设是一个非常重要的任务，它涉及到对博物馆内各类文物藏品的详细信息进行收集、整理和展示。这一工作不仅有助于提高博物馆的知名度和影响力，还能够为学者、研究人员和公众提供丰富的研究资料和教育资源。

一、文物藏品信息资源的分类方法

（一）时代分类法

时代分类法是一种以文物制作的时代为标准，对文物进行分类的方法。这种方法的依据在于任何文物都产生于一定的时代（年代），因此通过对文物的时代的确定，可以对其进行分类。将同一时代的文物集合到一组，进行归类，可以为进一步研究各个时代的文物打下基础。

时代分类法可以帮助我们更好地了解和研究不同历史时期的文化、艺术和科技水平。通过将文物按照其制作的年代进行分类，我们可以清晰地看到不同历史时期的发展脉络和特点。例如，对于古代文明的遗址出土的文物，可以根据其制作的时代进行分类，从而揭示出当时的社会制度、宗教信仰、生活方式等方面的情况。同时，时代分类法还可以帮助我们发现文物之间的联系和相互影响，从而更全面地理解历史事件的发生和发展。

此外，时代分类法还可以用于对文物进行保护和修复。通过对不同时代的文物进行分类，我们可以了解到不同时期的修复方法和技巧，从而更好地保护和修复文物。同时，这种分类方法还可以帮助我们预测文物的保存状况和潜在问题，从而采取相应的措施进行保护。

总之，时代分类法是一种重要的文物研究方法，它以文物制作的时代为标准，通过对文物进行分类，为我们提供了一种系统地了解和研究历史文化的有效途径。通过这种方式，我们可以更好地认识和传承人类的文化遗产，为后人留下

宝贵的历史资料和研究成果。

（二）存在形态分类法

存在形态分类法是一种对历史上遗留至今的文物进行分类的方法。这些文物都以一定的形态存在于某个地方，而这里的所谓存在形态，是指文物体量的动与静、直观的存在与隐蔽的存在、存于收藏处所与散存于社会等方面的特点。

根据文物体量的动与静分类，一般可以将文物分为可移动文物和不可移动文物两类。不可移动文物基本上都是文物史迹，包括古建筑、纪念建筑、石窟寺、石刻、古遗址、古墓葬、近代现代重要建筑、纪念地等。这些史迹一般体量较大，不能或不宜整体移动。相比之下，馆藏文物可以收藏于馆内，并轻易地移动到其他地方。

然而，文物史迹不能或不宜整体移动并不意味着它们完全没有移动的可能。在特殊情况下，个别文物史迹可以进行迁移。例如，一通石碑可能原处已经没有其他建筑，又与周围环境无关，且不便保护。在这种情况下，经过法定程序批准，可以考虑将其迁移到其他地方。同时，在基本建设工程范围内，如果因为工程建设的特殊需要必须将一处文物史迹迁走，也可以通过科学的办法进行拆迁，并按原状复原。山西省芮城县永乐宫和河北省平山县西柏坡中共中央旧址都是通过这种方式进行迁移的，尽管周围的环境已经发生了变化。

可移动文物主要指馆藏文物和流散文物。馆藏文物包括石器、陶器、铜器、金银器、瓷器、漆器、玉器、工艺品、书画、古文献等。这些文物体量较小，种类繁多。根据其体量的大小和珍贵程度，可以分别收藏于文物库房或文物囊匣内，并可根据保管、研究、陈列的需要移动到不同的地点。这种移动并不会对文物本身的价值产生影响，反而能够更好地发挥其作用，让人们更好地了解和欣赏这些珍贵的文化遗产。

对于馆藏文物的分类和整理也是非常重要的工作。根据其时代、类型、风格等特点，可以将馆藏文物进一步细分为不同的类别，以便更好地管理和展示。同时，对于一些具有特殊历史意义或艺术价值的馆藏文物，还可以进行重点保护和修复，使其得以保存完好，传承历史文化。

此外，对于流散文物的保护也是一个重要的问题。流散文物指的是那些没有固定收藏机构的文物，或者曾经被合法收藏机构收藏后又被非法转移的文物。这些文物往往处于不确定的状态，容易受到破坏或丢失。因此，有关部门需要加强对流散文物的管理和维护工作，采取措施防止其流失和损坏。同时，也需要加强

对非法交易和走私活动的打击力度，严厉打击盗掘、倒卖和走私文物的行为，保护好我们的历史文化遗产。

综上所述，存在形态分类法是对历史上遗留至今的文物进行分类的一种方法。通过对文物的分类和整理，可以更好地了解和管理这些珍贵的文化遗产，让更多的人有机会欣赏和学习历史文化。同时，也需要加强对文物的保护工作，确保其能够得到妥善保存和传承。只有这样，我们才能真正实现对历史文化遗产的保护和传承，让它们继续为我们的社会发展做出贡献

（三）质地分类法

质地分类法是一种根据制作文物所使用的材料进行归类的方法。由于古代文物所使用的物质材料种类繁多，为了更好地研究和保护这些文物，我们可以根据它们所采用的不同材质来进行归类。这种分类方法起源于很久以前，具有悠久的历史。

在博物馆的馆藏文物分类中，质地分类法被广泛应用。它主要针对古器物进行归类，以便更好地了解和研究各个历史时期的文化、工艺和技术水平。通常，我们可以将文物按照其材质的不同分为以下几类：石器、玉器、骨器（包括骨器和牙器）、木器、竹器、铜器、铁器、金器、银器、铅锌器、瓷器、漆器、玻璃器、珐琅器、纺织品以及纸类文物等。

石器是最早的文物之一，主要包括石质的打制石器和磨制石器。玉器则是使用玉石制作的文物，如玉璧、玉佩、玉簪等。骨器则包括各种骨质的器具，如骨针、骨刀、骨笛等。木器包括木质的家具、雕刻品等。竹器则是用竹子制作的器具，如竹篮、竹席等。铜器是以铜为主要原料制作的文物，如青铜器、铜镜等。铁器则是以铁为主要原料制作的文物，如铁剑、铁矛等。金器和银器则是以金属为主要成分的文物，如金饼、银币等。铅锌器则是以铅和锌为主要原料制作的文物，如铅盒、锌鼎等。瓷器是以瓷土为主要原料制作的文物，如青花瓷、白瓷等。漆器则是以漆为主要涂料的文物，如漆盒、漆屏风等。玻璃器则是以玻璃为主要材料的文物，如玻璃杯、玻璃瓶等。珐琅器则是以珐琅为主要涂料的文物，如珐琅盆、珐琅盘等。纺织品则是以纤维为主要原料制作的文物，如丝织品、毛织品等。纸类文物则是以纸张为主要材料的文物，如古籍、绘画等。

（四）功用分类法

功用分类法是一种以文物的功用作为标准，对文物进行归类的方法。在社会

生产和社会生活中，文物是遗留下来的各种物品和事物，它们在制作时都是为了实现特定的目标或满足特定的需求。因此，每一件文物都具有其独特的用途和功能。

在文物分类的过程中，通过对文物功用的研究，我们可以将具有相同或基本相同功用的文物归为一类，从而形成不同的类别。这种分类方法有助于我们对文物进行更系统、更全面的认识和研究。然而，需要注意的是，文物的功用与其形制和种类是密切相关的。形制是指文物的外观特征，如形状、大小、材质等，这些特征是可以直接观察到和触摸到的。而功用则是文物的内在属性，它是通过文物的形体来发挥其特定功能的。

在文物的形制与功用之间存在着一种相互依存的关系。形制的设计往往是为了实现某种特定的功用，而功用的发挥又离不开形制的支撑。例如，一件古代的青铜器，它的形制可能包括了精美的纹饰、复杂的结构等特征，这些特征既体现了古人的审美观念，也有助于青铜器的实用功能，如盛装食物、祭祀用具等。

因此，在进行文物分类时，我们需要综合考虑文物的形制与功用两个方面的特征，才能更准确地对其进行归类和研究。同时，我们也应该认识到，文物的功用不仅仅是其实用性的体现，还包括了文化、历史、艺术等多个层面的价值。通过对文物功用的研究，我们可以更好地理解和传承人类的文化遗产，促进文化的多样性和发展。

（五）属性分类法

属性分类法是一种对文物进行归类的方法，它主要依据文物的社会属性和科学文化属性来进行分类。在进行文物分类时，首先要深入研究文物的用途以及其深层含义。例如，在古器物中，礼器被用作大典和祭祀等场合，因此具有明显的社会属性。

另一方面，明器是古代专为随葬而制作的各种器物，也被称为"冥器"或"盟器"。它们通常模仿各种礼器、日用器皿、工具、兵器等的形状制作而成，同时也有人、家畜、禽兽的形象以及车船、家具、建筑物等模型。这些明器的制作材料多种多样，包括木、石、陶、瓷等等。然而，无论其形式如何变化，其本质属性仍然被定义为"明器"。

天文图、圭表、漏壶、日晷、浑仪、简仪以及古地图都是以直接表现科学技术为内容的器物，因此可以称为科技文物，这也是它们的属性之一。

另外，供宗教活动的场所、用具以及表现宗教内容的物品，如寺庙、法器、宗教绘画等，被归类为宗教文物，因为它们具有明显的宗教性质和遗存特征。

民族文物、民俗文物以及革命文物则是根据其各自的特点和属性来进行划分的。这些文物反映了特定民族或群体的文化传统、风俗习惯以及历史事件等方面的特征。

综上所述，属性分类法通过对文物的社会属性和科学文化属性的归类，可以更好地理解和研究文物的内涵和意义。这种分类方法不仅有助于保护和传承文化遗产，还能够为人们提供更全面深入的了解和认识。

（六）来源分类法

1. 拨交

即由上级部门或相关机构将文物划拨给博物馆、纪念馆或其他收藏单位。这种方式下的文物通常具有较高的历史价值和艺术价值。

2. 征集

征集是指通过各种途径向收藏单位征集文物，如购买、交换、捐赠等。这种方式下的文物可能来源于个人、企业或其他机构，其价值和特点各异。

3. 拣选

拣选是指收藏单位在收购过程中，根据其历史价值、艺术价值等因素，对民间或个人捐赠的文物进行筛选和挑选。这种方式下的文物往往具有较高的品质和独特性。

4. 交换

交换是指收藏单位与其他博物馆、纪念馆或收藏单位之间进行的文物交换活动。这种方式下的文物可以促进藏品的交流和共享，提高整体的文物保护水平。

5. 捐赠

捐赠是指个人或企业向博物馆、纪念馆或其他收藏单位无偿捐赠的文物。这些文物往往具有很高的历史价值和艺术价值，对于丰富藏品具有重要意义。

6. 发掘

发掘是指考古工作者在对遗址进行挖掘过程中发现的文物。这些文物往往具有很高的历史价值和科学价值，对于研究历史文化具有重要意义。

在实际的文物分类中，来源分类法并不常用。这是因为各种来源的文物，多在文物的账目或卡片上进行详细记录和反映。通过这种方式，收藏单位可以清楚地了解每一件文物的来源和相关信息，从而更好地进行管理和保护。

（七）价值分类法

价值分类法是一种以文物价值为标准，对文物进行归类的方法。主要目的是根据文物的历史、艺术、科学等价值高低来区分不同类型的文物，以便更好地保护和传承文化遗产。

在中国，文物法规规定了文物的分类和管理。首先，文物史迹是指具有历史、艺术、科学价值的古建筑、石窟寺、石刻、古遗址、古墓葬、纪念遗址或建筑物等。这些文物的价值高低不同，因此需要由各级人民政府根据其价值高低公布为全国重点文物保护单位、省（自治区、直辖市）和县（市）级文物保护单位。这些重点文物保护单位的设立有助于提高文物保护的优先级，确保这些珍贵文物得到更好的保护和传承。

其次，馆藏文物是指收藏在博物馆或其他文化机构中的文物，包括石器、玉器、陶器、铜器、铁器、金银器、瓷器、漆器、工艺品、书画等。这些文物的价值同样存在高下之分，因此也需要按照其价值分为一级文物、二级文物、三级文物等不同等级。这种分类有助于博物馆和文化机构合理管理和展示馆藏文物，同时也可以引导公众更加关注和了解这些珍贵的文物。

通过价值分类法，我们可以更好地了解和认识各类文物的价值，从而采取相应的保护措施，确保这些宝贵的文化遗产得到妥善保存和传承。同时，这也有助于提高公众对文物保护的认识和参与度，共同为传承和弘扬中华优秀传统文化贡献力量

二、文物藏品信息资源的采集与整理

（一）文物藏品信息采集

物藏品信息采集是博物馆文物藏品信息资源建设的基础工作。

首先，需要对文物藏品的文字信息进行采集，包括文物的名称、年代、作者、创作背景等信息。其次，还需要采集文物藏品的图片信息，包括文物的实物照片、相关插图等。此外，还应该采集文物藏品的音频和视频信息，以便为观众提供更丰富的观赏体验。所有这些信息都需要经过严格的录入和审核，确保其准确性和完整性。

在采集文物藏品的文字信息时，需要仔细记录文物的名称、年代、作者等基本信息，以便后续研究和展示。同时，还需要了解文物的创作背景和文化内涵，

以便更好地向观众传递其历史价值和文化意义。这些文字信息可以通过文献资料、专家访谈等多种途径获取，并经过整理和归纳，形成完整的文物档案。

除了文字信息，图像信息也是文物藏品信息采集的重要组成部分。通过拍摄文物的实物照片和相关插图，可以直观地展示文物的形态特征和细节之美。这些图像信息可以通过专业摄影师和摄像师进行拍摄，也可以通过数字化技术进行处理和保存。同时，还可以利用虚拟现实技术和增强现实技术，将文物与观众的互动相结合，提升观赏体验。

音频和视频信息也是博物馆文物藏品信息采集的重要方面。通过录制文物的解说音频和视频，可以为观众提供更加详细和生动的解说服务。这些音频和视频内容可以通过专业的解说员或志愿者进行录制，也可以通过数字化技术进行制作和保存。同时，还可以利用互联网和社交媒体等渠道，将音频和视频内容传播给更多的观众，扩大其影响力和传播范围。

在进行文物藏品信息的采集过程中，需要严格遵守相关的法律法规和伦理规范。所有采集到的信息都应该经过严格的审核和确认，确保其真实性和可靠性。同时，还需要保护文物的知识产权和个人隐私权，避免滥用或泄露相关信息。只有通过科学、规范、合法的数据采集和管理方法，才能为博物馆文物藏品信息资源的建设提供可靠的基础支持。

（二）文物藏品信息整理

在收集到文物藏品的各种信息之后，为了方便后续的检索和管理，需要进行一系列细致而重要的工作。

对文物藏品进行分类是至关重要的一步。分类的目的是根据文物藏品的类型、时代和地域等特点进行划分，以便观众能够根据自己的兴趣和需求选择合适的展品进行观赏。通过分类，我们可以将相似的文物放在一起，形成一个有序的体系，使观众能够更轻松地浏览和了解各类文物的特点和价值。

编目也是整理文物藏品信息的重要环节。编目是将整理后的文物藏品信息按照一定的顺序和规则进行编号，以便于管理和查找。编目的目的是为了建立一个系统化的索引，使每一件文物都能够有一个唯一的标识符，方便工作人员和研究人员对其进行定位和跟踪。通过编目的工作，我们可以更好地掌握文物藏品的数量和分布情况，为后续的保护、研究和展示提供有力的支持。

标签是为每件文物藏品添加描述性的关键词或短语，以便观众快速了解文物的相关信息。标签的内容可以包括文物的名称、年代、作者、材质、制作工艺等重要信息，以及一些补充性的描述，如历史背景、文化内涵等。通过标签的设置，观众可以更直观地了解文物的基本信息，进一步激发他们的兴趣和好奇心。

综上所述，文物藏品信息的整理是一个复杂而细致的过程。通过分类、编目和标签等工作，我们可以建立起一个有序、系统化的文物藏品数据库，为后续的保护、研究和展示提供坚实的基础。同时，这些工作也有助于提高观众对文物的认知和理解，促进文化遗产的传承与发展。因此，我们应该高度重视文物藏品信息的整理工作，不断完善和提升相关技术和方法，以更好地保护和传承我们的宝贵文化遗产。

三、文物藏品信息资源的存储与管理

（一）文物藏品信息存储

为了确保文物藏品信息的安全可靠，我们需要将其存储在一个专门的数据库中。这个数据库应该是一个高度安全的环境，可以有效地保护文物藏品的信息免受未经授权的访问、篡改或破坏。在存储过程中，我们需要考虑到数据的完整性、保密性和可访问性等因素，并采取相应的技术和管理措施来防止数据丢失或泄露的风险。

为了确保数据的完整性，我们可以使用数据校验和加密技术来检测和修复潜在的错误。这些技术可以帮助我们确保存储的数据是准确无误的，并且在传输或存储过程中没有被篡改过。此外，我们还可以使用访问控制和权限管理机制来限制对文物藏品信息的访问，只有经过授权的人员才能够获取和修改相关数据。

为了保证数据的保密性，我们可以采用多层次的安全防护措施。首先，我们可以设置强密码和多因素身份验证机制来保护数据库的访问。其次，我们可以对数据库进行物理隔离和网络隔离，以防止未经授权的人员直接访问数据库。此外，我们还可以定期审查和更新数据库的安全策略，以应对不断变化的安全威胁。

为了提高数据的可访问性，我们可以采用分布式存储和负载均衡技术来提高系统的可用性和性能。这样，即使某个数据库节点发生故障，其他节点仍然可以继续提供服务，保证文物藏品信息的持续可用。同时，我们还可以建立备份机制，将数据定期备份到不同的存储介质上，以防止数据丢失或损坏的情况发生。备份数据应该与原始数据保持一致，并且可以进行快速恢复，以确保在意外情况发生时能够迅速恢复数据。

总之，为了确保文物藏品信息的安全可靠，我们需要将其存储在专门的数据库中，并采取一系列的技术和管理措施来保护数据的完整性、保密性和可访问性。同时，我们还需要建立完善的数据备份机制，以确保在发生意外情况时能够迅速恢复数据。通过这些措施的实施，我们可以最大程度地减少数据丢失或泄露的风险，保护文物藏品的珍贵信息。

（二）文物藏品信息管理

在博物馆的管理工作中，文物藏品信息的管理工作显得尤为重要。为了确保文物藏品信息的准确性、完整性和及时性，博物馆需要建立一套完善的文物藏品信息管理制度。这套制度应当包括对文物藏品信息的更新、修改和删除等操作进行规范，以便在实际操作中能够遵循统一的标准和流程。

对于信息的更新，博物馆应当制定详细的更新流程和要求。例如，当有新的文物藏品入藏或者已有的文物藏品发生变更时，相关部门应当及时将相关信息录入系统，并对数据进行核对和审核。此外，博物馆还应当定期对文物藏品信息进行核实，以确保数据的准确性。

对于信息的修改，同样需要有明确的规定和操作流程。在特殊情况下，如发现文物藏品信息存在错误或者遗漏，相关部门应当按照规定的程序进行修改，并确保修改后的信息能够准确反映文物藏品的实际情况。同时，博物馆还应当对修改操作进行记录，以便日后查阅和追溯。

对于信息的删除，也需要有严格的规定。在文物藏品信息不再需要的情况下，相关部门应当按照规定的程序进行删除操作，并将删除的信息从系统中彻底清除。这样可以避免因为误操作或者恶意篡改而导致的信息混乱。

为了保证文物藏品信息的安全性，博物馆还需要建立权限控制机制。这意味着只有经过授权的人员才能对文物藏品信息进行修改和查询。这样可以有效防止未经授权的人员对敏感信息进行操作，从而确保文物藏品信息的安全。

博物馆还需要定期对信息系统进行检查和维护。这包括检查系统的运行状况、数据备份情况以及安全防护措施等。通过定期检查和维护，可以及时发现和解决信息系统中的问题，确保其正常运行，为博物馆的日常管理和决策提供有力支持。

总之，建立一套完善的文物藏品信息管理制度，对信息进行有效的管理和维护，是博物馆工作的重要组成部分。通过规范操作流程、加强权限控制和定期检查维护，可以确保文物藏品信息的准确性、完整性和及时性，为博物馆的发展提

供有力保障。

四、文物藏品信息发布

为了促进更多人对博物馆内珍贵文物的深入了解和欣赏，我们需要将文物藏品的信息广泛传播给相关机构和个人。这包括在博物馆官方网站上发布详细的文物藏品信息，其中包括文字描述、图片展示以及音频和视频等多种呈现形式。通过这些多样化的展示方式，人们可以更加直观地感受到文物的魅力和价值。

除了博物馆官方网站，我们还可以与其他博物馆、文化机构以及教育机构进行合作，共同共享文物藏品的信息资源。这样的合作将为学术研究、展览交流以及教育培训等活动提供有力的支持。通过共享资源，不同机构之间可以进行深入的交流与合作，推动文物保护和研究的进一步发展。

另外，利用互联网和社交媒体等新兴平台也是扩大文物藏品信息传播范围的有效途径。通过建设专门的网站或应用程序，我们可以将这些珍贵的文物信息传递给更广泛的受众群体。同时，结合社交媒体的力量，我们可以利用各种形式的宣传手段，吸引更多人的关注和参与。例如，举办线上展览、推出文物知识普及活动等，都可以让更多人了解和参与到文物的保护与传承中来。

总之，通过多种渠道和形式的信息发布和共享，我们可以让更多的人了解和欣赏博物馆的文物藏品。这不仅有助于推广文化遗产，还能够促进学术交流和社会参与，实现文物资源的最大化利用和传承。只有通过共同努力，我们才能更好地保护和传承人类的宝贵文化遗产。

第五节　博物馆信息资源共享的权利与义务

一、信息资源共享的法律依据和政策支持

在信息时代，博物馆作为文化传承和知识交流的重要场所，其信息资源的共享显得尤为重要。为了确保信息资源的有效共享和保护，相关法律法规和政策给予了重要的支持。

（1）知识产权法律法规。为了保护博物馆的信息资源，各国都制定了相关的知识产权法律法规。其中，著作权法规定了博物馆对其所创造的作品享有的著作权，包括展览、出版物、音像制品等。专利法则明确了博物馆在技术创新方面的

权利保护，如新型展示技术、数字化技术等。商标法则保护了博物馆的名称、标志等商业标识的使用权。这些法律法规的实施有助于维护博物馆的知识产权，促进其信息资源的合理利用和传播。

（2）信息公开法律法规。为了规范博物馆信息资源的公开与共享，一些国家和地区制定了信息公开法律法规。政府信息公开条例要求政府部门主动公开信息资源，为公众提供便捷的获取途径。档案法则规定了博物馆对馆藏档案的收集、整理、保管和使用等方面的责任和义务。这些法律法规的实施有助于提高博物馆信息的透明度，促进公众对博物馆信息资源的广泛参与和利用。

（3）博物馆相关政策与规定。为了指导和规范博物馆信息资源的共享工作，一些国家还制定了一系列博物馆相关政策与规定。博物馆法明确了博物馆的地位、职能和管理制度，为博物馆信息资源共享提供了法律保障。博物馆管理办法则规定了博物馆内部管理的具体措施和方法，包括信息资源的采集、整理、保存和使用等方面。这些政策与规定的实施有助于加强博物馆的内部管理，提高信息资源共享的效率和质量。

（4）国际公约和协议。在全球范围内，为了推动博物馆信息资源的共享与保护，国际社会也制定了一系列国际公约和协议。例如，《世界知识产权组织版权条约》明确规定了对其创作作品的版权保护义务；《国际文物保护公约》则旨在保护世界各地珍贵的文物遗产。这些国际公约和协议的实施有助于加强国际合作，促进全球范围内的博物馆信息资源共享与保护。

总之，为了确保博物馆信息资源的有效共享和保护，各国都通过制定相关法律法规和政策来提供支持。这些法律依据和政策支持涵盖了知识产权法律法规、信息公开法律法规、博物馆相关政策与规定以及国际公约和协议等多个方面。通过这些措施的实施，可以促进博物馆信息资源的合理利用、传播和保护，实现知识的共享和文化的传承。

二、信息资源共享的权利与义务主体

在信息时代，博物馆、文物保护和研究机构、文物收藏者和捐赠者、公众以及政府部门和相关机构都拥有信息资源共享的权利和义务。

博物馆作为文化传承的重要场所，拥有丰富的文化遗产资源和专业知识。它们应当积极利用现代技术手段，通过建立数字化档案和搭建共享平台，向广大观众和研究人员提供文化遗产的相关信息。同时，博物馆还应当承担起保护和维护文物的责任，确保其安全保存和传承。

文物保护和研究机构是专业的文化保护机构，拥有丰富的研究经验和专业知识。它们应当积极参与信息资源共享，为其他主体提供专业的技术支持和指导。此外，这些机构还有责任推动文物保护工作的开展，促进文化遗产的研究和传承。

文物收藏者和捐赠者是文化遗产的直接拥有者和贡献者。他们应当主动参与到信息资源共享中来，将自己所拥有的文物资料、研究成果等提供给其他主体使用。同时，他们也应当尊重知识产权和隐私权，合理使用和传播这些资源。

公众是信息资源共享的主要受益者之一。他们可以通过博物馆的数字化展览、文物保护机构的研究成果等方式，获取到丰富多样的文化资源。公众应当积极参与其中，提出自己的需求和建议，促进信息的共享和交流。

政府部门和相关机构在信息资源共享中扮演着重要的角色。他们应当制定相关政策和法规，明确各方的权利和义务，保障信息资源的合法共享。同时，政府还应当加大对文化遗产保护工作的支持力度，提供必要的资金和技术支持，推动信息资源共享的顺利进行。

总之，博物馆、文物保护和研究机构、文物收藏者和捐赠者、公众以及政府部门和相关机构都是信息资源共享的权利与义务主体。只有通过各方的共同努力和合作，才能实现文化遗产的有效保护、研究和传承，让更多人受益于文化的瑰宝。

三、信息资源共享的利益分配机制

博物馆信息资源共享的利益分配涉及到著作权人、收藏机构和研究机构等各方的权益。为了建立公平和合理的利益分配机制，可以采用多种方式来实现。

（一）著作权使用许可

著作权使用许可是一种常见的方式。博物馆可以通过与著作权人签订许可协议，获得使用特定信息的权限。在许可协议中，可以明确规定使用范围、期限和费用等内容，确保双方的权益得到保护。例如，博物馆可以约定只能在特定的展览或教育活动中使用这些信息资源，并且支付一定的许可费用给著作权人作为报酬。

著作权使用许可的好处在于为博物馆提供了合法获取和使用特定信息的途径。通过与著作权人的合作，博物馆可以在遵循相关法律法规的前提下，充分利用著作权人的知识产权，丰富其展览内容和教育项目。同时，著作权使用许可也

有助于促进文化产业的发展，激发创作动力，推动更多优质作品的创作和传播。

在签署著作权使用许可协议时，博物馆需要仔细审查合同条款，确保自己的权益得到充分保障。合同应明确约定使用范围、期限和费用等内容，避免出现纠纷和争议。此外，博物馆还应与著作权人保持良好的沟通和合作关系，及时解决可能出现的问题，确保许可协议的有效执行。

对于著作权人来说，著作权使用许可也是一种重要的收益来源。通过将作品授权给博物馆使用，著作权人可以获得合理的报酬，同时也能够将自己的作品推广给更广泛的受众。这种合作模式不仅有利于提高作品的社会影响力，还能够为著作权人创造更多的商业机会和经济回报。

总之，著作权使用许可是一种双赢的合作模式，既满足了博物馆对特定信息资源的合理需求，又为著作权人带来了经济收益。通过建立良好的合作关系和规范的合同管理，博物馆和著作权人可以实现资源共享、互利共赢，共同推动文化产业的繁荣发展。

（二）转让

博物馆可以将特定的信息资源以一定的价格转让给其他机构或个人，从而实现资源的共享和利益的分配。在转让过程中，需要确保转让的合法性和合规性，避免侵犯著作权人的权益。例如，博物馆可以与其他博物馆或学术机构进行合作，通过版权转让的方式共享信息资源，并按照约定的价格进行收益分配。

这种版权转让的方式可以为博物馆带来更多的资源和合作伙伴。通过与其他机构或个人的合作，博物馆可以获取到更多的信息资源，丰富自身的展览内容和教育项目。同时，这种合作也可以促进不同机构之间的交流与合作，推动学术研究的发展。

在版权转让的过程中，博物馆需要制定明确的转让协议，明确双方的权益和责任。转让协议应包括转让的条件、期限、价格等内容，以确保双方的合法权益得到保护。同时，博物馆还应与合作伙伴签订保密协议，确保信息的机密性和安全性。

博物馆还可以考虑将部分版权进行授权使用，即允许合作伙伴在一定范围内使用博物馆的信息资源。这种方式可以更好地平衡资源的共享和知识产权的保护，同时也可以为博物馆带来更多的经济收益。

总的来说，版权转让是一种有效的资源共享和利益分配方式。通过合理的合同安排和合作伙伴的选择，博物馆可以实现资源的最大化利用，提升自身的学术影响力和社会形象。同时，也需要加强版权保护意识，遵守相关法律法规，确保合作的合法性和可持续性。

（三）合作分成

合作分成也是一种常见的利益分配方式。博物馆可以与其他机构或个人进行合作，共同开发和利用信息资源。通过合作分成的方式，可以平衡各方的利益，实现资源的共享和互利共赢。例如，博物馆可以与出版商或数据库提供商合作，将信息资源的使用权授权给他们，并根据使用情况分享收益。

合作分成模式在博物馆和其他机构之间建立了一种互惠互利的关系。博物馆可以将自身的专业知识和丰富的资源提供给合作伙伴，而合作伙伴则可以通过这些资源为博物馆提供更广泛的服务和机会。这种合作关系有助于提高资源的利用效率，促进信息的流通和共享。

在合作分成的过程中，博物馆可以根据自身的需求和合作伙伴的能力来确定合理的分成比例。双方可以根据资源的价值和使用情况来协商分成比例，确保公平合理。同时，为了保护双方的权益，合同中通常会明确约定使用期限、分成方式以及违约责任等条款，以确保合作的顺利进行。

合作分成不仅可以帮助博物馆获得更多的资金支持，还可以扩大其影响力和知名度。通过与知名机构或个人的合作，博物馆可以借助其品牌和资源优势吸引更多的观众和合作伙伴。这种合作可以为博物馆带来更多的展览、活动和项目，提升其在行业中的地位和竞争力。

此外，合作分成还可以促进博物馆与社会各界的交流与合作。通过与不同领域的专家、学者和机构进行合作，博物馆可以拓宽自己的研究领域和视野，开展更多的研究项目和学术活动。同时，这种合作也可以为博物馆提供更多的资源和支持，推动其不断创新和发展。

总的来说，合作分成是一种有效的利益分配方式，可以帮助博物馆与其他机构或个人建立良好的合作关系，实现资源的共享和互利共赢。通过合作分成，博物馆可以获得更多的资金支持和资源，扩大自身的影响力和知名度，促进与社会各界的交流与合作。这种模式的实施需要建立在公平合理的基础上，确保各方的权益得到充分保护。

在利益分配方面，需要充分考虑各方的需求和利益，确保公平和合理。著作权人希望获得合理的报酬，以鼓励他们提供更多的信息资源；收藏机构希望通过共享资源获取更多的研究资料和支持；研究机构则需要丰富的信息资源来进行学

术研究。只有平衡了这些利益关系，才能促进文化传承和学术研究的良性发展。因此，在制定利益分配方案时，应综合考虑各方的需求和贡献程度，确保公正和合理。同时，还需要建立健全的监督和管理机制，防止滥用权益和侵权行为的发生，维护各方的合法权益。

四、信息资源共享的风险防范与应对措施

在当今信息时代，博物馆作为文化传承和知识普及的重要场所，其信息资源共享面临着诸多风险问题。其中，知识产权和信息安全是最为关键的风险因素之一。为了有效防范和应对这些风险，博物馆需要采取一系列具体的措施来确保信息资源的合法性和安全性。

首先，建立完善的信息安全管理制度是防范信息资源共享风险的首要任务。博物馆应建立健全的信息安全管理体系，包括制定详细的信息安全政策和操作规程，明确责任分工和权限控制机制，加强对信息系统和网络的安全防护，以及定期进行安全漏洞扫描和风险评估等措施。只有确保信息安全管理的科学性和规范性，才能有效预防信息泄露、篡改和破坏等问题的发生。

其次，加强知识产权保护意识是博物馆信息资源共享中不可或缺的一环。博物馆应积极倡导知识产权保护的重要性，加强对员工和参观者的知识产权教育宣传，提高他们的知识产权意识和法律素养。同时，博物馆还应与相关机构合作，共同打击侵犯知识产权的行为，维护信息资源的合法权益。

此外，加强信息审查也是防范信息资源共享风险的重要手段。博物馆应建立严格的信息审核制度，对申请共享的信息资源进行严格筛选和审核，确保其合法性、准确性和可信度。对于敏感或涉及隐私的信息资源，博物馆更应审慎处理，避免不当传播和使用。通过加强信息审查，可以有效减少错误信息和不良内容的传播，保障公众获取到的信息资源的质量和可靠性。

博物馆在信息资源共享中面临着知识产权、信息安全等风险问题。为了防范和应对这些风险，博物馆需要建立完善的信息安全管理制度、加强知识产权保护意识、加强信息审查等措施。只有在全面加强风险防范的前提下，博物馆的信息资源共享才能真正实现合法、安全的目标，为公众提供更加优质、可靠的文化服务。

第六节 博物馆文物信息资源的开发利用

随着信息技术的迅速发展和广泛应用，博物馆文物信息资源的管理、开发与利用越来越受到重视。

一、文物信息资源的挖掘与分析

在博物馆中，文物信息资源被视为无价的宝藏。为了充分利用和发掘这些宝贵的资源，我们需要进行深入的研究和详细的分析。

首先，通过对博物馆内的藏品进行全面而系统的调查和整理工作，我们可以建立起一个庞大而全面的文物数据库。这个数据库包含了各种文物的名称、年代、制作材料、艺术风格等详细信息，为后续的深入分析和研究提供了坚实的基础。

其次，借助现代科技手段，如人工智能和大数据分析技术，我们可以对文物信息进行深度挖掘和关联分析。通过对比分析不同历史时期的文物，我们可以揭示出历史的演变规律和文化的发展脉络。这种分析不仅可以帮助我们更好地理解过去的历史，还可以为我们提供有关未来文化发展的启示。

此外，通过对文物信息的语义分析和情感分析，我们可以了解人们对文物的情感态度和价值认知。语义分析可以帮助我们理解人们对于文物的不同解读和理解，从而更好地把握人们对于文物的认知和情感。情感分析则可以揭示出人们对于文物的喜爱程度以及对于文化遗产的珍视程度。这些分析结果可以为博物馆的展览策划和文化传播提供重要参考。

另外，为了更好地利用文物信息资源，我们还可以利用虚拟现实技术将文物数字化展示出来。这样，观众可以通过虚拟现实设备身临其境地感受文物的魅力，增强对文物的理解和认知。同时，虚拟展示也可以突破时间和空间的限制，使更多的人能够欣赏到珍贵的文物。

除了传统的展览方式，我们还可以利用互联网和社交媒体平台来推广文物信息资源。通过建立专门的网站或移动应用程序，观众可以方便地浏览和了解博物馆的藏品。同时，利用社交媒体平台，我们可以与观众进行互动交流，分享文物背后的故事和文化内涵。这样一来，文物信息资源的传播范围将得到极大扩展，更多人将有机会了解和欣赏到这些宝贵的文化遗产。

为了保护和传承文物信息资源，我们还需要加强对博物馆工作人员的培训和教育。培养专业的文物鉴定人员和研究人员，提高他们的专业素养和综合能力。同时，加强博物馆内部管理，确保文物的安全和完好性。只有通过全社会的共同努力，我们才能更好地保护和传承这些无价的宝藏，让更多的人能够欣赏到文化的瑰宝。

二、文物信息资源的展示与传播

博物馆作为文化传承和历史见证的重要场所，承载着丰富多样的文物信息资源。为了向公众全面展示这些宝贵的文化遗产，博物馆需要精心设计和策划一系列吸引人的展览和活动。首先，根据不同文物的特点和历史背景，可以创造出多样化的展览主题和陈列方式。例如，可以将同一历史时期的文物集中展示在一起，以突出其时代特征；也可以将不同类型的文物进行对比展示，以展示文化的多样性和丰富性。通过这种方式，观众可以更加直观地了解历史的发展脉络和文化的演变过程。

其次，博物馆可以利用多媒体技术和互动装置的应用，使展览更加生动有趣。例如，可以在展览区域设置触摸屏或虚拟现实设备，让观众能够亲身体验历史场景或了解文物背后的故事。通过这种方式，观众可以更加身临其境地感受历史的沉浸感，增强对文物的理解和认知。同时，还可以利用声音、光线等元素营造出逼真的历史氛围，使观众能够更加深入地了解文物所蕴含的文化内涵。

此外，博物馆还可以利用网络平台和社交媒体等渠道，将文物信息资源传播给更广大的人群。通过在线展览、直播讲解等方式，博物馆可以让更多的人能够欣赏到博物馆的珍贵藏品。这不仅有助于扩大文物的影响力和传播范围，还能够激发公众对历史文化的兴趣和热爱。通过网络平台的传播，观众可以随时随地了解博物馆的最新动态和展览信息，方便他们参观和学习。

博物馆在向公众展示丰富的文物信息资源方面扮演着重要角色。通过多样化的展览主题和陈列方式，以及多媒体技术和互动装置的应用，博物馆可以使展览更加生动有趣，吸引观众的关注和参与。同时，利用网络平台和社交媒体的传播手段，博物馆可以将文物信息资源传播给更广泛的人群，让更多的人能够欣赏到博物馆的珍贵藏品。这样的展示与传播方式不仅有助于提升博物馆的影响力和知名度，也能够促进历史文化的传承和发展。

三、文物信息资源的教育与研究价值

博物馆的文物信息资源不仅具有观赏价值，还具有重要的教育与研究价值。

首先，博物馆可以通过举办讲座，向学生和专业人士传授相关的知识和技能。例如，可以组织专家讲解文物的历史背景、制作工艺等内容，培养学生的历史文化素养；也可以开设相关课程，帮助专业人士深入研究文物的价值和意义。

其次，博物馆还可以与学校、研究机构等合作，开展科研项目和学术交流活动。通过共同研究和探讨文物的信息资源，可以推动学术界的发展和进步。

此外，博物馆还可以积极参与国内外的文化交流活动，与其他博物馆共享文物信息资源，促进国际间的文化交流与合作。

在教育方面，博物馆可以成为学校教育的延伸和补充。他们可以邀请专家学者来校进行讲座或研讨会，让学生深入了解文物的背后故事和历史背景。同时，博物馆还可以与学校合作开设相关课程，如考古、文物修复等，为学生提供实践机会和专业指导。通过这样的教育和培训，学生可以培养对历史文化的兴趣和理解，增强对文物保护的意识。

在研究领域，博物馆是学者们探索的重要场所。研究人员可以在博物馆中进行实地调研和采集数据，以获取更准确和全面的研究成果。同时，博物馆还可以组织学术会议和研讨会，为研究者提供一个交流和合作的平台。通过共同研究和探讨文物的信息资源，学者们可以深入挖掘文物背后的文化内涵和社会价值，推动学术界的发展和进步。

除了教育和研究领域，博物馆还可以积极参与国内外的文化交流活动。他们可以与其他博物馆建立合作关系，共享文物信息资源，促进国际间的文化交流与合作。通过展览、交流访问等方式，不同国家和地区的人们可以更加了解彼此的文化传统和艺术成就。这种跨文化的交流有助于增进各国人民之间的相互理解和友谊，推动全球文化多样性的保护和发展。

总之，博物馆的文物信息资源具有重要的教育与研究价值。通过举办讲座、工作坊等活动，博物馆可以为学生和专业人士传授知识和技能；与学校、研究机构合作开展科研项目和学术交流活动，可以推动学术界的发展和进步；参与国内外的文化交流活动，与其他博物馆共享文物信息资源，促进国际间的文化交流与合作。这些举措都有助于提高公众对文化遗产的认知和重视程度，推动文化遗产的保护和传承。

四、文物信息资源的产业化与市场开发

在现代社会中，随着社会经济的持续发展和人们对于文化生活的追求日益增强，博物馆的角色正在发生着深刻的变化。特别是在文物信息资源的处理和利用上，如何将其产业化并有效地推向市场，已经成为了博物馆必须面对并积极解决的问题。

（一）开发创新的文化创意产品

在当今社会，博物馆作为文化传承和历史教育的重要场所，承担着保护、研究和展示文物的重任。然而，仅仅依靠门票收入和捐赠资金来维持运营，显然是不够的。因此，博物馆需要寻找新的途径来实现可持续发展。一个可行的方法是通过开发创新的文化创意产品，将丰富的文物信息资源转化为具有商业价值的商品。

博物馆可以设计以各类文物为主题的文具、服饰、艺术品等。这些商品不仅能够满足公众的消费需求，同时也能够巧妙地传播文化知识和历史故事。例如，一款以古代青铜器为设计灵感的文具套装，既具有实用性，又能让人们在使用中感受到传统文化的魅力。这种转化方式不仅有助于提高文物信息的普及率，还能够为博物馆带来一定的经济效益。

博物馆还可以与设计师、艺术家等合作，共同打造独具特色的文创产品。这样既可以吸引更多的消费者关注博物馆，也能够为设计师和艺术家提供一个展示才华的平台。同时，这种跨界合作还有助于推动文化产业的创新发展。

博物馆还可以利用数字化技术，对文物进行三维扫描和虚拟现实（VR）展示，从而为文创产品提供更多的创作素材。例如，一些博物馆已经推出了以文物为主题的 VR 游戏、动画短片等数字产品，让更多人能够以全新的方式体验历史和文化。

总之，博物馆通过开发创新的文化创意产品，将丰富的文物信息资源转化为具有商业价值的商品，不仅可以实现自身的可持续发展，还能够为公众提供更加丰富多样的文化消费选择。在这个过程中，博物馆、设计师、艺术家等各方都需要共同努力，携手推动文化产业的发展。

（二）利用现代化技术拓宽销售渠道和服务范围

博物馆可以利用现代数字化技术和互联网平台，拓展其文物信息资源的销售渠道和服务范围。通过建立线上商城、推出移动应用等方式，可以让更多的人在任何地方、任何时间都能够方便地获取和了解博物馆的文物信息资源。这种方式不仅提高了博物馆的服务效率，也使得博物馆的影响力得以扩大。

为了实现这一目标，博物馆可以采取多种措施来提升数字化技术的应用水平。首先，建立一个专门的在线平台，将博物馆的文物信息资源整合在一起，供用户浏览和查询。这个平台可以包括博物馆的官方网站、移动应用以及社交媒体账号等，以便不同渠道的用户都能轻松访问到相关信息。

其次，博物馆可以与电商平台合作，将文物商品放置在线上商店中销售。这样不仅可以增加销售额，还能让更多人了解和购买到博物馆的精品文物。同时，博物馆还可以开展线上展览和讲座活动，通过直播或录制视频的形式向观众展示文物的魅力和背后的故事，吸引更多人的关注和参与。

此外，博物馆还可以利用大数据分析和人工智能技术，对用户的浏览行为和兴趣偏好进行分析，从而提供个性化的推荐服务。例如，根据用户的浏览历史和收藏记录，向他们推荐相关的文物商品或者举办特定主题的展览活动，提高用户的满意度和忠诚度。

博物馆还可以加强与其他文化机构和企业的合作，共同推动数字化技术在文化遗产领域的应用和发展。通过跨界合作，可以创造更多的创新机会和商业价值，同时也能够促进文化遗产的传承和保护工作。

总之，利用现代数字化技术和互联网平台，博物馆可以拓展其文物信息资源的销售渠道和服务范围，提高服务效率和影响力。这将有助于更好地推广和传承文化遗产，让更多人能够欣赏和了解博物馆的珍宝。此外，博物馆还可以与旅游机构、教育机构等进行合作，将博物馆作为旅游景点或学习场所对外开放。这样不仅可以吸引更多的游客前来参观，也可以为学生提供丰富的学习资源和实地学习的机会。这种开放性的运营模式，无疑会进一步提升博物馆的社会影响力。

总的来说，通过产业化与市场开发的方式，博物馆可以更好地利用其文物信息资源，不仅可以为社会创造更多的经济收益，也可以让更多的人接触到丰富的文化遗产，从而提高公众的文化素养和社会的文化水平。

第七节　博物馆网站建设

博物馆网站作为博物馆的门户，对于展示博物馆特色、提供参观信息、宣传推广等方面都具有重要的意义。

一、设计与布局原则

在设计博物馆网站时，需要遵循一些基本原则以确保其有效性和可用性。这些原则包括统一的风格、简洁的布局、清晰的信息展示以及易于导航的设计。

（一）统一的风格

网站的设计与博物馆的形象应保持一致。这意味着网站的整体风格、色彩方案、字体选择等都应与博物馆的形象相符合。例如，如果博物馆是一个现代艺术博物馆，那么网站的设计应该反映出这种现代感，使用简洁的线条、鲜艳的色彩和创新的布局。这样可以增强网站的视觉吸引力，同时也能体现出博物馆的特色。

为了实现统一的设计风格，首先需要对博物馆的形象进行深入的了解和研究。这包括了解博物馆的定位、展览内容、历史背景等方面的信息。通过对这些信息的收集和分析，可以确定网站的整体风格应该是现代、时尚还是传统、古典。

在确定了网站的整体风格后，接下来需要考虑色彩方案的选择。色彩是网站设计中非常重要的一个元素，它可以直接影响到用户的情绪和感受。因此，在选择色彩时，应该充分考虑博物馆的特点和氛围，以及目标用户的喜好。例如，如果博物馆是一个自然风光为主的博物馆，那么可以选择明亮、清新的色彩，以展现大自然的美丽；而如果博物馆是一个历史文化遗址，那么可以选择稳重、古朴的色彩，以体现历史的厚重感。

此外，字体的选择也是网站设计中不可忽视的一个环节。合适的字体可以增强网站的可读性和美观度，同时也能体现出博物馆的专业性和权威性。在选择字体时，应该根据网站的整体风格和内容来进行选择。例如，如果网站的整体风格是现代、简洁的，那么可以选择一些简约、清晰的字体；而如果网站的整体风格是复古、艺术的，那么可以选择一些具有特色和艺术感的字体。

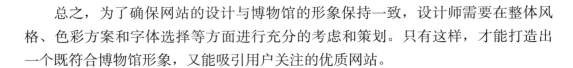

总之，为了确保网站的设计与博物馆的形象保持一致，设计师需要在整体风格、色彩方案和字体选择等方面进行充分的考虑和策划。只有这样，才能打造出一个既符合博物馆形象，又能吸引用户关注的优质网站。

（二）布局简洁明了

网站的布局应该是简洁明了的。这意味着网站的页面应该有明确的结构和逻辑，用户能够快速地找到他们需要的信息。为了实现这一点，我们可以使用网格布局或者分块布局来组织信息，确保页面的整洁和有序。同时，我们也应该避免使用过多的动画或者复杂的交互效果，以免分散用户的注意力。

在设计博物馆网站时，我们应该注重信息的层次结构，将重要的信息放置在显眼的位置，以便用户能够轻松找到它们。可以通过使用大标题、加粗字体或者颜色来突出重点内容，引导用户的视线。此外，我们还可以使用面包屑导航或者标签页来帮助用户快速浏览不同的页面或展区。

博物馆网站的内容呈现也需要注意。文字描述应该简明扼要，重点突出，避免冗长的句子和复杂的词汇。图片和图表可以直观地展示展品的特色和历史背景，帮助用户更好地理解和感受展览的内容。同时，我们还可以提供音频解说或者视频导览的功能，让用户能够更加身临其境地体验博物馆的魅力。

总之，博物馆网站的布局应该简洁明了，具有明确的结构和逻辑。通过合理的布局和导航设计，以及清晰的内容呈现，我们可以提高用户的访问体验，让他们能够轻松地找到所需的信息并深入了解博物馆的内容。这样的设计不仅有助于吸引更多的参观者，也能够提升博物馆的形象和知名度。

（三）导航设计清晰

博物馆网站的设计应当注重用户体验，其中一个重要的方面就是易于导航。这意味着网站应该提供一个清晰明了的导航菜单，让用户能够轻松地找到他们想要浏览的页面。为了实现这一目标，我们可以采用一些标准的导航结构，例如在顶部设置横向导航栏或者在侧边设置纵向导航栏。

首先，我们需要确保导航菜单的结构简洁明了。这意味着导航菜单中的选项应该是有意义的，并且按照逻辑顺序排列。例如，我们可以将博物馆的主要展览、特别展览、教育项目和联系方式等关键信息放在导航菜单上。这样，用户在进入网站时就能够迅速了解博物馆的内容和功能。

其次，我们需要保持导航菜单的一致性。无论用户在哪个页面，都应该能够

轻松地找到导航菜单。这意味着我们需要在整个网站中统一使用相同的导航元素和样式。这样，用户可以建立起对网站的整体认知，从而更加方便地在不同页面之间进行切换。

此外，我们还可以考虑使用响应式设计来适应不同设备的屏幕尺寸。这样，无论用户是在桌面电脑、平板电脑还是手机上访问博物馆网站，都能够获得良好的浏览体验。

最后，为了进一步提高网站的易用性，我们还可以在导航菜单中添加一些辅助功能。例如，我们可以为每个主要页面提供快速链接，以便用户能够直接跳转到感兴趣的内容。同时，我们还可以为搜索功能设置一个明显的图标或按钮，以便用户能够快速找到需要的信息。

博物馆网站应该采用易于导航的设计，通过清晰的导航菜单、一致的设计风格和实用的辅助功能，为用户提供便捷、舒适的浏览体验。

设计博物馆网站是一项挑战性的任务，需要我们在满足用户需求的同时，也要体现出博物馆的特色和形象。通过遵循上述的原则，我们可以设计出一个既美观又实用的网站，为用户提供良好的浏览体验。

二、网站的功能性需求分析

博物馆网站应该具备多种功能，以满足用户的不同需求。例如，网站应该提供参观指南、展览信息、文物展示、活动预约等功能。同时，网站还应该具备社交分享、在线购票、在线商城等拓展功能。在功能性需求分析中，需要对每个功能进行详细的分析和设计，确保功能的实用性和易用性。在对博物馆网站进行功能性需求分析时，我们需要考虑到各种可能的用户需求和使用场景。

（一）参观指南

网站应该提供一份详尽的参观指南，这份指南应该包括博物馆的开放时间、门票价格、交通指南等信息，帮助用户更好地规划他们的访问行程。在这份参观指南中，可以详细介绍博物馆的开放日期和时间段，以便用户能够选择最适合自己的参观时间。同时，还可以提供门票价格的详细信息，包括成人票、儿童票和学生票的价格，以及是否有优惠活动或套票可供选择。此外，还可以提供交通指南，包括如何到达博物馆的最佳路线、公共交通工具的时间表以及停车场的位置等信息，以方便用户选择合适的交通工具并提前做好出行准备。

除了基本信息外，参观指南还可以包含一些额外的实用信息，如博物馆内的导览图和展示布局，帮助用户更好地了解展览内容和游览路线。还可以推荐一些博物馆的特色展览或活动，让用户在参观时能够有更多的选择和体验。如果可能的话，还可以提供一些互动体验的信息，如虚拟现实技术或互动展品的介绍，以增加用户的参观乐趣和参与感。

一份详尽的参观指南对于用户来说是非常有帮助的。它不仅可以提供必要的信息，还可以帮助用户更好地规划和安排他们的访问行程，使他们能够在有限的时间内尽可能地欣赏到博物馆的精彩内容。因此，网站应该致力于提供这样的参观指南，以满足用户的需求并提升他们的参观体验。

（二）展览信息

网站还应该提供展览信息的查询功能，包括展览的主题、展出的文物、展览的时间和地点等信息，让用户能够及时获取最新的展览信息。

在现代数字化时代，网站的查询功能对于用户来说非常重要。通过提供展览信息的查询功能，网站可以方便用户获取他们感兴趣的展览信息。用户可以在网站上输入关键词，如展览的主题、展出的文物、展览的时间和地点等，然后网站会返回相关的展览信息。这样的查询功能不仅方便快捷，还能够节省用户的时间和精力。

当用户需要了解最新的展览信息时，他们可以访问该网站并使用查询功能。系统会根据用户输入的关键词匹配相关展览的信息，并将其展示给用户。这样，用户就可以了解到展览的主题、展出的文物、展览的时间和地点等关键信息。用户可以从中选择自己感兴趣的展览，并进一步获取更多详细信息，如展览的介绍、策展人的背景、参展艺术家的作品等。

此外，网站还可以提供其他辅助功能来增强用户体验。例如，可以提供地图导航功能，让用户能够轻松找到展览的所在地；可以提供在线购票服务，方便用户提前预订展览门票；还可以提供评论和评分功能，让用户分享他们的观展体验并给其他用户提供参考。

总的来说，展览信息的查询功能是网站不可或缺的一部分。通过提供准确、及时的展览信息，网站可以帮助用户更好地了解展览内容，选择感兴趣的展览并进行参观。同时，不断优化和改进查询功能，提高用户体验，也是网站发展的重要方向之一。

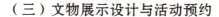

（三）文物展示设计与活动预约

在文物展示方面，网站应该有一个专门的页面或者模块，展示博物馆的各种珍贵文物，包括图片、介绍、历史背景等信息。通过精心设计的布局和清晰的文字描述，用户可以更直观地了解这些文物的价值和意义。同时，网站还应该提供活动预约的功能，用户可以通过网站预约参加博物馆的各种活动，如讲座、工作坊等。这样的设计可以为用户提供便利，让他们能够更好地参与和体验博物馆的文化活动。

除了文物展示和活动预约功能外，网站还可以考虑增加一些其他实用的功能。例如，可以提供一个"收藏"功能，让用户可以将感兴趣的文物保存到个人收藏夹中，方便日后查看和分享。此外，网站还可以提供一些相关的文化资讯和文章，让用户可以了解更多关于文物背后的故事和文化内涵。

好的博物馆网站应该具备丰富的文物展示内容和实用的功能设计。通过精心策划的内容和用户友好的界面设计，用户可以更好地了解和体验博物馆的文化魅力。这样的网站不仅能够吸引更多的用户访问，还能够提升博物馆的知名度和影响力。

（四）在线商城与网站对接

如果博物馆有自己的在线商城，那么这个功能也应该在网站上实现。用户可以直接在网站上购买博物馆的商品，如纪念品、图书等。这样不仅可以增加博物馆的收入，也可以为用户提供更多的购物选择。

通过建立博物馆的在线商城，将博物馆的文化资源与现代科技相结合，可以为游客提供更加便捷的购物体验。用户可以随时随地浏览和购买博物馆的各类商品，无需亲自前往实体店铺，节省了时间和精力。此外，博物馆的在线商城还可以提供更多种类的商品，如艺术品、工艺品、教育用品等，满足不同人群的需求。

博物馆的在线商城还可以为游客提供更多的信息和互动机会。例如，可以在网站上展示商品的详细信息、制作过程、背后的故事等，让游客更加了解和感受每一件商品的独特之处。同时，通过在线交流平台，游客可以与其他参观者分享自己的购物心得和体验，促进文化交流和互动。

另外，博物馆的在线商城还可以为游客提供个性化的购物服务。通过用户的浏览记录和购买偏好，博物馆可以推荐适合用户的商品或活动，提高用户的满意度和忠诚度。同时，博物馆还可以定期推出限时优惠、折扣等活动，吸引更多用户参与购物并增加销售额。

在所有的这些功能中，我们都需要对每个功能进行详细的分析和设计，确保它们的实用性和易用性。例如，参观指南的设计需要考虑用户的阅读习惯和需求，展览信息的查询功能需要保证信息的准确性和及时性，活动预约的功能需要考虑用户的使用习惯和操作便利性等。只有这样，我们才能建设出一个既满足用户需求又能提供优质服务的博物馆网站。

三、用户体验优化策略

用户体验优化是提升博物馆网站质量和访问量的重要手段。通过采取一系列有效的策略，可以显著改善用户体验，吸引更多的访问者。

（一）优化网站的响应速度

优化网站的响应速度是至关重要的。在当今数字化时代，用户对于网站的速度要求越来越高。一个加载速度快的网站能够提供更好的用户体验，增加用户的满意度和忠诚度。因此，为了提高网站的加载速度，我们可以采取一些有效的措施。

1．内容分发网络（CDN）加速技术

内容分发网络（CDN）加速技术是一种常用的方法，用于提高网站的性能和响应速度。CDN 是一种分布式的网络架构，通过将网站的静态资源（如图片、CSS 文件、JavaScript 文件等）分布在全球各地的服务器上，实现了资源的高效管理和访问。

当用户访问一个使用 CDN 的网站时，CDN 会将用户的请求重定向到离用户最近的服务器上。这意味着，如果用户位于某个地理位置，CDN 会选择距离用户最近的服务器来处理请求，从而减少传输数据的距离和时间。这种智能的负载均衡策略可以显著减少用户访问时的延迟，使用户能够更快地获取所需的资源。

CDN 加速技术的核心优势在于其全球分布的服务器网络。通过在全球范围内部署服务器，CDN 可以提供更好的带宽和网络连接质量。这意味着用户可以从最近的服务器获取资源，而不必依赖远离用户的服务器。这样可以大大减少由于长距离传输导致的延迟，并提高用户访问网站的速度。

此外，CDN 还提供了一些其他的优化功能。例如，它可以缓存静态资源，以减少对原始源服务器的请求次数。这样可以减少带宽消耗和服务器负载。另外，

CDN 还可以进行压缩和合并，以减小传输的数据量。这有助于加快数据传输速度，并降低网络拥塞的风险。

总的来说，内容分发网络（CDN）加速技术通过将静态资源分布式存储在全球各地的服务器上，并通过智能的负载均衡策略将请求重定向到离用户最近的服务器上，从而提高了网站的响应速度和性能。这种技术为用户提供了更快的加载速度和更好的体验，对于提升网站的流量和用户体验具有重要的作用。

2．图片压缩

图片压缩可以显著提高网页的加载速度。在网页中，图片占据了相当大的比例，因此减小图片文件的大小对于优化页面性能至关重要。通过使用专业的图片压缩工具或软件，可以对图片文件进行优化处理，并同时保持较高的图像质量。

首先，图片压缩工具能够识别出图片中的冗余信息和不必要的数据，并进行相应的删除或替换。这样一来，图片文件的大小得以大幅减小，从而减少了网络传输的数据量。这对于带宽有限的用户来说尤为重要，因为他们可以在更短的时间内加载更多的内容。

其次，图片压缩工具通常还提供了多种压缩模式和参数设置，可以根据具体的需求进行调整。例如，可以选择合适的压缩算法，如 JPEG、PNG 等，以及调整图像的质量、颜色深度等参数。这些设置可以根据不同的场景和需求进行灵活调整，以达到最佳的压缩效果和用户体验。

此外，一些高级的图片压缩工具还提供了智能压缩功能，可以根据图片的内容和结构进行智能分析，自动选择最佳的压缩方式。这种智能化的处理方式可以进一步提高压缩效率，减少不必要的计算开销。

需要注意的是，虽然图片压缩可以显著提高网页的加载速度，但过度压缩可能会降低图像的质量。因此，在进行图片压缩时需要权衡图像质量和加载速度之间的关系，找到最佳的平衡点。

总之，图片压缩是一种有效的方法，可以通过减小图片文件的大小来提高网页的加载速度。通过使用专业的图片压缩工具或软件，可以对图片进行优化处理，并同时保持较高的图像质量。这样一来，图片在加载时占用更少的网络带宽，从而提高了整个网页的加载速度。

3．浏览器缓存机制

浏览器缓存是一种将已经访问过的网页资源存储在本地的技术，以便下次访问时能够更快地加载这些资源。通过使用浏览器缓存，可以减少服务器的负载和网络传输的次数，从而加快页面的加载速度。当用户再次访问相同的网页时，浏览器可以直接从缓存中加载所需的资源，而无需再次向服务器发送请求。这样一来，不仅减少了重复的网络通信，还节省了时间和带宽资源。

启用浏览器缓存机制的方法因浏览器而异，但通常都可以通过设置 HTTP 响应头中的相关字段来实现。常见的浏览器缓存控制字段包括"Cache-Control"、"Expires"和"ETag"等。通过合理配置这些字段，可以指定资源的缓存策略，如缓存有效期、验证缓存的有效性等。这样，浏览器可以根据设定的规则来判断是否需要重新请求资源或直接使用缓存中的副本。

需要注意的是，虽然启用浏览器缓存机制可以带来性能上的提升，但也存在一定的局限性。例如，如果网站的内容经常更新或变动较大，频繁的缓存过期可能导致用户无法获取到最新的内容。此外，某些资源可能需要进行实时更新或仅对特定的用户可见，这种情况下禁用浏览器缓存可能会更合适。

启用浏览器缓存机制是优化网页性能的一种重要手段之一。通过减少重复请求的次数和加快页面加载速度，可以提高用户的访问体验。然而，在实际应用中需要根据具体情况权衡利弊，综合考虑网站的特定需求和用户体验。

4. 合理地设置网页的 HTTP 请求数量和并发连接数

在提高网站响应速度的过程中，合理地设置网页的 HTTP 请求数量和并发连接数是至关重要的因素。通过精确控制这两个参数，可以优化网络资源的利用，减少服务器负担，从而提高网站的响应速度和用户体验。

首先，合理设置 HTTP 请求数量对于提高网站响应速度至关重要。在网页开发中，通常涉及到大量的图片、脚本文件和其他资源。如果这些资源没有经过合理的压缩和合并，每个页面都会生成多个 HTTP 请求，导致网络传输的延迟增加。因此，我们需要仔细评估页面的资源大小和加载时间，并采取相应的措施来减少 HTTP 请求的数量。例如，使用合适的图片格式（如 WebP）和压缩算法，将多个 CSS 和 JavaScript 文件合并为一个文件，以及使用缓存机制等。通过这些优化措施，我们可以有效地减少 HTTP 请求的数量，从而加快网页的加载速度。

其次，合理设置并发连接数也是提高网站响应速度的关键。并发连接是指同时建立的网络连接数，它直接影响到服务器的性能和吞吐量。如果并发连接数过高，服务器将面临巨大的负载压力，导致响应时间变慢甚至崩溃。因此，我们需要根据服务器的处理能力和网络带宽来合理设置并发连接数。一般来说，可以根据实际需求进行测试和调整，找到一个平衡点，既能满足用户的访问需求，又能保证服务器的稳定性和性能。

5．代码优化

对网页代码进行优化是提高网站性能和用户体验的重要步骤之一。通过减少不必要的脚本执行和阻塞渲染的代码，可以显著提高网页的加载速度。

首先，对于网页中的脚本执行，我们可以采取以下几种策略来优化：

（1）压缩和合并脚本文件：将多个脚本文件合并为一个，并使用压缩算法（如 Gzip）进行压缩，可以减少 HTTP 请求的数量，从而加快页面加载速度。

（2）延迟加载：对于一些非关键性的脚本，可以考虑延迟加载，即在页面滚动到相应位置时再加载这些脚本。这样可以避免在页面加载初期就加载大量脚本文件，减少初始加载时间。

（3）缓存脚本：对于一些常用的脚本文件，可以将它们的副本缓存到客户端浏览器中，以减少每次访问时的脚本下载时间。这可以通过设置适当的 HTTP 缓存头来实现。

其次，为了减少阻塞渲染的代码，我们可以采取以下措施：

（1）移除冗余的 CSS 和 JavaScript 代码：检查网页中的 CSS 和 JavaScript 代码，删除重复、无用或未使用的代码块。这样可以减少文件大小，并降低浏览器解析和执行代码的负担。

（2）使用异步加载方式：将 CSS 和 JavaScript 文件的加载设置为异步方式，即在文档解析完成后再加载这些文件。这样可以避免阻塞页面的渲染过程，提高用户体验。

（3）最小化重绘和回流：通过减少 DOM 操作和样式更改的频率，可以最大程度地减少页面的重绘和回流次数。可以使用 CSS 动画、虚拟 DOM 等技术来实现这一目标。

总之，通过对网页代码进行优化，我们可以减少不必要的脚本执行和阻塞渲染的代码，从而提高网页的加载速度。这将有助于提升用户的访问体验，减少等待时间，增加用户留存率，并为网站带来更多的流量和转化率。

（二）提供个性化的服务可以增加用户的满意度和黏性

博物馆网站应当提供个性化服务，以满足不同用户的需求和兴趣。这种个性化服务可以包括以下几个方面：

1．个性化推荐

个性化推荐是一种基于用户兴趣和偏好的推荐系统，它可以根据用户的浏览历史、搜索记录和其他行为数据来推荐相关的展览、藏品或活动。在博物馆网站中，这种个性化推荐可以为用户提供更加个性化的参观体验。

首先，博物馆网站可以通过分析用户的浏览历史了解他们的兴趣爱好。当用户访问博物馆网站时，网站会记录下他们浏览过的内容，并结合用户的个人信息和行为数据进行分析。例如，如果一个用户经常浏览某个特定主题的展览，那么网站就可以推断出他对这个主题感兴趣，并将相关的展品或活动推荐给他。

其次，博物馆网站还可以根据用户的兴趣偏好进行推荐。通过收集用户的个人信息和兴趣标签，网站可以更好地了解用户对不同类型的展品或活动的兴趣程度。例如，如果一个用户对古代文物感兴趣，那么网站就可以向他推荐与古代文物相关的展览或活动。

此外，博物馆网站还可以利用机器学习和人工智能技术来进一步提升个性化推荐的准确度。通过对大量数据的学习和训练，算法可以逐渐学习到用户的兴趣偏好和行为模式，从而提供更加精准的推荐结果。例如，网站可以根据用户的地理位置、时间偏好等因素来调整推荐内容，确保用户能够及时了解到最新的展览信息或活动安排。

总的来说，个性化推荐在博物馆网站中的应用可以帮助用户更好地发现他们可能感兴趣的内容，提高参观体验的满意度。通过不断优化推荐算法和技术手段，博物馆网站可以为用户提供更加个性化、智能化的参观服务，进一步提升用户的参与度和忠诚度。

2. 个性化导览

博物馆网站通过提供个性化导览服务，可以为用户提供更加贴心和便捷的参观体验。这种个性化导览的特点在于，它能够根据用户的兴趣和时间限制来生成一份适合用户的导览路线。

首先，个性化导览可以根据用户的兴趣进行定制。博物馆网站上通常会有各种各样的展品和展览，涵盖了不同的主题和领域。用户可以根据自己的兴趣选择感兴趣的展品或展览进行参观。例如，如果用户对古代艺术感兴趣，网站可以根据用户的选择为其推荐相关的展品和展览，让用户更加专注地了解和欣赏相关领域的艺术品。

其次，个性化导览还可以考虑用户的时间限制。博物馆通常有开放时间和参观人数的限制，而个性化导览可以帮助用户合理安排时间。网站可以根据用户的参观计划和时间安排，为其生成一份合适的导览路线。这样的路线不仅可以保证用户能够在有限的时间内看到最感兴趣的展品，还可以避免用户在拥挤的时间段内排队等候。

除了提供个性化的导览路线，个性化导览还可以帮助用户更好地了解博物馆的展品和背后的故事。博物馆网站上通常会提供有关展品的详细信息，包括历史背景、创作意图等。个性化导览可以根据用户的兴趣爱好，为其推荐与之相关或更深入的展品信息，让用户更加全面地了解展品的背后故事和文化内涵。

总之，个性化导览是博物馆网站的一项重要功能，它可以为用户提供更加个性化和贴心的参观体验。通过根据用户的兴趣和时间限制生成适合的导览路线，以及提供详细的展品信息和背后故事，个性化导览可以帮助用户更好地了解博物馆的展品和文化，提升参观的质量和深度。

3. 个性化互动

博物馆网站可以通过提供个性化互动的方式，为用户提供更多参与的机会，从而增强他们的参与感和体验。这种互动形式可以包括各种有趣的小游戏、问答环节等，让用户能够主动参与到展览中来。通过这种个性化的互动方式，用户可以更加深入地了解博物馆的内容，不仅仅是被动地观看展览品，而是通过参与其中，与展品进行互动，获得更丰富的体验。

在个性化互动中，博物馆网站可以设计一些有趣的小游戏，例如拼图游戏、迷宫游戏等，用户需要通过解决谜题或找到正确的路径来完成游戏。这样的游戏不仅能够增加用户的参与度，还能够锻炼他们的思维能力和解决问题的能力。同时，博物馆网站还可以设置一些问答环节，用户可以提出问题，然后得到相关的解答或信息。这种互动方式可以帮助用户更好地理解展品的背景和意义，同时也能够激发他们的好奇心和求知欲。

除了小游戏和问答环节，博物馆网站还可以利用虚拟现实（VR）技术，为用户提供身临其境的参观体验。通过戴上 VR 眼镜，用户可以仿佛置身于真实的博物馆环境中，自由漫游并与展品进行互动。这种沉浸式的体验可以让用户更加深入地了解博物馆的内容，感受到历史和文化的魅力。

总之，个性化互动是博物馆网站提升用户体验的重要手段之一。通过设置有趣的小游戏、问答环节以及利用虚拟现实技术，博物馆网站可以吸引用户积极参与，增加他们的参与感和体验。这样的互动方式不仅可以让用户更加深入地了解博物馆的内容，还能够增加网站的趣味性和吸引力。

4. 个性化收藏

博物馆网站可以提供个性化收藏功能，让用户根据自己的兴趣和需求进行定制化的收藏。这项功能允许用户将他们喜欢的展品添加到自己的个性化收藏夹中，以便随时查看和分享。通过这样的个性化收藏功能，用户可以方便地记录他们的参观经历，并将这些珍贵的回忆与朋友和家人一同分享。

当用户浏览博物馆网站时，他们可以自主选择感兴趣的展品，并将其添加到自己的收藏夹中。这样一来，每个用户的收藏夹都可以根据其独特的兴趣和喜好进行定制。无论是古代文物、艺术品、自然科学还是历史遗迹，用户都可以根据自己的偏好将相关展品收集到一起。这种个性化收藏的功能使用户能够更好地整理和展示他们的参观成果。

此外，个性化收藏功能还可以与其他用户进行互动和分享。用户可以将自己的收藏夹链接分享给朋友和家人，让他们也能够欣赏到自己喜欢的展品。这种分享机制不仅增进了用户之间的交流与联系，还能够激发更多人对博物馆的兴趣，促进文化传承和知识传播。

另外，博物馆网站还可以为用户提供更多的辅助工具和功能，以增强个性化收藏的体验。例如，用户可以为每个展品添加标签或注释，以便更好地描述其特点和背后的故事。用户还可以创建自己的展览馆，将多个展品组合在一起，形成一个完整的主题展示。这些功能可以帮助用户更好地组织和管理他们的收藏内容，使其更具可读性和观赏性。

个性化收藏是博物馆网站的一项重要功能，它能够满足用户对于个人化体验的需求。通过将喜爱的展品添加到自己的收藏夹中，并与他人分享，用户可以更好地记录参观经历，并与亲朋好友共同分享这一珍贵的文化遗产。同时，博物馆网站还可以不断改进和扩展个性化收藏的功能，为用户提供更加丰富和便捷的体验。

博物馆网站应当提供个性化服务，以满足用户的需求和兴趣。通过个性化推荐、导览、互动和收藏等功能，博物馆网站可以提供更加丰富和有趣的用户体验，吸引更多的用户访问和使用。同时，个性化服务也可以帮助博物馆更好地了解用户的需求，从而改进和优化自身的展示和服务。

三、优化网站搜索功能

优化网站的搜索功能是提升用户体验的重要策略之一。对于博物馆网站而言，提供一个高效的搜索引擎是至关重要的，这样用户就能够快速准确地找到他们所需的信息。为了实现这一目标，我们需要对搜索结果进行合理的排序和过滤，以便用户能够迅速找到他们感兴趣的内容。此外，我们还可以提供相关的搜索建议和高级搜索选项，以满足不同用户的个性化需求。通过这些措施，我们可以为用户提供更加便捷和高效的搜索体验，从而增强他们对博物馆网站的满意度

和忠诚度。

在博物馆网站上，用户可能希望能够按照不同的分类浏览展品，或者按照时间顺序查看展览的历史。为了满足这些需求，我们可以在搜索引擎中添加更多的筛选条件，例如按照展品类别、时间段等进行过滤。这样一来，用户就可以更精确地找到他们想要的信息，而不必浏览大量的无关结果。

另外，我们还可以提供一些高级搜索选项，例如按照关键词的相关性进行搜索、限制搜索结果的数量等。这些选项可以帮助用户更深入地了解特定主题或特定的展品，从而提高他们的搜索效率。

除了基本的搜索功能外，我们还可以为用户提供一些额外的服务。例如，我们可以建立一个在线问答平台，让用户可以向专家提问并获取解答。这样一来，用户不仅可以解决他们在浏览博物馆网站时遇到的问题，还可以获得更深入的知识。

另外，我们还可以提供一些个性化的建议和推荐功能。通过分析用户的浏览历史和兴趣偏好，我们可以向他们推荐相关的展品、活动或文章。这样一来，用户可以更加主动地参与到博物馆网站的互动中，提高他们的参与度和忠诚度。

优化网站的搜索功能是提升用户体验的关键一环。通过合理排序和过滤搜索结果、提供相关建议和高级选项以及提供个性化的服务，我们可以为用户提供更加便捷和高效的搜索体验，从而增强他们对博物馆网站的满意度和忠诚度。这将有助于吸引更多的用户访问我们的网站，并促进博物馆的发展和推广。

四、多种语言服务

提供多语言服务是优化博物馆网站用户体验的重要一环。通过提供多种语言选项，您可以扩大博物馆的国际影响力，吸引更广泛的用户群体。以下是提供多语言服务的几种方法：

（一）提供多种语言版本的网站内容

博物馆网站的内容可以通过提供多种语言版本来满足不同国家和地区的观众需求。为了实现这一目标，博物馆可以为每种主要语言创建一个独立的网站版本，或者在同一个网站上提供不同语言的页面。这样做可以确保网站的内容能够适应不同语言的排版和阅读习惯，以便更好地传达信息给观众。

在提供多种语言版本的网站内容时，博物馆需要考虑到一些重要因素。首先，他们应该选择那些具有较高使用率和普及度的主要语言，以确保更多的观众能够访问到适合他们的语言版本。其次，博物馆需要确保翻译的准确性和一致性，以便观众能够准确理解网站的内容。这可能需要与专业的翻译团队合作，或者使用机器翻译技术辅助人工校对。此外，博物馆还应该定期更新网站内容，以反映最新的展览信息和活动安排。

通过提供多种语言版本的网站内容，博物馆可以扩大他们的国际影响力，吸引更多的观众参与其中。这对于提高博物馆的知名度和促进文化交流具有重要意义。同时，这也为观众提供了更便利的访问方式，使他们能够根据自己的语言偏好浏览相关信息。无论是学习历史、欣赏艺术还是了解文化，博物馆网站的内容都能够为他们提供丰富的知识和体验。

总之，博物馆网站的内容应该根据不同语言的需求进行扩写和调整，以满足观众的需求并促进跨文化交流。通过提供多种语言版本的网站内容，博物馆可以扩大其国际影响力，吸引更多的观众参与其中，并为观众提供更便利的访问方式。这样的举措将有助于推动博物馆的发展和文化交流的繁荣。

（二）使用翻译工具和平台

在当前的数字化时代，博物馆网站的内容翻译已经成为了一个重要的议题。为了能够吸引更多的全球观众，许多博物馆都开始利用自动翻译工具和平台，将他们的网站内容翻译成多种语言。这种方法的优点是效率高，可以在短时间内完成大量的翻译工作。然而，我们也需要认识到，自动翻译工具虽然能够提供一种快速的翻译方式，但它们可能无法完全准确地传达网站内容的含义。

这是因为自动翻译工具主要是基于计算机算法进行工作的，它们并不能像人类那样理解复杂的语境和文化背景。因此，自动翻译的结果可能会出现一些语义不清或者文化误解的问题。这就需要我们在使用自动翻译工具后，还需要人工校对和修正。

人工校对和修正的过程主要包括两个方面：一是对翻译结果的语义进行检查，确保翻译的准确性；二是对翻译结果的文化适应性进行检查，确保翻译的文化准确性。这个过程可能需要一些专业的语言学家或者熟悉目标语言和文化的人员来完成。

总的来说，虽然自动翻译工具可以帮助我们快速地完成博物馆网站的多语言翻译工作，但我们仍然需要人工校对和修正来保证翻译的准确性和文化适应性。

（三）提供语言切换选项

在博物馆网站上，为了提供更好的用户体验和满足不同用户的需求，可以设置语言切换选项。这样，用户可以根据自己的需要选择不同的语言版本，以便更好地理解和欣赏博物馆的内容。

要实现语言切换选项，首先需要在博物馆网站的首页或者导航菜单中添加相应的选项。用户可以通过点击语言切换按钮或者在导航菜单中找到语言选择的选项来进入语言切换页面。

在语言切换页面上，用户可以看到可供选择的语言版本列表。通常，博物馆网站会提供多种常见的语言选项，如英语、中文、法语、德语等。用户可以根据自己的母语或者熟悉的语言选择相应的版本。

当用户选择了目标语言后，网站将会自动跳转到相应的语言版本页面。这样，用户就可以用自己熟悉的语言来浏览博物馆的内容，包括展览介绍、文物解说、互动体验等。这种语言切换功能的设置，不仅方便了外国游客的参观体验，也使本国用户能够更好地了解和欣赏博物馆的文化价值。

此外，为了提高用户对语言切换选项的使用率，可以在网站的各个页面中添加语言切换提示。例如，在每个页面的底部或者顶部显示一个小图标或者文本链接，引导用户进行语言切换。这样，即使用户没有主动寻找语言切换选项，也能够方便地找到并进行切换。

通过在博物馆网站上设置语言切换选项，可以使用户根据自己的需求选择不同的语言版本，提供更加个性化和便捷的浏览体验。这样的设计不仅有助于吸引更多的国内外游客，也能够促进文化交流和理解。

综上所述，通过优化网站的响应速度、提供个性化的服务、优化网站的搜索功能以及提供多语言服务，博物馆网站可以显著提升用户体验，吸引更多的访问者并传播文化知识。这些策略的有效实施将为博物馆带来更高的访问量和更好的口碑效应。

四、网站的运营维护

网站的运维与更新维护是确保博物馆网站持续可用、安全可靠并保持更新的重要步骤。

（一）建立网站维护计划

制定一个详细的博物馆网站维护计划，包括更新内容、修复问题、安全防护、备份等任务的时间表和责任人。确保计划中包含定期检查和监控的频率。在制定博物馆网站维护计划时，需要考虑到各种因素，以确保网站的正常运行和用户体验的良好。

首先，我们需要确定更新内容的任务时间表和责任人。这可能涉及到博物馆展览、活动和教育项目的信息更新，以及网站界面和功能的改进。为了保证信息的准确性和时效性，我们需要指定负责人负责定期审核和更新博物馆网站上的内容。

其次，对于修复问题的时间表和责任人也需要明确规定。博物馆网站可能会面临各种技术故障、链接失效或页面加载错误等问题。为了及时解决这些问题，我们需要建立一个快速响应的机制，指定专人负责监测网站运行状况，并在发现问题后立即采取措施进行修复。此外，还可以考虑引入自动化测试工具，以提前发现潜在的问题并进行修复。

第三，安全防护是博物馆网站维护计划中不可忽视的一部分。我们需要确保网站的安全性，防止黑客攻击、数据泄露或其他安全威胁的发生。为此，可以指定专门的安全团队负责定期检查网站的安全漏洞，并及时采取措施进行修补。此外，还可以加强对用户数据的保护，采取加密传输和访问控制等措施，确保用户的隐私安全。

最后，备份也是博物馆网站维护计划中的重要环节。为了防止数据丢失或损坏，我们需要定期对网站的数据进行备份。备份的频率可以根据网站的访问量和数据更新频率来确定，一般建议每周或每月进行一次备份。备份数据应存储在安全可靠的地方，并确保备份文件的完整性和可恢复性。

综上所述，建立一个详细的博物馆网站维护计划是确保网站正常运行和用户满意度的关键。通过明确更新内容、修复问题、安全防护和备份等任务的时间表和责任人，并定期检查和监控网站的运行情况，我们可以有效地维护博物馆网站的稳定性和安全性。

（二）定期更新内容

定期更新网站内容是保持博物馆网站新鲜度和实时性的关键。定期更新网站内容应从以下几个方面入手。

1．设定更新频率

在制定博物馆网站更新策略时，我们必须考虑到两个主要的因素：博物馆的实际情况和用户需求。首先，我们需要了解博物馆的展览内容、活动安排和其他相关信息的更新频率。例如，如果博物馆的某个展览每月都会有新的展品加入，那么我们的网站就需要在这个月进行相应的更新。

其次，我们还需要考虑到用户的需求。用户可能会希望看到更多的信息，例如博物馆的历史、藏品介绍、参观指南等。这些信息的更新频率应该根据用户的访问频率和反馈来确定。例如，如果大部分用户都对历史展览感兴趣，那么我们可能需要更频繁地更新这方面的内容。

因此，我们可以设定一个合适的更新频率，例如每季度、每月或每周更新一次网站内容。这样可以保证我们的网站始终保持最新的信息，同时也能满足用户的需求。当然，具体的更新频率还需要根据实际情况进行调整。

2．制定更新计划

制定一个详细的更新计划，包括需要更新的内容、更新时间、责任人等。确保计划具有可执行性和可持续性。

3．确定更新内容

根据博物馆的展览、活动、藏品等信息的变化，确定需要更新的内容。确保更新的内容与博物馆的最新动态和用户关注点相关。

4．更新网站布局和设计

随着展览和活动的变化，考虑对网站布局和设计进行适当的调整。使网站呈现出博物馆的特色和最新信息。

5．审核和校对更新内容

在更新网站内容之前，确保对更新的内容进行审核和校对。确保更新的内容准确、符合网站的设计风格和语言规范。

6．发布更新内容

选择合适的时机发布更新内容，例如在展览开幕前或活动开始前的一段时间内进行发布。确保用户能够在需要的时间点获取最新的信息。

7．宣传和推广更新内容

利用社交媒体和其他宣传渠道，宣传和推广网站更新的内容。吸引用户的关注和访问网站，提高网站流量和用户参与度。

8．收集用户反馈

在更新内容发布后，收集用户的反馈和建议，了解用户对更新内容的反应和满意度。根据反馈进行调整和优化，以提升用户体验。

第八节　数字博物馆建设

数字博物馆的概念从 1990 年就开始出现了，当时主要受到数字图书馆的影响。1990 年，美国国会图书馆开始设立"美国记忆"（American Memory）项目，进行馆内文献、手稿、照片、录音、影片等典藏品的数字化工作以及编辑成反映历史变迁、文化传承的主题产品。1992 年，联合国教科文组织又启动"世界记忆"计划，在不同国家和地区的不同水准上，将全世界所有有形的和无形的人类文化遗产进行永久性的数字化存储和记忆，通过互联网实现资源共享。这个阶段的数字化建设以资源基础信息的整合与应用基础平台的开发为主流，为整个博物馆信息化数字化建设提供依托。

1998 年河南博物院成立自己的互联网网站，随后，伴随着互联网技术的发展，越来越多的博物馆都开始成立互联网网站，"博物馆上网"让网民们可以在网上浏览博物馆。在这之后，"博物馆网站"的遍地开花使得部分博物馆开始探索馆内藏品的数字化发展。而藏品作为博物馆的核心，在过去，长期以手工填写纸本总账、编目卡、档案登记表等方法开展管理工作，我国数量众多的博物馆藏品使得这项工作需要耗费大量人力物力。于是，河南博物院、上海博物馆等单体博物馆率先开展起我国的藏品数字化处理工作。1999 年北京市文物局独立开发的藏品管理系统供全市多家博物馆共同使用，文物行政部门首次开展的地区性博物馆数字化工作让博物馆数字化的浪潮更加汹涌。

中国数字博物馆建设从 20 世纪 90 年代开始兴起，从"博物馆数字化"、"博物馆上网"到"数字化博物馆"、"数字博物馆"，我国数字博物馆建设取得了可喜的成绩，逐渐步入了稳定的快速发展时期。

一、数字化博物馆概述

（一）数字博物馆的概念

数字化博物馆的概念是指运用数字和网络技术，将实体博物馆的收藏、展示、教育、研究和其它职能完整地以数字化的形式呈现在网络平台上。这种新型的博物馆不仅继承了传统博物馆的基本功能，还融入了现代科技元素，使其在信

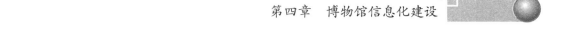

息传递和资源利用方面更加高效和便捷。

（二）数字博物馆的特点

数字化博物馆的特点主要体现在以下几个方面：

1. 信息实体虚拟化

"信息实体虚拟化"是一种新兴的博物馆展示方式，它将实体博物馆的一切活动都转化为数字化的形式，为人们提供了一种全新的参观体验。这种方式的出现并不是要完全替代实体博物馆，而是通过虚拟化的方式，将实体博物馆的各种元素以数字形式呈现给公众。

在数字化博物馆中，观众可以通过电脑、手机等电子设备，随时随地浏览博物馆的展品和信息。这种方式不仅方便快捷，而且可以提供丰富的互动体验，让观众能够更深入地了解展品的背景和故事。此外，数字化博物馆还可以利用虚拟现实（VR）和增强现实（AR）等技术，为观众提供更为真实和生动的参观体验。

同时，数字化博物馆的发展也反过来对实体博物馆产生了影响。一方面，数字化博物馆的兴起推动了实体博物馆的数字化转型。为了吸引更多的观众，实体博物馆也开始尝试采用数字化技术，提升自身的展示效果和服务水平。另一方面，数字化博物馆的发展也为实体博物馆提供了新的思考和创新的机会。例如，实体博物馆可以从数字化博物馆中学习到新的展示技术和方法，以此来改进和优化自己的展览内容和服务。

2. 信息资源数字化

数字化博物馆是现代科技与文化遗产保护相结合的产物，它将大量的文物、艺术品、历史资料等实物信息转化为数字数据，并通过先进的技术手段进行存储、检索和传播。这一过程不仅使珍贵的文化遗产得以永久保存，也为人们提供了更加便捷的方式来获取和利用这些信息资源。

通过数字化博物馆，人们可以随时随地通过网络访问这些珍贵的文化遗产。无论身处何地，只要有网络连接，就能够轻松地浏览和了解各种文物、艺术品和历史资料的相关信息。这种便捷的访问方式打破了时间和空间的限制，使得知识的传播不再受到地理位置的限制，实现了知识的共享和传播。

数字化博物馆的出现也极大地促进了文化遗产的保护工作。传统的文物保护往往面临着保存环境的不稳定、人为破坏等问题，而数字化技术的应用能够有效地解决这些问题。通过将文物、艺术品等实物信息转化为数字数据，可以对其进行高精度的记录和保存，避免了因物理环境变化而导致的信息丢失。同时，数字化博物馆还能够实现对文物的实时监测和管理，及时发现并处理潜在的问题，确保文化遗产的安全。

此外，数字化博物馆还为学术研究和教育提供了丰富的资源和平台。学者们可以通过对数字化博物馆中的数据进行深入挖掘和研究，开展更加全面、系统的研究工作。学生和爱好者也可以通过数字化博物馆来学习和欣赏各种文物、艺术品和历史资料，拓宽知识视野，提高文化素养。

数字化博物馆的建设和发展为人们提供了更加便捷、高效的方式来获取和利用文化遗产信息资源。它不仅实现了知识的共享和传播，也为文化遗产的保护和研究工作提供了重要的支持。随着科技的不断进步和应用的推广，相信数字化博物馆将会在未来发挥更加重要的作用，为人类文明的传承和发展做出更大的贡献。

3. 信息传递网络化

数字化博物馆通过网络平台，将各种信息以快速、准确的方式传递给全球各地的用户。这不仅方便了人们的学习和研究，还有助于提高文化遗产的保护水平，让更多的人了解和关注历史文化。

随着互联网的普及和发展，数字化博物馆成为了人们获取知识的重要途径之一。通过建立自己的网站和在线平台，数字化博物馆可以将丰富的藏品信息、展览资讯以及相关研究成果等进行整合和发布。这样一来，用户们可以随时随地通过网络浏览和了解博物馆的展品和活动安排，不再受限于时间和空间的限制。

数字化博物馆的信息传递网络化还为学术研究提供了便利。研究人员可以通过在线数据库搜索到博物馆的藏品资料、文献资料以及相关的学术论文，从而加快了研究的进程。同时，博物馆也可以借助网络平台与学者进行交流和合作，共同推动文化遗产保护和研究的深入发展。

此外，数字化博物馆的信息传递网络化也对文化遗产的保护起到了积极的促进作用。通过将文物的数字图像进行高精度扫描和三维建模，博物馆可以将珍贵的文物资源保存下来，并在虚拟展览中展示给全球观众。这样一来，不仅可以减少实体展品的磨损和损坏风险，还能够让人们在不离开家门的情况下欣赏到世界各地的珍贵文物，提高了文化遗产的保护水平和传承效果。

总的来说，数字化博物馆通过网络平台的信息传递网络化，不仅方便了人们的学习和研究，还推动了文化遗产的保护和传承工作。它为人们提供了更加便捷、全面的途径去了解历史文化，促进了全球文化的交流与共享。未来随着技术的不断进步，数字化博物馆的信息传递网络化将会得到更广泛的应用和发展。

4．信息利用共享化

数字化博物馆的兴起，彻底打破了地域和时间的限制。过去，人们只能通过实地参观或借阅实体书籍来获取和使用文化资源，这无疑给许多人带来了不便。然而，数字化博物馆的出现改变了这一现状。现在，无论身处何地，人们都可以通过互联网轻松访问数字化博物馆，随时随地获取所需的文化资源。这种便利性使得更多人能够接触到丰富的历史文化知识，促进了文化的传承和普及。

与此同时，数字化博物馆还鼓励用户之间的互动和交流。传统的博物馆往往是单向的信息传递，观众只是被动地接受展品和解说员的介绍。而数字化博物馆则提供了更多的参与性和互动性。观众可以通过在线留言、评论等方式与其他用户进行交流和讨论，分享自己的观点和感受。这种互动不仅丰富了观众的体验，也促进了不同观点之间的碰撞和交流。

在数字化博物馆中，用户还可以共同探讨和研究历史文化。以往，对于一些复杂的历史事件或文化现象，观众往往只能从有限的资料中获得了解。而在数字化博物馆中，用户可以通过在线论坛、专题讨论等方式，与其他用户一起深入研究和探讨感兴趣的话题。这种合作与共享的方式，不仅拓宽了用户的学术视野，也促进了知识的积累和传播。

数字化博物馆的发展为人们提供了更加便捷、互动和共享的文化资源利用方式。它不仅打破了时间和空间的限制，让更多的人能够接触到历史文化知识，还鼓励用户之间的交流与合作，共同推动知识的传承和创新。随着科技的不断进步，数字化博物馆有望在未来发挥更大的作用，为人们带来更加丰富多样的文化体验。

5．信息提供智能化

数字化博物馆利用先进的信息技术，为用户提供个性化的信息服务。通过智能算法和数据分析，博物馆能够深入了解用户的兴趣、需求和行为习惯，从而精确地推荐相关的展品和资料。无论是历史爱好者、科技迷还是艺术追求者，每个人都可以在数字博物馆中找到适合自己的内容。

这种个性化信息服务不仅提高了用户体验，还为博物馆提供了更多的参观者和资源。当用户感到满足和愉悦时，他们更有可能成为忠实的博物馆粉丝，并推荐给其他人。这种口碑传播有助于扩大博物馆的影响力和知名度。

此外，数字化博物馆的信息提供智能化还包括虚拟现实（VR）和增强现实（AR）技术的应用。通过这些技术，用户可以身临其境地体验展览，仿佛置身于真实的历史场景或艺术作品中。这种沉浸式的体验不仅增强了用户的学习效果，

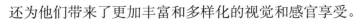

还为他们带来了更加丰富和多样化的视觉和感官享受。

数字化博物馆的信息提供智能化还体现在与用户的互动和参与上。用户可以通过手机应用、社交媒体或其他在线平台与博物馆进行实时互动，提问、分享观点和意见。这种互动不仅加深了用户对展品和历史背景的理解，还促进了知识的传播和交流。

总的来说，数字化博物馆利用先进的信息技术为用户提供个性化的信息服务，通过智能推荐、虚拟现实和增强现实等技术手段，提升用户体验和参观者的参与度。这种信息提供智能化的发展将为博物馆带来更大的影响力和吸引力，同时也为观众提供了更加丰富、便捷和有趣的学习和娱乐体验。

6. 信息展示多样化

在数字化博物馆中，信息展示的多样化是一个重要的特点。通过采用多种展示方式，如虚拟现实（Virtual Reality）、增强现实（Augmented Reality）等先进技术，数字化博物馆能够为用户提供更加直观、生动的体验，使他们能够更加深入地了解历史文化。

虚拟现实技术可以让用户身临其境地感受历史场景，仿佛穿越时空回到过去的某个时刻。用户可以通过佩戴头戴式显示器或者使用手持设备，进入一个虚拟的世界，与历史人物互动、探索古代建筑等等。这种沉浸式的体验不仅能够激发用户的兴趣，还能够让他们更加深入地理解历史文化的内涵。

与此同时，增强现实技术可以将虚拟元素与现实世界相结合，为用户提供更加丰富的展示效果。用户可以通过手机、平板电脑等设备，扫描展品上的二维码或者使用特定的应用程序，将虚拟图像叠加在现实世界中。这样一来，用户可以更加直观地观察到文物的细节和历史背景，增加了他们对历史文化的认知深度。

除了虚拟现实和增强现实技术，数字化博物馆还可以结合多媒体、互动游戏等元素，进一步提高用户的参与度和兴趣。多媒体展示可以通过音频、视频等形式，为观众呈现更加生动的历史故事。而互动游戏则可以让用户参与到展览中来，通过解谜、角色扮演等方式，增加他们的参与感和学习乐趣。

数字化博物馆通过多样化的信息展示方式，为用户提供了更加丰富、生动的历史文化体验。这些展示方式不仅能够激发用户的兴趣，还能够帮助他们更好地理解和欣赏历史文化的价值。随着科技的不断进步，相信数字化博物馆会在未来继续发展壮大，为人们带来更多精彩的文化体验。

此外，保护文物是博物馆的一个重要的任务，而数字博物馆在这方面发挥了积极的作用。通过数字博物馆，我们可以将展品进行无限复制，这不仅延长了文

物的寿命，还减少了被损坏或丢失的可能性。对于一些特殊的文物，由于其材质的特殊性以及年代久远的原因，需要进行隔离保护，这导致我们很难近距离参观这些文物。然而，数字博物馆利用多媒体互动技术将这些文物以近距离的方式真实地展现在大家面前，极大地提高了参观者的参观体验。

三、数字博物馆建设内容与技术手段

（一）数字博物馆的建设内容

数字化博物馆的建设内容包括文物信息数字化、文物影像数字化、建立数字化档案馆和建成博物馆数字服务平台。其中，文物信息数字化主要是对馆藏珍贵藏品及文物进行数据采集，并对病害进行检测、分析；结合文物现状，采集完成后对上述信息进行数字化存档。文物影像数字化则是通过对文物进行影像拍摄，并对文物进行等比例三维建模，并存档。通过模型对比，可以监测文物病害发展情况，同时为文物数字化展示提供数据。

1. 文物信息数字化

文物信息数字化是文化遗产保护中的重要一环。这一过程主要涉及对博物馆馆藏的珍贵藏品和文物进行数据采集，以便将它们转化为数字形式并保存起来。通过使用现代技术手段，如高精度扫描仪、光学测量仪器等，可以获取文物的详细信息，包括材质、年代、尺寸、历史背景等重要数据。这些数据可以用于研究和展示，以及后续的保护和管理。

在进行文物信息数字化的过程中，除了采集文物的基本信息外，还需要对文物的病害进行检测和分析。这些病害可能包括腐蚀、破损、老化等，对于文物的保护和修复具有重要意义。通过分析病害的类型和程度，可以制定相应的保护措施和修复方案，确保文物的完整性和安全。

在完成了文物信息的采集和病害检测之后，接下来的工作就是将这些信息进行数字化存档。数字化存档的主要目的是确保文物的信息能够长期保存，并且便于后续的研究和展示。通过建立数字化档案，我们可以将文物的历史和文化价值传承给更多的人，同时也为博物馆提供了宝贵的数据资源。

数字化存档的好处不仅仅局限于此。它还可以提供便捷的检索和查询功能，使研究人员和观众能够更加方便地获取所需的文物信息。这样一来，研究人员可以更加高效地进行研究，观众也可以更加直观地了解文物的相关信息。此外，数字化存档还可以促进文物的保护和修复工作的开展。通过对文物的数字化记录和分析，我们可以更好地了解文物的状况，并制定相应的保护措施。

总之，数字化存档在文物保护和研究工作中发挥着至关重要的作用。它不仅可以确保文物的信息长期保存，还能够为研究人员和观众提供便捷的检索和查询功能。同时，数字化存档还有助于我们更好地了解文物的状况，从而制定出更有效的保护措施。因此，我们应该重视文物的数字化存档工作，将其作为文物保护和研究的重要环节。

2．文物影像数字化

文物影像数字化是一种将文物的真实形态和细节通过影像拍摄进行捕捉的方法。通过使用专业的图像处理软件对这些影像数据进行处理和编辑，可以呈现出文物的美丽和独特之处。为了更好地展示文物的特点，还可以进行等比例三维建模。这种建模技术可以将文物的形状、纹理、色彩等信息准确地还原出来，使人们能够更直观地感受到文物的魅力。

通过将文物的影像数据与三维模型相结合，可以实现对文物病害发展的监测。通过对比模型中的数据和实际情况，可以及时发现文物的变化和损伤情况。这对于文物的保护和修复工作至关重要。同时，这些数字化的展示方式也为观众提供了更加丰富和生动的展览体验，让他们能够更好地了解和欣赏文物的价值和意义。

在文物保护工作中，影像数字化技术的应用可以帮助专家更准确地评估文物的状况，并制定相应的保护措施。通过对文物的影像数据进行分析，可以发现潜在的病害问题，提前采取措施进行修复和保养，从而延长文物的使用寿命。此外，数字化技术还可以用于文物的复制和保存，确保珍贵的文物资源不会因为时间的流逝而消失。

对于观众来说，文物影像数字化技术的应用为他们提供了更加便捷和丰富的观赏方式。他们可以通过网络平台或移动应用程序随时随地浏览和欣赏文物的高清影像和三维模型。这种数字化的展示方式不仅提高了文物的传播效率，还为观众提供了更加沉浸式的体验，使他们能够更加深入地了解文物的历史背景和文化内涵。

（二）数字博物馆建设的技术手段

数字化博物馆的建设涉及多种技术手段，包括数字扫描、图像处理、虚拟现实、互联网和多媒体技术等。数字扫描可以将文物转化为数字格式，方便在互联网上进行展示和传播；图像处理可以提高图像质量；虚拟现实技术可以为观众提

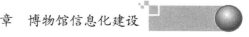

供沉浸式的展示体验；互联网和多媒体技术则可以扩大观众覆盖面，提高观众参与度。

（一）数字扫描技术

数字扫描技术是一种将文物转化为数字格式的先进技术，它使得文物可以通过互联网进行展示和传播。通过使用数字扫描技术，我们可以获取文物的详细信息，包括形状、颜色、纹理等，从而对文物进行数字化转换。

首先，数字扫描技术可以将文物的形状以高清晰度的图像形式呈现出来。无论是古代的雕塑、陶瓷器皿还是绘画作品，通过扫描技术可以精确捕捉到它们的形状特征，使人们能够更清晰地观察和了解文物的外观。

其次，数字扫描技术还可以获取文物的颜色信息。不同材料和颜料的使用会导致文物的颜色变化，而数字扫描技术可以通过对颜色的识别和分析，还原出文物的真实颜色。这使得观众可以通过互联网欣赏到更加真实、生动的文物展示。

此外，数字扫描技术还可以获取文物的纹理信息。纹理是指物体表面的细小图案或线条，对于一些具有特殊纹理的文物来说，数字化转换可以帮助人们更好地欣赏和理解它们的美感。通过数字扫描技术，我们可以将这些细微的纹理细节保存下来，让更多人能够感受到文物的独特魅力。

这种数字化转换的技术手段不仅可以提高文物的展示效果，还可以方便地对文物进行复制、保存和转移。通过数字化的形式，文物可以被广泛传播和分享，不再受限于时间和空间的限制。同时，数字化的文物也能够更好地保护和保存下来，避免了因自然因素或人为因素导致的损坏和丢失。

（二）图像处理技术

图像处理技术是一种强大的工具，它可以显著提高图像的质量，为观众提供更清晰、更生动的视觉体验。这种技术涵盖了多种操作，包括对图像的增强、去噪、色彩调整等。这些操作都是为了改善图像的整体质量，使其更加吸引人。

1. 图像增强

图像增强是图像处理领域中的一个重要步骤，它对于改善图像的质量和视觉效果起着至关重要的作用。通过采用不同的图像增强技术，如对比度拉伸和直方图均衡化，可以提高图像的亮度和对比度，从而使细节更加明显。

对比度拉伸是一种常用的图像增强技术，它通过调整图像的亮度范围来增强图像的对比度。在对比度拉伸过程中，图像中的像素值被映射到一个新的范围内，使得原本较暗或较亮的像素变得更加明亮或更暗。这样一来，图像中的阴影和高光区域之间的差异就更加明显，从而提升了图像的视觉效果。

直方图均衡化是另一种常用的图像增强技术，它通过对图像的直方图进行均衡化来改善图像的对比度。在直方图均衡化过程中，图像的灰度级分布被调整为均匀分布，使得图像中的各个灰度级别都能够得到适当的表示。这样一来，原本存在较大差异的灰度级别之间的过渡就会更加平滑，从而增强了图像的对比度和细节表现。

除了对比度拉伸和直方图均衡化，还有其他一些图像增强技术可供选择，如伽马校正、锐化滤波等。这些技术可以根据具体需求进行选择和应用，以达到最佳的图像增强效果。

2. 去噪

去噪是图像处理领域中的一个重要步骤，它对于提高图像质量和清晰度起着至关重要的作用。在数字化过程中，图像往往会受到各种噪声的影响，例如扫描误差、相机噪声等。这些噪声会引入图像中的不必要细节和失真，影响我们对图像的理解和分析。

为了解决这一问题，去噪技术应运而生。去噪技术的目标是通过滤波、增强等方法，有效地消除图像中的噪声，使图像变得更加清晰和可读。常见的去噪算法包括中值滤波、高斯滤波、双边滤波等。这些算法通过对图像进行局部或全局的处理，以平滑噪声并保留图像的边缘和纹理信息。

中值滤波是一种简单而有效的去噪方法，它采用像素邻域内的中值替代每个像素的值，从而将噪声平均化。这种方法对于去除椒盐噪声非常有效，但可能在边缘和细节方面产生伪影。

高斯滤波是一种更加通用的去噪方法，它通过将像素点周围的像素按照高斯分布加权平均来平滑噪声。高斯滤波可以有效地减少高斯噪声和椒盐噪声，并且在保留图像边缘的同时平滑图像。

双边滤波是一种非线性的去噪方法，它结合了空间滤波和灰度范围滤波。双边滤波可以在保留图像边缘的同时去除噪声，并且在处理光照不均匀的图像时具有较好的效果

3. 色彩调整

色彩调整是图像处理中至关重要的一步。通过精确地调整图像的色彩平衡、饱和度和色调，我们能够使图像呈现出更加丰富多样的色彩效果，从而更好地展现文物的真实色彩和细节。

　　色彩平衡是指图像中不同颜色之间的相对强度关系。通过调整色彩平衡，我们可以消除图像中的过曝或欠曝现象，使整个画面的色彩更加均衡和自然。这对于文物摄影尤为重要，因为文物往往具有丰富的细节和层次感，如果色彩平衡处理不当，可能会导致某些部分过于明亮或过于暗淡，影响整体的视觉效果。

　　饱和度是指图像中颜色的纯度或鲜艳程度。通过增加饱和度，可以使图像的颜色更加鲜艳、明亮，增强文物的视觉冲击力。然而，过度增加饱和度也可能导致图像过于浓重或失真，因此需要根据具体情况进行适度调整。

　　色调是指图像的整体色彩倾向，可以是冷色调（蓝色、绿色）或暖色调（红色、黄色）。通过调整色调，我们可以改变图像的氛围和情感表达。对于文物摄影来说，不同的色调可以传达出不同的观感和情绪，例如温暖色调可以营造出亲切、温馨的感觉，而冷色调则能带来神秘、庄重的氛围。

　　除了上述的色彩调整方法外，还可以运用一些高级的色彩校正工具和技术来进一步提升图像的质量。例如，使用色阶、曲线等调色板工具可以进行更精细的色彩调整；应用滤镜效果可以模拟特定的拍摄条件或风格；还可以利用人工智能算法进行自动色彩校正等。这些技术的应用可以根据具体需求和个人喜好进行调整和尝试，以达到更好的图像效果。

　　通过对图像的处理，可以提高文物的清晰度和色彩还原度，从而更好地展示文物的细节和特征。例如，对于一些年代久远的文物，其原始图像可能因为时间的推移而变得模糊不清。通过图像处理技术，可以使这些文物的图像变得更加清晰，从而使观众能够更好地欣赏到文物的美。

　　图像处理技术不仅可以提高图像的质量，还可以使观众能够更好地欣赏到文物的美，从而更好地理解和欣赏历史文化遗产。

　　在数字化博物馆的建设过程中，我们需要注意一些重要的问题。首先，我们需要确保在进行数字化处理的过程中，不会对文物的原状造成任何改变，这是保护文物的基础。我们需要尊重历史，保护文物的原貌，让后人能够通过数字化的方式，看到真实的历史。

　　其次，我们需要保证数字化信息的准确性和完整性。这是非常重要的，因为一旦信息失真，就可能会对我们对历史的理解和研究产生误导。因此，我们需要采用先进的技术，确保每一个细节都被准确地记录下来。

　　此外，我们还需要建立一个数字化档案馆。这个档案馆将用于收集和分类我们在数字化过程中采集到的所有数据。这些数据将被用于今后的文物病害监测、本体修复、研究和交流等工作。通过这样的方式，我们可以更好地保护和利用我们的文物资源。

最后，我们需要建立一个博物馆数字服务平台。这个平台将实现线上线下的互联互通，为观众提供更加便捷的参观体验。通过这个平台，观众可以在家中就能浏览博物馆的所有展品，甚至可以在线参与一些互动活动。这样不仅可以吸引更多的人来参观博物馆，也可以让更多的人了解和接触到我们的文物。

（三）虚拟现实技术

虚拟现实技术在数字化博物馆建设中扮演着至关重要的角色。它通过模拟文物所处的历史背景和环境，为观众提供了一种沉浸式的展示体验，使观众能够更加深入地了解文物的价值和意义。

通过虚拟现实技术，观众可以通过佩戴头盔、手套等设备进入虚拟的三维环境，亲身感受文物的细节和历史背景。这种技术手段可以将文物的形态、质感、颜色等细节还原得非常逼真，让观众仿佛置身于历史现场。同时，通过模拟文物的历史背景和环境，观众可以更好地了解文物所承载的历史和文化内涵。

虚拟现实技术的应用不仅可以提升文物的展示效果，还能够拓展观众的视野和认知。通过模拟文物的历史背景和环境，观众可以更加深入地了解文物的背后故事，从而增强对历史文化的兴趣和热情。

在数字化博物馆建设中，虚拟现实技术的应用需要结合实际情况进行合理规划和设计。这包括选择合适的设备、搭建逼真的场景以及精确还原文物的细节。同时，还需要根据观众的需求和反馈进行不断优化和完善，以提高虚拟现实技术的展示效果和服务质量。只有如此，才能让数字化博物馆真正成为观众与历史文化之间沟通的桥梁，让人们更好地感受到历史的厚重和文化的魅力。

虚拟现实技术在数字化博物馆建设中还具有其他重要的应用和优势。

首先，虚拟现实技术可以提供更丰富的展示内容和形式。传统的博物馆展示往往受限于空间和物品数量的限制，而虚拟现实技术可以通过模拟多维度的虚拟环境，将更多的文物、展品和历史场景呈现出来。观众可以在虚拟环境中自由浏览、交互和探索，获得更加全面和多样化的观展体验。

其次，虚拟现实技术可以打破时间和空间的限制，实现远程观展和交流。通过虚拟现实技术，观众可以随时随地进入数字化博物馆进行观展，无需受地点和时间的限制。同时，观众还可以与其他参观者进行实时交流和互动，分享自己的观展心得和体验，促进知识的传播和交流。

此外，虚拟现实技术还可以提供个性化的观展体验和学习机会。通过收集观

众的兴趣、偏好和反馈信息，数字化博物馆可以根据观众的需求和特点定制个性化的展览内容和推荐系统。观众可以根据自己的兴趣选择感兴趣的文物或主题进行深入了解和学习，提高观展的效果和参与度。

最后，虚拟现实技术还可以为博物馆提供更多的商业机会和经济收益。通过数字化博物馆的建设和应用，博物馆可以吸引更多的观众和游客，增加门票销售和相关产品和服务的销售。同时，数字化博物馆还可以与其他文化机构、企业和组织进行合作，开展跨界合作和项目，拓展商业合作和发展的空间。

（四）互联网和多媒体技术

互联网和多媒体技术的应用可以扩大观众覆盖面，提高观众参与度。通过互联网和多媒体技术，观众可以通过手机、电脑等设备随时随地参观数字化博物馆，获取文物的详细信息和相关知识。这种技术手段不仅可以提高观众的参与度，还可以促进博物馆与观众之间的互动和交流。

数字化博物馆通过互联网和多媒体技术，为观众提供了更加丰富、多样化的展览内容和形式。例如，通过 3D 数字化展示技术，观众可以身临其境地感受文物的历史背景和环境；通过音频讲解、图文资料等多种形式，使观众对展品有更深入的了解和认识；通过互动问答和竞猜游戏等方式，增加观众的参与感，使参观过程更加有趣和有意义。

此外，数字化博物馆还可以通过互联网平台进行线上展览和活动。例如，中国国家博物馆推出了"云端展览"平台，让观众可以随时随地参观博物馆的线上展览。同时，数字化博物馆还可以与相关机构和企业开展跨界合作和项目，拓展商业合作和发展的空间。

互联网和多媒体技术在数字化博物馆建设中发挥着重要的作用。它不仅可以扩大观众覆盖面，提高观众参与度，还可以促进博物馆与观众之间的互动和交流。随着技术的不断进步和应用的推广，相信互联网和多媒体技术将在数字化博物馆建设中发挥越来越重要的作用。

四、数字化博物馆的案例分析与经验分享

（一）中国国家博物馆的"云端展览"平台

中国国家博物馆的"云端展览"平台是一项具有创新性和前瞻性的数字化展示和传播方式，它为博物馆的丰富多样的资源提供了广泛的传播途径。作为中国

最大的综合性博物馆，中国国家博物馆一直致力于保护和展示各种珍贵的文物藏品。通过该平台，观众可以远程访问和欣赏这些珍贵的文物，无需亲自前往博物馆即可畅游于历史文化的海洋之中。

这个云端展览平台充分利用了现代互联网技术，将博物馆的文物展品以高清图像、音频和文字等形式生动地呈现在互联网上。观众可以通过电脑、手机等设备随时随地访问该平台，轻松获取丰富的文化资源。这种数字化的方式不仅拓宽了观众的范围，让更多人有机会了解和学习中国的历史文化，还提供了更便捷、互动的学习体验。

在云端展览平台上，用户可以根据自己的兴趣选择浏览不同的展览区域。每个展览区域都有详细的介绍和背景故事，观众可以了解到文物的历史背景、制作工艺以及文化内涵等重要信息。这样的设置让观众更加深入地了解每一件文物的背后故事，增加了学习的趣味性和深度。同时，平台还提供了虚拟导览功能，观众可以通过虚拟现实技术身临其境地参观展览，仿佛置身于真实的博物馆环境中。这种沉浸式的体验让观众能够更加直观地感受到文物的魅力，增强了学习的参与感和情感共鸣。

通过云端展览平台，观众不仅可以欣赏到博物馆的珍贵文物，还可以通过在线互动交流与其他观众分享自己的观展心得和感受。这种互动性让观众们能够更好地理解和欣赏文物背后的历史和文化价值，促进了对中国传统文化的传承和发展。此外，平台还定期举办线上讲座和工作坊等活动，邀请专家学者解读文物背后的故事，提供更深入的学习资源和知识普及。

中国国家博物馆的"云端展览"平台通过数字化展示和传播方式的创新，为观众提供了便捷的文化资源获取途径。它不仅拓宽了观众的范围，让更多人有机会了解和学习中国的历史文化，还提供了更便捷、互动的学习体验。通过虚拟导览和在线互动等功能，观众们可以更加深入地了解文物的背后故事，增强学习的趣味性和参与感。这种创新的数字化展示方式为传统文化的传承和发展注入了新的活力，也为公众提供了更多了解和欣赏中国历史文化的机会。

第九节　博物馆系统智能化建设的探讨

物馆系统智能化建设是指通过应用智能化技术，将信息技术与博物馆的业务和管理相融合，实现博物馆的数字化、智能化和现代化。这种智能化建设是基于

信息技术的发展和广泛应用，是数字化博物馆发展的高级阶段。

一、博物馆智能化建设的理论基础和技术支撑

博物馆智能化建设的理论依据主要来自于信息科学、计算机科学和通信技术等多个领域的交叉融合。其中，物联网（IoT）、大数据、云计算、人工智能（AI）等先进技术的运用，为博物馆智能化提供了强大的技术支持。这些技术使得博物馆能够实现对藏品信息的数字化管理，对参观者行为的精准分析，以及对展览内容的创新展示。

（一）物联网技术

物联网技术的应用使得博物馆能够实现对藏品信息的数字化管理，从而为文物保护和研究提供了更高效、便捷的手段。通过将传感器和智能设备嵌入到藏品中，博物馆可以实时监测和收集藏品的状态、环境等信息。这些数据可以被上传到云端数据库中进行存储和分析，帮助博物馆更好地了解藏品的状况，并及时采取保护措施。

在数字化管理下，博物馆可以实时掌握藏品的温度、湿度、光照等环境参数，以及藏品的震动、倾斜等物理状态。这些数据可以帮助博物馆工作人员判断藏品是否受损或者需要特殊保养，从而延长藏品的寿命并减少因环境变化造成的损害。此外，数字化管理还可以提供藏品使用频率、参观人数等统计数据，为博物馆制定合理的开放时间和参观规则提供参考。

数字化的藏品信息也方便了博物馆之间的交流与合作，促进了知识共享和资源整合。通过共享数字化的藏品信息，不同博物馆可以共同研究和探讨某一主题或者某一时期的文物，从而推动学术研究的发展。同时，数字化的信息也可以为博物馆间的展览策划和资源共享提供便利，使得更多的观众有机会欣赏到珍贵的文物。

此外，数字化的藏品信息还可以为博物馆的宣传和推广提供支持。通过将数字化的藏品信息应用于互联网平台和社交媒体，博物馆可以向更广泛的受众传播其研究成果和文化价值，增加博物馆的知名度和影响力。同时，数字化的藏品信息也可以为博物馆的教育项目提供丰富的素材和教育资源，吸引更多的学生和公众参与到文化传承和保护中来。

物联网技术的应用使得博物馆能够实现对藏品信息的数字化管理，为文物保护和研究提供了更高效、便捷的手段。数字化的藏品信息不仅可以帮助博物馆

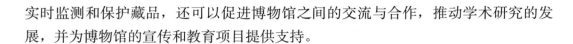

实时监测和保护藏品，还可以促进博物馆之间的交流与合作，推动学术研究的发展，并为博物馆的宣传和教育项目提供支持。

（二）大数据技术

大数据技术的应用使得博物馆能够对参观者的行为进行精准分析，从而更好地了解和满足参观者的需求。通过收集和分析参观者的行为数据，博物馆可以深入了解参观者的兴趣爱好、参观路线偏好等信息。这些数据不仅可以帮助博物馆优化展览布局和服务流程，提供更加个性化的参观体验，还可以为展览策划和资源调配提供科学依据。

大数据分析可以帮助博物馆了解参观者的兴趣爱好。通过对参观者在博物馆内的行为数据进行分析，博物馆可以发现参观者对不同展品的关注度和停留时间，从而推断出他们的兴趣点。例如，如果参观者对某一时期的艺术品表现出浓厚的兴趣，博物馆可以根据这一信息调整该时期的展品陈列，以吸引更多的参观者。同时，博物馆还可以通过分析参观者的行为数据，了解他们对不同类型展品的偏好，从而有针对性地策划展览内容，提高参观者的满意度。

大数据分析可以帮助博物馆了解参观者的参观路线偏好。通过对参观者在博物馆内的行动轨迹进行分析，博物馆可以了解参观者喜欢沿着哪些路径浏览展览，以及他们在不同区域的停留时间。这些信息对于博物馆来说非常重要，因为合理的参观路线设计可以提高参观者的参观效率，避免拥挤和混乱。此外，博物馆还可以根据参观者的参观路线偏好，合理安排展品的陈列位置，以便参观者能够更方便地接触到感兴趣的展品。

大数据分析还可以帮助博物馆预测未来的参观趋势和需求。通过对历史数据的分析，博物馆可以了解到一些常见的参观模式和趋势，从而提前做好准备。例如，如果博物馆发现每年的某个时间段参观人数较多，可以提前增加人员配备和设施维护，以确保参观者的良好体验。此外，通过对参观者的行为数据进行深入挖掘，博物馆还可以发现一些潜在的需求和市场机会。例如，如果发现参观者对某一主题的展品表现出较高的兴趣度，博物馆可以考虑在未来举办相关主题的特展或讲座活动，以满足参观者的需求并扩大影响力。

总之，大数据技术的应用为博物馆提供了更多的机会和挑战。通过收集和分析参观者的行为数据，博物馆可以更好地了解参观者的兴趣爱好、参观路线偏好等信息，从而优化展览布局和服务流程，提供更加个性化的参观体验。此外，大数据分析还可以帮助博物馆预测未来的参观趋势和需求，为展览策划和资源调配

提供科学依据。因此，博物馆应该积极利用大数据技术，不断提升自身的管理水平和服务水平，以更好地满足参观者的需求。

（三）云计算技术

云计算技术的应用为博物馆带来了前所未有的创新展示方式。通过将展览内容上传到云端服务器上，博物馆可以实现远程访问和管理，这为观众提供了更加便捷和灵活的参观体验。无论观众身处何地，只要有互联网连接，他们就可以随时随地浏览和学习展品，不再受限于地理位置和时间的限制。

云计算技术的引入为博物馆提供了强大的计算和存储能力。博物馆可以借助云计算平台处理大量的图像、视频等多媒体数据，从而创造出更加生动、逼真的展览效果。观众可以通过高清屏幕或者虚拟现实设备，身临其境地感受展品的细节和历史背景，增强了他们的参与感和学习效果。

此外，云计算技术还为博物馆提供了更多的创新应用空间。例如，博物馆可以利用云计算平台搭建自己的在线展览平台，将展品数字化并通过网络进行展示。观众可以通过手机、平板电脑等移动设备随时随地参观博物馆，不再受限于实体展厅的时间和空间。同时，博物馆还可以利用云计算技术进行数据分析和挖掘，深入了解观众的兴趣和需求，为他们提供更加个性化的展览服务。

云计算技术的应用使博物馆能够实现对展览内容的创新展示，提供更加便捷、生动的参观体验。它不仅扩大了观众的范围，还为博物馆提供了更多的创新机会和发展空间。随着云计算技术的不断发展和完善，相信博物馆将会迎来更多令人惊喜和惊艳的展览效果。

（四）人工智能（AI）技术

人工智能（AI）技术的广泛应用使得博物馆能够提供更加智能化的服务，从而为观众带来更加便捷和丰富的参观体验。通过利用机器学习算法对大量历史文献进行分析和解读，博物馆可以深入了解历史知识和背景知识，并将其转化为易于理解和吸收的形式呈现给观众。

此外，人工智能还可以在语音识别和自然语言处理等领域发挥重要作用。通过语音导览技术，观众可以利用智能设备轻松地获取展品的相关信息和解说，无需依赖传统的导览图册或人工讲解员。这种个性化的参观方式不仅提高了博物馆的服务质量和效率，还能够满足不同观众的需求，让他们更好地理解和欣赏展品的内涵。

同时，人工智能技术还可以应用于智能问答服务。观众可以通过语音或文字与博物馆的智能系统进行交流，提出问题并获得即时的解答。这种互动式的参观体验不仅丰富了观众的知识储备，还能够激发他们的学习兴趣和探索欲望。

除了以上提到的应用，人工智能还在许多其他方面为博物馆带来了巨大的变革。例如，通过人脸识别技术，博物馆可以实现无接触的入场验证和会员管理；通过虚拟现实技术，观众可以身临其境地感受历史场景和文化传承；通过大数据分析，博物馆可以更好地了解观众的兴趣和需求，为他们提供更加精准的展览推荐和服务。

人工智能技术的应用使博物馆能够实现智能化服务的目标，为观众提供了更加便捷、个性化和丰富的参观体验。随着技术的不断发展和完善，相信未来博物馆将会迎来更多的创新和突破，成为人们学习和娱乐的理想场所。

综上所述，物联网、大数据、云计算、人工智能等先进技术的运用为博物馆智能化建设提供了强有力的支持。它们使得博物馆能够实现对藏品信息的数字化管理，对参观者行为的精准分析，以及对展览内容的创新展示。这些技术的融合和发展将为博物馆带来更多的机遇和挑战，推动其向智慧化、数字化的方向迈进。

二、博物馆智能化建设的应用场景

博物馆智能化建设的应用场景非常广泛，包括智能管理、智能服务、智能展示等方面。智能管理可以实现智能化的管理和运营，提高博物馆的管理效率和服务质量。智能服务可以实现智能化的服务和体验，提高观众的参观体验和满意度。智能展示可以实现智能化的展示和交互，提高文化传承和创新。

（一）智能管理

在智能管理方面，博物馆可以利用智能化技术实现高效的管理和运营。通过引入物联网、大数据分析和人工智能等技术手段，博物馆可以实现对展品、文物和藏品的实时监测和管理，提高安全性和保护水平。同时，智能化管理还可以帮助博物馆优化人员调配、资源利用和业务流程，提高工作效率和服务质量。

首先，博物馆可以利用物联网技术将展品、文物和藏品与传感器相连，实现对其位置、状态和环境参数的实时监测。这样，博物馆可以及时发现潜在的安全隐患，如火灾、盗窃等，并采取相应的措施进行预防和应对。此外，物联网技术还可以实现对展品的远程监控，确保其安全保存并提供更好的观赏体验。

其次，博物馆可以利用大数据分析和人工智能技术对海量数据进行处理和分析。通过对历史文物的研究和数字化资料的整合，博物馆可以获得更多的信息和知识，从而更好地了解文物的历史背景、文化内涵和社会价值。同时，人工智能技术可以通过图像识别、语音识别等方法，对观众的行为和需求进行智能分析和预测，为博物馆提供个性化的服务和推荐。

另外，智能化管理还可以帮助博物馆优化人员调配和资源利用。通过智能化系统，博物馆可以合理安排员工的工作时间和任务分工，提高工作效率和工作质量。同时，智能化系统还可以根据观众的流量和兴趣偏好，调整展览布局和展示内容，提供更好的参观体验。此外，智能化管理还可以实现资源的高效利用，如能源管理和设备维护等，降低运营成本。

（二）智能服务

在智能服务方面，博物馆可以为观众提供更加便捷和个性化的服务体验。通过智能化的导览系统和自助服务设备，观众可以自主获取展品信息、预约参观时间、购买门票等服务，节省排队等候的时间。此外，博物馆还可以利用虚拟现实、增强现实等技术手段，为观众提供沉浸式的展览体验，增强观众的参与感和互动性。

为了进一步提升用户体验，博物馆可以结合人工智能和大数据分析技术，根据观众的兴趣偏好和历史行为数据，为其推荐相关的展品或展览内容。通过智能推荐系统，观众可以在参观前了解到即将展示的重要展品，提前做好充分的准备和期待。同时，博物馆还可以通过智能问答系统，实时回答观众的问题和疑惑，提供专业的解说和指导。

此外，博物馆可以利用物联网技术实现对展品的保护和管理。通过传感器和监控设备，博物馆可以实时监测展品的状态和使用情况，及时发现并处理潜在的问题。同时，博物馆还可以利用智能安防系统提升安全性，确保观众的人身财产安全。

除了数字化服务，博物馆还可以借助移动应用程序提供便捷的移动导览服务。观众可以通过手机或平板电脑随时随地浏览展品信息、导览路线和相关活动安排，方便他们在参观过程中获取更多的信息和参考。

另外，博物馆还可以开展线上教育活动和虚拟展览，将展览资源扩展到更广泛的受众群体中。通过在线直播、录制视频等形式，博物馆可以将精彩的展览内容传播给无法亲临现场的人们，让他们也能够享受到博物馆的文化盛宴。

智能服务的应用为博物馆带来更加便捷、个性化和多样化的体验。通过智能化的导览系统、自助服务设备、虚拟现实技术等手段，博物馆能够更好地满足观众的需求，提升他们的参观体验和参与度。同时，这些创新举措也将为博物馆的可持续发展和文化传承做出积极贡献。

（三）智能展示

在智能展示方面，博物馆可以利用数字化技术和多媒体手段，打造具有创新和互动性的展示内容。通过虚拟现实、增强现实和交互式投影等技术，博物馆可以让观众身临其境地感受历史和文化的魅力，激发他们的学习兴趣和探索欲望。同时，智能化展示还可以为观众提供更多的解读和交流机会，促进文化传承和创新。

在数字化技术的引领下，博物馆可以通过虚拟现实技术将观众带入到过去的时空中，让他们亲身体验历史事件或文化场景。例如，观众可以通过虚拟现实设备穿越时空，置身于古代宫廷或战争现场，感受到历史的厚重感和文化的独特魅力。这种身临其境的体验不仅能够增加观众的参与度，还能够加深他们对历史和文化的理解和认知。

除了虚拟现实技术，增强现实技术也能够为博物馆的展示增添新的维度。通过增强现实技术，观众可以在现实世界中叠加虚拟元素，与展品进行互动。例如，观众可以使用智能手机或平板电脑扫描展品上的二维码，获取相关的信息、图片或视频，深入了解展品的背后故事。这种互动性不仅能够提高观众的学习效果，还能够增加他们的参与感和乐趣。

另外，交互式投影技术也为博物馆的展示提供了新的可能性。观众可以通过触摸屏幕、手势识别等方式与展品进行互动，获得更直观、更深入的体验。例如，观众可以通过手势控制虚拟人物的动作，参与到历史事件的重现中；或者通过触摸屏幕放大或缩小展品的细节部分，更加细致地观察和研究。这种交互性不仅能够提高观众的参与度，还能够培养他们的观察力和思考能力。

智能化展示不仅能够为观众提供更多的解读和交流机会，还能够促进文化传承和创新。通过智能化展示，博物馆可以将复杂的知识以简洁明了的方式呈现给观众，帮助他们更好地理解和记忆。同时，智能化展示还可以为观众提供个性化的学习体验，根据他们的兴趣和需求推荐适合的展品和内容。这样的个性化学习不仅能够提高观众的学习效果，还能够培养他们的自主学习能力和创新思维。

此外，智能化展示还可以促进文化传承和创新。通过数字化技术和多媒体手

段，博物馆可以将传统的文物和艺术品进行数字化保存和展示，让更多的人了解和欣赏到这些宝贵的文化遗产。同时，博物馆还可以利用智能化展示的技术手段，开展创新性的文化活动和教育项目，吸引更多的年轻人参与到文化传承和创新中来。

（四）智能安全

智能安全是博物馆智能化建设的一个重要应用场景，可以通过智能化技术实现博物馆的安全管理，包括监控、预警、应急响应等。具体来说，博物馆可以通过以下智能化技术实现智能安全：

1．视频监控技术

视频监控技术是博物馆智能化安全建设的重要手段之一。通过安装高清摄像头，可以对博物馆进行全方位的视频监控，保障馆内的安全。同时，通过智能化分析技术，可以对监控视频进行自动分析，实现以下功能：

（1）异常行为检测：通过分析监控视频中人员的行为，检测异常行为，例如突然奔跑、聚集、遗留物品等，及时发现异常情况，保障馆内的安全。

（2）人脸识别技术：通过人脸识别技术，对进出博物馆的人员进行身份识别，实现人员的智能化管理。

（3）移动轨迹追踪：通过视频监控技术，对人员和物品的移动轨迹进行追踪，实现移动轨迹的智能化分析和管理。

（4）视频回放功能：可以通过视频监控技术实现对监控画面的回放，追溯事件的经过，为事件处理提供依据。

通过视频监控技术的智能化分析，可以实现博物馆的实时监控和预警，提高安全保障水平，确保博物馆的正常运营和文物的安全。

2．传感器技术

传感器技术是博物馆智能化建设中的重要应用之一。通过安装各类传感器，可以对博物馆的环境进行监测和管理，防止因环境因素导致的文物损坏。以下是传感器技术在博物馆智能化建设中的一些应用：

（1）温度传感器：通过安装温度传感器，可以监测博物馆内的温度变化，确保文物存储和展示环境的稳定，防止因温度波动导致的文物损坏。

（2）湿度传感器：通过安装湿度传感器，可以监测博物馆内的湿度变化，确保文物存储和展示环境的稳定，防止因湿度波动导致的文物损坏。

（3）光照传感器：通过安装光照传感器，可以监测博物馆内的光照强度和色彩，确保文物展示的光照条件符合文物保存要求，防止因光照不当导致的文物损坏。

（4）气体传感器：通过安装气体传感器，可以监测博物馆内的空气质量，例如氧气、二氧化碳等，确保文物存储和展示环境的安全和卫生。

（5）振动传感器：通过安装振动传感器，可以监测博物馆内的振动情况，防止因振动导致的文物损坏。

通过传感器技术的运用，博物馆可以实现对环境因素的实时监测和管理，为文物的保护和保存提供科学依据，确保文物的安全和馆内环境的稳定。

3．无线定位技术

无线定位技术是博物馆智能化建设中的一种重要应用。通过无线定位技术，可以对博物馆内的员工和参观人员进行定位管理，实现人员的智能化管理。以下是无线定位技术在博物馆智能化建设中的一些应用：

（1）人员定位：通过无线定位技术，可以对博物馆内的员工和参观人员进行精确定位，了解人员的位置分布情况，实现人员的智能化管理。

（2）人员追踪：通过无线定位技术，可以对员工和参观人员的移动轨迹进行追踪，了解人员的行动轨迹，为安全管理提供依据。

（3）人员调度：通过无线定位技术，可以实现员工和参观人员的实时调度，提高人员的管理效率。

（4）人员计数：通过无线定位技术，可以对馆内的人员数量进行计数，了解馆内的人员密度，为安全管理提供依据。

通过无线定位技术的应用，博物馆可以实现人员的智能化管理，提高人员管理的效率和精度，为博物馆的安全管理提供有力支持。

4．智能巡检技术

智能巡检技术是博物馆智能化建设中的一项重要应用。通过安装智能巡检设备，例如智能机器人、无人机等，可以实现博物馆内的自动巡检，提高巡检效率和精度。以下是智能巡检技术在博物馆智能化建设中的一些应用：

（1）自动巡检：通过智能巡检设备，可以实现博物馆内的自动巡检，对展品、设施等进行检查，及时发现异常情况，提高巡检效率。

（2）高精度巡检：通过高精度的智能巡检设备，可以实现高精度的巡检，对展品进行精细的检查，发现微小的异常情况，提高巡检精度。

（3）特殊环境巡检：对于一些特殊的环境，例如高空、危险区域等，人工巡检难度较大，可以通过智能巡检设备实现自动巡检，减少人工干预。

（4）数据分析：通过智能巡检设备收集的数据，可以进行深入的分析和挖掘，了解博物馆内的状况，为管理和运营提供科学依据。

通过智能巡检技术的应用，博物馆可以实现自动、高精度、高效的巡检，提高巡检效率和精度，为博物馆的安全管理提供有力支持

5．数据分析技术

数据分析技术是博物馆智能化建设中的重要应用之一。通过数据分析技术，可以对博物馆内的各项数据进行分析和挖掘，例如人员流量、物品流通等，实现对博物馆的全面监测和分析，为安全管理提供科学依据。以下是数据分析技术在博物馆智能化建设中的一些应用：

（1）人流量数据分析：通过对博物馆内的人流量数据进行收集和分析，可以了解观众的参观流量和行为规律，为博物馆的运营和管理提供科学依据。例如，可以通过人流量数据分析，了解展览的受欢迎程度、观众的参观时段、场馆的使用情况等。

（2）物品流通数据分析：通过对博物馆内物品的流通数据进行收集和分析，可以了解文物的流通轨迹和安全状况，为文物的保护和管理提供科学依据。例如，可以通过物品流通数据分析，了解文物的出入库情况、展览的物品流动情况等。

（3）社交媒体数据分析：通过对博物馆在社交媒体上的数据进行分析，可以了解观众对博物馆的关注度和反馈情况，为博物馆的营销和推广提供科学依据。例如，可以通过社交媒体数据分析，了解观众对博物馆的评论、分享、点赞等行为，了解观众的需求和意见。

（4）传感器数据分析和挖掘：通过对传感器收集的环境数据进行分析和挖掘，可以了解博物馆内环境的变化情况和文物的保存状况，为文物的保护和保存提供科学依据。例如，可以通过传感器数据分析，了解博物馆内的温度、湿度、光照等环境因素的变化情况。

通过数据分析技术的应用，博物馆可以实现全面的数据监测和分析，为博物馆的运营和管理提供科学依据，提高安全保障水平，推动博物馆的智能化发展。

三、博物馆智能化建设面临的挑战

随着科技的飞速发展，博物馆智能化建设成为了当今社会的一个重要议题。然而，这一进程也面临着一系列的挑战。

（一）技术更新迅速

技术更新迅速是博物馆智能化建设面临的一个挑战。随着科技的不断进步，新技术层出不穷，如何及时跟进并有效应用新技术，不断提升博物馆的展示效果和管理效率，是需要持续关注的。

为了应对这一挑战，博物馆需要建立与科技企业、研究机构的联系，及时了解最新的技术动态，进行技术研发和引进。同时，博物馆还需要建立自身的技术团队，培养技术人才，提高技术应用和创新的能力，以适应不断变化的技术环境和观众需求。

另外，博物馆需要进行充分的市场调研和观众需求分析，了解观众的需求和期望，有针对性地引进和应用新技术。同时，博物馆需要建立科学的管理制度，加强技术管理和运营维护，保证技术的有效应用和长期的可持续发展。

（二）经费问题

经费问题是智能化建设中一个至关重要的因素。智能化建设需要大量的资金投入，包括硬件设备、软件开发、运营维护等方面。然而，许多博物馆，尤其是基层博物馆，在经费方面面临着一定的压力和挑战。

首先，硬件设备的采购和维护是智能化建设中的一项重要支出。博物馆需要购买各种先进的设备和技术，如智能导览系统、虚拟现实设备等，以提升参观者的互动体验和学习效果。然而，基层博物馆通常经费有限，难以承担这些高昂的硬件设备费用。因此，如何在有限的经费下合理规划硬件设备的采购和维护，是一个亟待解决的问题。

其次，软件开发也是智能化建设中不可忽视的资金投入。博物馆需要开发各种应用程序和软件工具，以便更好地管理和展示文物藏品。然而，软件开发往往需要专业的技术人员和团队进行开发和维护，这也增加了博物馆的人力成本和时间成本。对于基层博物馆来说，由于人员和技术水平的限制，软件开发成为了一个难题。因此，如何通过合理的技术选型和外包合作等方式，降低软件开发的成本，是一个重要的课题。

最后，运营维护也是智能化建设中需要大量资金支持的方面。博物馆需要定期更新和维护系统设备，以保证其正常运行和数据安全。此外，博物馆还需要培训员工使用新的系统和设备，以提高整体工作效率和服务质量。然而，基层博物馆往往缺乏专业的运维人员和培训资源，这也给运营维护带来了一定的困难。因

此，如何通过合理的人员配置和培训计划，提高运营维护的效率和质量，也是一个关键问题。

经费问题是智能化建设中的一个重要问题。基层博物馆面临着经费紧张的挑战，如何合理规划资金投入，实现效益最大化是一个亟待解决的问题。这需要博物馆管理者积极探索创新的解决方案，包括优化预算管理、寻求外部合作、引入专业咨询等方式，以确保智能化建设的顺利进行并取得预期的效果。

（三）专业人才缺乏

博物馆智能化建设是一项复杂的工程，它需要具备相关技术的专业人才来支持。这些专业人才包括软件开发人员、硬件维护人员和数据分析专家等。然而，在当前的文博行业，信息技术人员的数量相对较少，这导致这方面的人才储备还不够充足。

首先，软件开发人员在博物馆智能化建设中扮演着重要的角色。他们负责开发和维护博物馆的信息系统，包括网站、移动应用程序和数据库等。通过软件开发，博物馆可以更好地与观众进行互动，提供更丰富的数字化展示和教育内容。然而，由于文博行业的信息技术人才相对较少，很多博物馆可能无法独立完成这些任务，需要依赖外部合作伙伴或外包公司的支持。

其次，硬件维护人员也是博物馆智能化建设中不可或缺的一员。他们负责确保博物馆的各种设备和系统正常运行，包括计算机、服务器、网络设备等。如果这些设备出现故障或损坏，将直接影响博物馆的正常运营和观众的体验。然而，由于文博行业的信息技术人才较少，很多博物馆可能没有足够的人力来负责硬件维护工作，需要寻求外部支持或培训现有员工。

此外，数据分析人员在博物馆智能化建设中也发挥着重要作用。他们通过对博物馆的数据进行深入分析，可以为博物馆提供有价值的洞察和决策支持。例如，他们可以分析游客流量、参观行为和反馈意见等信息，帮助博物馆优化展览布局、改进服务体验和制定营销策略。然而，由于文博行业的信息技术人才较少，很多博物馆可能无法充分利用数据分析的优势，错失了提升自身竞争力的机会。

（四）数据安全问题

数据安全问题在博物馆智能化建设中扮演着至关重要的角色。随着科技的不断进步，博物馆智能化建设已经成为一种趋势。然而，博物馆智能化建设涉及到大量的数据采集、存储和分析工作，这就需要我们高度重视数据安全的问题。如何保障数据安全，避免数据泄露或被恶意攻击，是我们面临的一个重要挑战。

首先，我们需要加强数据采集过程中的安全防护措施。博物馆内的各种文物、艺术品等都蕴含着丰富的历史和文化价值，因此，在采集这些数据时，必须确保数据的安全性。这可以通过加密技术、访问控制等方式来实现。同时，还需要对采集设备进行严格的管理和维护，防止设备遭受黑客攻击或病毒感染。

其次，数据存储也是一个重要的环节。博物馆内的大量数据需要存储在安全可靠的服务器上，以防止数据丢失或被篡改。为了确保数据的安全性，我们可以采用多重备份策略，将数据分散存储在不同的物理位置和云端。此外，还可以定期对存储设备进行检查和维护，确保其正常运行。

再者，数据分析是博物馆智能化建设的核心环节。在这个过程中，我们需要对海量的数据进行分析和挖掘，以提供更丰富、更有价值的展览内容和服务。然而，这也给数据安全带来了一定的风险。为了防止恶意攻击者窃取敏感数据，我们需要建立完善的权限管理制度，对不同级别的用户进行权限控制。同时，还可以采用数据脱敏技术，对敏感信息进行处理，降低泄露的风险。

总之，博物馆智能化建设中的数据传输、存储和分析环节都面临着严峻的数据安全问题。为了确保博物馆的珍贵文化遗产得到有效保护，我们必须采取一系列有效的措施来应对这些挑战。只有这样，我们才能在享受科技带来的便利的同时，确保博物馆的历史和文化价值得到传承和发扬。

第十节　博物馆信息安全建设

一、信息安全的基本要求

信息安全是博物馆智能化建设中的重要组成部分，其基本要求包括机密性、完整性、可用性和可控性等。在博物馆智能化建设中，信息安全的重要性不容忽视。

（一）机密性

机密性是指博物馆的信息资源应该受到保护，防止未经授权的访问和泄露。博物馆收藏了大量的珍贵文物和历史资料，这些信息对于学术研究和文化传承具

有重要意义。因此，博物馆需要采取一系列措施来确保信息的安全性，如加密存储、访问控制、防火墙设置等，以防止黑客攻击和数据泄露。

为了实现机密性的保护，博物馆可以采用多种技术手段。首先，加密存储是一种常见的保护措施。通过将敏感信息进行加密，只有拥有解密密钥的人才能访问和读取这些数据。这可以有效地防止未经授权的访问者获取敏感信息。

访问控制是确保信息安全性的重要手段之一。博物馆可以设置权限管理系统，限制特定人员对某些信息的访问权限。只有经过授权的人员才能够获取所需的信息，从而减少信息泄露的风险。

此外，防火墙的设置也是保护博物馆信息安全的重要措施之一。防火墙可以监控网络流量，阻止未经授权的访问和恶意软件的入侵。通过配置适当的防火墙规则，博物馆可以有效地保护内部网络免受外部威胁。

除了上述技术手段，博物馆还可以加强员工培训和意识教育。培训员工关于信息安全的重要性和操作规范，提高他们对信息保护的认识和意识。同时，建立严格的内部管理制度，加强对员工的监督和管理，确保他们遵守相关规定。

博物馆作为珍贵的文化遗产保护机构，其信息资源的安全至关重要。通过加密存储、访问控制、防火墙设置等技术手段以及加强员工培训和意识教育，博物馆可以有效地保护其信息资源的安全性，防止未经授权的访问和数据泄露。这不仅有助于学术研究和文化传承的顺利进行，也为博物馆的可持续发展提供了坚实的基础。

（二）完整性

博物馆的信息资源完整性是指这些信息资源应该完整无损地保存下来，以便将来的研究和展示工作能够顺利进行。一旦这些信息被篡改或损坏，将会对博物馆的研究和展示工作造成严重影响，甚至可能导致无法挽回的损失。因此，保护信息的完整性至关重要。

为了确保信息的完整性，博物馆可以采用多种备份和恢复机制。首先，定期对重要数据进行备份是至关重要的。通过将重要数据复制到多个存储介质上，可以确保即使某一存储介质出现问题，也能够迅速恢复数据。此外，建立完善的灾难恢复计划也是必要的。在发生意外事故或恶意攻击时，博物馆可以依靠备份数据和恢复计划来迅速恢复正常运营。

除了备份和恢复机制外，博物馆还可以采取其他措施来保护信息的完整性。例如，使用加密技术对敏感数据进行加密，可以防止未经授权的人员访问和修改数据。此外，限制对数据的访问权限也是必要的，只有经过授权的人员才能够访问特定数据。

另外，博物馆还可以利用现代科技手段来提高信息资源的完整性保护水平。例如，使用云存储服务可以将数据存储在云端，不仅可以提供更高效的备份和恢复机制，还可以实现跨地域的数据共享和协作。此外，利用人工智能和机器学习技术对数据进行智能分析和监测，可以及时发现潜在的安全威胁并采取相应的措施。

博物馆的信息资源完整性保护是一个复杂而重要的任务。通过采取适当的备份和恢复机制、加密技术和现代科技手段，博物馆可以最大限度地减少信息被篡改或损坏的风险，确保研究与展示工作的顺利进行。

（三）可用性

可用性是指博物馆的信息资源应该能够随时被用户访问和使用。这意味着博物馆应该提供便捷的网络连接，使用户能够随时随地通过各种设备轻松地获取到所需的信息资源。为了实现这一目标，博物馆需要建立可靠的网络基础设施，包括高速稳定的互联网连接、良好的服务器性能以及安全的数据存储和传输机制。

智能化建设的目的是为了提供更好的用户体验和服务。通过引入先进的信息技术和智能化设备，博物馆可以为用户提供更加个性化、互动性强的参观体验。例如，利用虚拟现实技术，用户可以通过手机或平板电脑远程参观博物馆，仿佛身临其境；通过智能导览系统，用户可以根据自己的兴趣和需求自由选择参观路线和展品介绍。这些智能化建设不仅提高了用户的参观效率，还增加了博物馆的吸引力和竞争力。

然而，信息安全问题可能导致系统崩溃或无法访问，从而影响到用户的参观体验和博物馆的形象。因此，博物馆需要重视信息安全管理，采取一系列措施来保护信息系统的稳定性和安全性。这包括加强网络安全防护，定期进行漏洞扫描和安全评估，及时修复和更新系统补丁；加强用户身份验证和访问控制，确保只有合法用户才能访问敏感信息；建立数据备份和恢复机制，以防止数据丢失或损坏。此外，博物馆还应建立完善的应急响应机制，一旦发生信息安全事件，能够迅速采取措施进行处置和恢复。

除了信息安全管理外，博物馆还需要提供及时的技术支持和维护服务。这意味着博物馆应该配备专业的技术人员团队，负责监控系统运行状况、解决用户问题和进行系统维护。他们应具备丰富的技术知识和经验，能够快速响应用户需求

并解决问题。同时，博物馆还应提供用户培训和支持服务，帮助用户了解和使用各项功能和技术手段，提高用户的满意度和忠诚度。

（四）可控性

博物馆的可控性是指其信息资源应该能够得到有效管理和维护。为了实现这一目标，博物馆应该建立专门的信息安全团队或部门，负责制定和执行信息安全政策和措施。这个团队或部门应该具备专业的知识和技能，能够识别和应对各种潜在的信息安全威胁。

首先，博物馆的信息安全团队或部门应该制定一套完善的信息安全政策和措施。这些政策和措施应该包括对信息的分类、存储、传输和使用等方面的规定，以确保信息的安全性和完整性。同时，还应该设定相应的安全标准和流程，对信息资源的访问和使用进行严格控制和管理。

其次，博物馆的信息安全团队或部门应该加强对员工的培训和教育。通过定期的培训课程和教育活动，提高员工对信息安全的认识和理解，增强他们的信息安全意识和技能。培训内容可以包括信息安全的基本概念、常见的安全威胁和攻击手段、如何防范和应对这些威胁等方面。此外，还可以通过模拟演练和案例分析等方式，让员工亲身体验信息安全问题的严重性，并学习正确的应对方法。

最后，博物馆的信息安全团队或部门还应该加强对员工的监督和管理。建立健全的内部控制机制，确保员工按照制定的政策和措施进行操作。对于违反信息安全规定的行为，要及时进行纠正和惩处，形成严格的纪律约束。同时，还要定期进行安全审计和风险评估，发现和解决潜在的安全隐患，确保信息系统的正常运行和信息资源的安全。

通过以上措施的实施，博物馆可以有效提升其可控性，确保信息资源的安全和稳定运行。这不仅有助于保护博物馆的声誉和利益，也能够为观众提供更好的参观体验和服务。因此，博物馆应该高度重视信息安全工作，不断加强管理和监控力度，确保信息资源的安全可控。

综上所述，信息安全是博物馆智能化建设中不可或缺的一部分。只有通过加强信息安全管理，确保信息的机密性、完整性、可用性和可控性，才能更好地发挥智能化技术的优势，提升博物馆的服务质量和学术价值。

二、基本原则

信息安全是博物馆智能化建设中的重要组成部分，其基本要求包括机密性、完整性、可用性和可控性等。为了保障信息安全，需要遵循以下几个原则。

（一）最小化原则

最小化原则是博物馆信息系统安全策略中的一个重要组成部分，其主要目标是确保博物馆内的信息资源只能在必要的情况下被访问和操作。这意味着，任何未经授权的用户或程序都不能随意访问和操作这些信息资源，以防止信息泄露、篡改或滥用。为了实现这一目标，博物馆需要采取一系列措施来严格控制信息的共享范围和权限。

第一，博物馆应建立完善的用户身份认证和授权机制。通过设置多级权限管理，确保只有经过严格审查的合法用户才能访问特定级别的信息资源。此外，还可以采用双因素认证等技术手段，提高系统的安全性。

第二，博物馆应实施严格的数据加密和备份策略。对敏感信息进行加密处理，以防止未经授权的人员窃取和篡改数据。同时，定期对重要数据进行备份，以防数据丢失或损坏。

此外，博物馆还应加强对信息系统的监控和管理。通过实时监控系统运行状况，及时发现并处理潜在的安全隐患。同时，建立健全的安全事件应急响应机制，确保在发生安全事件时能够迅速采取措施，降低损失。

博物馆还应加强员工的信息安全意识和培训。通过定期开展信息安全培训和宣传活动，提高员工对信息安全的认识和重视程度。同时，建立严格的内部管理制度，确保员工在日常工作中遵循信息安全规定，防止因人为原因导致的信息安全事故。

通过实施最小化原则和采取一系列安全措施，博物馆可以有效地保护其信息系统中的敏感信息资源，防止信息泄露、篡改或滥用。这对于维护博物馆的声誉和利益具有重要意义。

（二）统一性原则

统一性原则在博物馆信息系统的安全保护措施中起着至关重要的作用。这意味着所有的安全措施应该在一个统一的框架下进行规划和实施，以确保各项安全措施的有效性和协调性。

统一性原则要求我们在制定博物馆信息系统的安全保护措施时，要有一个明确的、全面的规划。这个规划应该包括所有可能的安全威胁，以及针对这些威胁的具体防护措施。这样，我们可以确保在任何情况下，博物馆的信息系统都能得

到有效的保护。

统一性原则强调的是各项安全措施的有效性。这意味着我们需要定期评估和更新我们的安全措施，以确保它们能够应对新的威胁和挑战。同时，我们也需要确保这些措施能够在实际操作中得到有效的执行，而不仅仅是停留在纸面上。

统一性原则还强调了各项安全措施的协调性。这意味着我们需要确保不同的安全措施之间能够相互配合，形成一个整体的防御体系。这样，即使某一项安全措施被突破，其他的措施也能够及时地进行补充和修复，从而最大限度地减少损失。

统一性原则为博物馆信息系统的安全保护提供了一种全面、有效、协调的方法。通过遵循这一原则，我们可以更好地保护博物馆的信息系统，防止任何可能的安全威胁。

（二）差异化原则

博物馆信息安全建设的差异化原则是指在进行信息安全管理时，根据信息的重要性和业务需求，对不同类型的信息进行分类管理，并采取相应的安全措施。这种差异化原则的目的是确保敏感信息得到更加严格的保护，同时保证其他信息的正常使用。

对于重要且敏感的信息，博物馆应该采取更加严格的安全措施。这些信息可能包括珍贵的文物藏品、历史文献、研究成果等。为了保护这些信息的安全，博物馆可以采用高级加密技术、访问控制机制和备份策略等手段，确保只有授权人员能够访问和使用这些信息。此外，博物馆还可以建立专门的安全团队，负责监测和管理这些重要信息的安全状况。

对于一般性的信息，博物馆可以采取适度的安全措施。这些信息可能包括展览介绍、参观指南、馆内设施介绍等。对于这类信息，博物馆可以采用基本的身份验证和访问控制机制，以确保只有合法用户才能访问和使用这些信息。此外，博物馆还可以定期对信息系统进行安全评估和维护，及时发现和解决潜在的安全风险。

在进行信息分类管理时，博物馆可以根据信息的类型、来源和用途等因素进行划分。例如，可以将馆藏文物划分为珍贵文物、一般文物和临时展品等不同类别；将研究资料划分为内部资料和公开资料等不同级别。通过这样的分类管理，博物馆可以更好地了解各类信息的特点和需求，从而制定出更加合理和有效的安全策略。

博物馆信息安全建设的差异化原则强调根据信息的重要性和业务需求进行分类管理，并采取相应的安全措施。这种原则有助于提高博物馆信息系统的安全性和可靠性，同时也能保障各类信息的正常使用。在实施这一原则时，博物馆需要根据自身的实际情况和需求，制定出合适的分类管理和安全策略。

（三）技术与管理相结合

博物馆信息安全保障需要结合技术和管理的手段，建立完善的安全管理制度和技术保障体系。在技术方面，博物馆可以采用先进的网络安全技术，如防火墙、入侵检测系统等，以保护博物馆的网络系统免受黑客攻击和病毒侵害。此外，博物馆还可以利用加密技术对重要数据进行加密存储和传输，以提高数据的安全性。

在管理方面，博物馆应制定详细的安全管理制度，明确各部门和员工在信息安全工作中的职责和权限。同时，博物馆还应加强对员工的安全意识培训，提高员工对信息安全的重视程度。此外，博物馆还应定期组织安全演练，检验安全管理制度的有效性，及时发现并解决潜在的安全隐患。

博物馆信息安全保障需要综合运用技术手段和管理手段，确保信息系统的安全稳定运行。只有在技术和管理两个方面都做好工作，才能有效防范信息安全风险，保障博物馆的核心业务和文化遗产的安全。

（四）动态原则

动态性原则是博物馆信息安全保障的核心理念之一。随着业务的不断发展和科技的日新月异，博物馆的信息安全保障措施也需要进行动态调整，以适应不断变化的安全需求。这一原则强调了及时性和有效性的重要性，确保博物馆在面对各种安全威胁时能够迅速做出反应并采取有效的应对措施。

动态性原则要求博物馆在制定信息安全保障策略时充分考虑业务发展的需求。随着博物馆业务的拓展，其信息系统的功能和数据量也在不断增加。因此，保障措施需要随之调整，以确保信息系统的稳定性和安全性。例如，当博物馆引入新的业务系统或技术设备时，应该对其可能带来的安全风险进行评估，并相应地加强安全防护措施。同时，博物馆还应该定期对现有的信息安全保障措施进行审查和更新，以适应业务发展的新需求。

动态性原则强调了技术进步对信息安全保障的影响。随着科技的不断进步，黑客攻击手段也在不断演变和升级。传统的信息安全保障措施可能无法完全抵御新型攻击手段的威胁。因此，博物馆需要密切关注最新的安全技术和研究成果，及时引进和应用先进的安全防护技术，提高信息系统的安全性能。同时，博物馆还应加强与科研机构和安全厂商的合作，共同研究和应对新兴的安全挑战。

动态性原则要求博物馆在实施信息安全保障措施时注重效果评估和持续改进。为了确保安全措施的及时性和有效性，博物馆应该建立一套完善的安全监控和应急响应机制，对信息系统的安全状况进行实时监测和分析。一旦发现异常情况或安全事件，应立即启动应急预案，迅速处置并总结经验教训。此外，博物馆还应定期对信息安全保障工作进行评估和审计，发现问题及时整改，不断提高安全管理水平。

总之，动态性原则为博物馆信息安全保障提供了重要的指导原则。通过根据业务发展和技术进步进行动态调整，确保安全措施的及时性和有效性，博物馆可以更好地应对日益严峻的安全挑战，保护珍贵的文化遗产和公众利益。

三、博物馆信息系统的安全风险评估

博物馆信息系统的安全风险评估是保障信息安全的重要环节。评估应该包括以下几个方面。

（一）系统安全

系统安全：评估博物馆信息系统的硬件和软件是否存在漏洞和缺陷，是否容易被攻击和入侵。

在博物馆信息系统的安全性评估中，需要对硬件和软件进行全面的检查，以确定是否存在潜在的漏洞和缺陷。这些漏洞和缺陷可能来自于硬件设备的故障、软件程序的错误或者配置不当等。通过对系统进行全面的安全评估，可以及早发现并解决这些问题，从而降低系统被攻击和入侵的风险。

对于博物馆信息系统的硬件设备，评估的重点包括服务器、网络设备、存储设备等。需要检查硬件设备的物理安全性，例如是否有合适的访问控制措施，是否有足够的防火墙保护等。同时，还需要评估硬件设备的可靠性和稳定性，确保其能够正常运行并承受一定的负荷。

在软件方面，评估的重点包括操作系统、数据库管理系统、应用程序等。需要检查软件的版本更新情况，确保使用的是最新的稳定版本。此外，还需要评估软件的配置是否正确，是否存在漏洞或者不安全的配置选项。对于可能存在风险的软件模块，需要进行专门的安全测试和验证，确保其符合安全要求。

除了对硬件和软件进行评估外，还需要考虑博物馆信息系统的整体架构和安全策略。例如，是否采用了多层防御机制，是否有效的备份和恢复策略等。通过综合考虑这些因素，可以全面评估博物馆信息系统的安全性，并提供相应的改进建议和措施。

系统安全评估是博物馆信息系统管理中不可或缺的一部分。通过对硬件和软件的全面检查，以及整体架构和安全策略的评估，可以及时发现和解决潜在的漏洞和缺陷，提高系统的安全性，从而保护博物馆的重要信息和文物资源。

（二）数据安全

数据安全在博物馆信息系统中扮演着至关重要的角色。为了确保博物馆的信息系统具备完善的数据保护措施，我们需要评估以下几个方面：

（1）访问控制：评估博物馆信息系统是否实施了严格的访问控制策略，以确保只有授权人员能够访问敏感数据。这包括使用强密码、多因素身份验证和定期更新密码等措施。

（2）加密技术：检查博物馆信息系统是否采用了先进的加密技术，如 SSL/TLS 协议，以保护数据在传输过程中的安全。此外，还需要考虑对存储在服务器或数据库中的敏感数据进行加密。

（3）防火墙和入侵检测系统：评估博物馆信息系统是否部署了有效的防火墙和入侵检测系统，以防止未经授权的访问和攻击。

（4）定期备份和恢复计划：确保博物馆信息系统有定期的数据备份和恢复计划，以防止数据丢失或损坏。同时，要确保备份数据的完整性和可恢复性。

（5）安全培训和意识：评估博物馆员工是否接受了关于信息安全的培训，以提高他们对潜在威胁的认识，并采取适当的预防措施。

（6）安全审计和监控：检查博物馆信息系统是否有定期进行安全审计和监控，以便发现潜在的安全漏洞和风险，并及时采取措施加以解决。

（7）法规遵从性：评估博物馆信息系统是否符合相关法规和标准，以确保数据保护措施符合法律要求。

（三）应用安全

在应用安全领域，我们需要对博物馆信息系统的应用软件进行全面的评估。这个评估的主要目标是确定这些软件是否存在任何潜在的安全漏洞。这些漏洞可能包括未经授权的访问、数据泄露、系统崩溃等可能导致严重问题的情况。

此外，我们还需要评估这些软件是否容易被恶意攻击。这意味着我们需要检查软件的设计和实现，看看是否有任何可以被黑客利用的弱点。例如，如果一个软件没有进行适当的输入验证，那么它就可能被攻击者利用来注入恶意代码或者执行其他破坏性行为。

同样，我们也需要评估这些软件是否容易被病毒感染。这包括检查软件是否包含任何已知的病毒或恶意软件，以及它们是否可以通过网络或其他方式传播到系统中。如果一个软件包含病毒，那么它可能会感染到博物馆的计算机系统，导致数据丢失或者系统崩溃。

我们在应用安全方面的工作就是确保博物馆的信息系统是安全的，可以抵御各种可能的攻击和威胁。

（四）网络安全

网络安全是博物馆智能化建设中的重要组成部分，评估博物馆信息系统的网络架构是否安全，是否存在网络攻击和病毒传播等风险是非常重要的。以下是一些评估网络架构安全的建议：

（1）网络拓扑结构：评估网络拓扑结构是否合理，是否能够有效地保护系统的安全。例如，是否有必要采取分段网络、虚拟专用网（VPN）等措施。

（2）防火墙和入侵检测系统：评估防火墙和入侵检测系统是否能够有效地阻止未经授权的访问和攻击。是否需要增强防火墙规则或升级入侵检测系统的功能。

（4）网络设备和安全策略：评估网络设备的安全策略是否严格，是否能够防止未经授权的访问和攻击。例如，是否需要对网络设备进行访问控制和漏洞管理。

（5）网络安全协议：评估使用的网络安全协议是否能够提供足够的安全保障，例如，是否使用 SSL/TLS 等加密协议进行数据传输。

（6）防病毒和安全补丁：评估防病毒和安全补丁的更新情况，是否能够及时发现和修复安全漏洞。

（7）网络日志和监控：评估网络日志和监控系统的完善程度，是否能够及时发现和处理异常行为和安全事件。

通过以上评估，可以了解博物馆信息系统的网络架构是否安全，是否存在网络攻击和病毒传播等风险。针对发现的问题，可以采取相应的措施来增强系统的安全性。

三、博物馆信息系统的安全应急响应机制

为了应对可能发生的安全事件，博物馆应该建立完善的应急响应机制。具体包括：

（1）应急响应计划：制定详细的应急响应计划，明确应急响应的流程、应急处置的措施和应急联系人的信息。这样一旦发生安全事件，可以迅速启动应急响应计划，采取相应的措施进行处理，确保及时有效地应对安全威胁。

（2）应急响应队伍：建立专业的应急响应队伍，由技术团队和管理团队组成。技术团队负责处理安全事件的技术层面，例如修复系统漏洞、恢复数据等；管理团队负责协调各方资源，组织应急响应工作，确保事件得到妥善处理。

（3）应急演练：定期进行应急演练，模拟各种可能发生的安全事件情景，让应急响应队伍在实战中锻炼自己的能力和协同配合能力。通过反复演练，提高应急响应队伍的应变能力和处理突发事件的能力。

（4）应急响应预案：针对可能发生的安全事件，制定相应的应急响应预案。预案应包括不同类型事件的处理流程和措施，如数据泄露事件的快速报告和隔离措施、系统瘫痪事件的紧急修复方案等。这样一旦发生紧急情况，可以根据预案迅速采取措施，最大程度地减少安全事件对博物馆的影响。

（5）应急知识培训：加强管理人员对应急知识的培训，提高管理人员在紧急情况下的应对能力和自我保护意识。培训内容可以包括安全事件的预防与处置知识、紧急撤离和自救技巧等。通过培训，使员工能够熟悉应急预案和流程，增强应对突发情况的信心和能力。

第十一节　博物馆信息化建设的社会效益

随着信息技术的飞速发展，博物馆信息化建设逐渐成为了博物馆事业发展的核心竞争力之一。博物馆作为文化传承的重要场所，其信息化建设不仅具有经济效益，更具有广泛的社会效益。本节将从提高公众文化素质与科学素养、促进文化遗产保护与传承、推动文化旅游产业发展与社会和谐进步三个方面阐述博物馆信息化建设的社会效益。

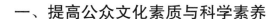
一、提高公众文化素质与科学素养

博物馆是提高公众文化素质与科学素养的重要场所。通过信息化建设，博物馆可以更好地发挥这一作用。首先，博物馆可以通过网站、手机应用程序等渠道向公众提供丰富的展览信息、文物知识、历史文化背景等内容，使公众在家里就能随时随地学习知识，提高文化素养。其次，博物馆可以利用信息化技术手段，如虚拟现实、增强现实等，为公众提供更加生动、形象的学习体验，增强科学素养。此外，博物馆还可以通过信息化技术手段，如大数据分析、用户行为研究等，了解公众的需求和兴趣，有针对性地提供更加符合需求的文化信息，提高公众的文化素质与科学素养。

二、促进文化遗产保护与传承

博物馆是文化遗产保护与传承的重要机构。通过信息化建设，博物馆可以更好地实现这一目标。首先，博物馆可以利用信息化技术手段，如数字化采集、三维建模等，对文物进行数字化复制和保存，避免文物因时间过长而损坏、丢失。其次，博物馆可以利用信息化技术手段，如大数据分析、人工智能等，对文物进行深入研究和分析，挖掘文物的历史文化内涵，为文化遗产的保护与传承提供更加科学、可靠的技术支持。此外，博物馆还可以通过信息化技术手段，如互联网宣传、社交媒体推广等，扩大文化遗产的传播和影响力，让更多的人了解和关注文化遗产的保护与传承。

三、推动文化旅游产业发展与社会和谐进步

博物馆是文化旅游产业发展的重要资源。通过信息化建设，博物馆可以更好地发挥这一作用。首先，博物馆可以通过网站、手机应用程序等渠道向游客提供丰富的展览信息、文物知识、历史文化背景等内容，增强游客的旅游体验和文化认同感。其次，博物馆可以利用信息化技术手段，如虚拟旅游、增强现实等，为游客提供更加生动、形象的文化旅游体验，吸引更多的游客前来参观和旅游。此外，博物馆还可以通过信息化技术手段，如大数据分析、用户行为研究等，了解游客的需求和兴趣，有针对性地提供更加符合需求的文化信息和文化产品，推动文化旅游产业的发展。

同时，博物馆的信息化建设也可以促进社会和谐进步。首先，博物馆可以通过展览、宣传等方式，弘扬优秀文化，促进不同文化之间的交流和理解，增强

社会的文化凝聚力。其次，博物馆可以利用信息化技术手段，为公众提供更加便捷、高效的文化服务，满足公众的文化需求，提高公众的生活质量。此外，博物馆还可以通过信息化技术手段，为文化遗产的保护与传承提供更加科学、可靠的技术支持，促进社会的文化传承和发展。

总之，博物馆的信息化建设具有广泛的社会效益，可以提高公众文化素质与科学素养，促进文化遗产保护与传承，推动文化旅游产业发展与社会和谐进步。因此，我们应该重视博物馆的信息化建设，发挥其应有的作用，为社会的文化发展和进步做出贡献。

第五章 博物馆安全防范体系的设计与建设

在现代社会中，博物馆作为文化、历史和艺术的重要载体，承担着传承文明、弘扬精神的使命。为了确保博物馆的安全稳定，需要建立一套完善的安全防范体系。本文将对博物馆安全防范体系的设计与建设进行阐述。

第一节 博物馆与安全防范体系概述

博物馆是收藏、保护、研究和展示人类历史、文化、科技和艺术的重要场所。然而，随着社会环境和安全形势的复杂化，博物馆面临着越来越多的安全挑战。因此，建立一套完整的安全防范体系对于保障博物馆的正常运营和文物的安全具有重要意义。

一、安全防范体系的概念与作用

安全防范体系是一种综合性的、多层次的安全保障机制，旨在通过多种技术手段和管理措施来预防、控制和减轻可能发生的安全威胁。这一体系涵盖了多个方面的内容，包括物理安全、网络安全、信息安全等。它的作用不仅仅是为了防止安全事件的发生，更重要的是降低安全风险，确保人员、财产和环境的安全。

在实际应用中，安全防范体系通常采用先进的技术手段，如视频监控、门禁系统、报警器等，以实现对重要区域和设备的实时监控和保护。同时，安全管理措施也是安全防范体系的重要组成部分，包括制定严格的规章制度、加强员工培训、建立应急预案等。这些措施有助于提高组织内部的安全意识和应对能力，从而更好地应对潜在的安全风险。

此外，安全防范体系还可以与其他安全保障措施相结合，形成一个综合的安全保障网络。例如，与网络安全相关的措施可以包括加密技术、防火墙设置等；与信息安全相关的措施可以包括数据备份、访问控制等。通过综合利用各种安全保障措施，可以进一步提高安全防范体系的效能，确保组织的整体安全。

总之，安全防范体系是一种重要的安全保障措施，它通过多种技术手段和管理措施的综合应用，旨在预防、控制和减轻可能发生的安全威胁。它的存在对于保护人员、财产和环境的安全具有重要意义，是现代组织不可或缺的一部分。

二、博物馆安全防范体系的设计原则

博物馆安全防范体系的设计原则主要包括以下几点：

（一）预防为主

预防为主是安全防范体系设计的首要原则。这一原则强调在设计和实施安全防范措施时，应将预防事故作为首要任务，通过科学的管理和合理的布局，尽可能地预防各种可能的安全隐患，降低事故发生的概率。

预防为主的原则要求我们在设计安全防范体系时，要充分考虑各种可能出现的安全隐患，从源头上进行预防。这需要我们对相关领域的专业知识有深入的了解，以便能够准确地识别潜在的危险因素，并采取相应的措施加以防范。同时，我们还需要关注新的技术和方法的发展，以便及时更新和完善安全防范体系，使其更加科学、有效和实用。

预防为主的原则强调我们要建立健全的安全管理制度和规章制度，确保各项安全防范措施得以有效执行。这包括对员工进行定期的安全培训和教育，提高他们的安全意识和自我保护能力；建立严格的安全检查制度，定期对设备、设施和环境进行检查，及时发现和整改安全隐患；制定应急预案，确保在发生事故时能够迅速、有效地进行应对。

预防为主的原则要求我们合理布局安全防范设施和资源。这意味着我们要根据实际需求和风险评估结果，合理配置人力、物力和财力资源，确保各项安全防范措施能够得到充分的支持。此外，我们还要考虑如何利用现有的技术和资源，提高安全防范体系的效能，例如通过物联网、大数据等技术手段，实现对安全隐患的实时监控和预警。

预防为主的原则还要求我们注重安全防范体系的持续改进和完善。这意味着我们要定期对安全防范体系进行评估和审计，总结经验教训，不断优化和完善各项措施，以适应不断变化的安全环境和风险挑战。

总之，预防为主是安全防范体系设计的首要原则，它要求我们在设计、实施和维护安全防范体系的过程中，始终把预防事故作为核心目标，通过科学的管理

和合理的布局，最大限度地减少安全隐患，降低事故发生的概率，从而保障人们的生命财产安全和企业的正常运营。

（二）全面性原则

博物馆的安全防范体系需要覆盖所有的区域和设施，包括展厅、藏品库房、办公区、公共设施等，确保没有任何一处是安全的死角。在博物馆中，安全防范体系的重要性不言而喻。它不仅是保护文物和艺术品的重要手段，也是维护观众安全和参观秩序的关键因素。为了实现全面的安全防范，博物馆需要采取一系列措施来保障各个区域的安全问题。

1. 展厅

展厅是博物馆中最容易被关注和保护的区域之一。因此，博物馆应该建立完善的监控系统，包括安装摄像头和监控设备，以便及时监测和记录展厅内的异常情况。此外，博物馆还应该加强对展品的保护措施，如设置防盗报警系统、安装防护罩等，以防止盗窃和损坏事件发生。

2. 藏品库

藏品库房是博物馆中保存珍贵文物和艺术品的场所，其安全性尤为重要。博物馆应该设立专门的安保人员负责库房的管理和监控，同时加强库房的门禁管理，确保只有经过授权的人员才能进入。此外，对于一些特别珍贵的文物和艺术品，博物馆还可以采取数字化存储的方式，以减少实物库房的安全隐患。

3. 办公区

办公区是博物馆工作人员日常办公的地方，也是安全管理的重点区域。博物馆应该建立完善的门禁系统，限制非相关人员进入办公区。同时，加强对办公区内电脑、文件等重要资料的管理，防止信息泄露和数据丢失。此外，博物馆还应该定期进行员工的安全培训，提高员工的安全意识和应急处理能力。

4. 公共设施

公共设施是博物馆提供给观众使用的场所，如洗手间、休息区等。博物馆应该加强对这些公共设施的管理和维护，确保设施的安全性和卫生状况。例如，定期清洁洗手间、更换损坏的设施等，以提供良好的使用环境。

除了以上措施外，博物馆还可以与相关部门合作，共同制定安全防范计划和应急预案。例如，与公安部门合作加强巡逻和安保力量的配备；与消防部门合作开展消防安全演练和设备检查等。通过多方合作，可以进一步提高博物馆的整体安全水平。

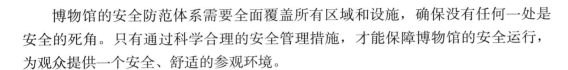

博物馆的安全防范体系需要全面覆盖所有区域和设施，确保没有任何一处是安全的死角。只有通过科学合理的安全管理措施，才能保障博物馆的安全运行，为观众提供一个安全、舒适的参观环境。

（三）科技引领

科技的引领在现代社会中起着至关重要的作用，尤其是在博物馆的安全防范方面。现代科技手段的应用为博物馆提供了更高效、更智能的保护措施，有效地提升了安全防范能力。

1. 视频监控系统

视频监控系统是一种常见的科技手段，通过安装摄像头和监控设备，可以实时监测博物馆内部的活动情况。这种系统不仅可以提供 24 小时不间断的监控，还可以记录下任何异常行为或可疑事件，为后续的调查和处理提供重要的证据。此外，视频监控系统还可以与入侵报警系统相结合，一旦发现有非法入侵行为，系统会立即发出警报并通知相关人员，从而及时采取应对措施。

2. 入侵报警系统

入侵报警系统也是博物馆安全防范的重要工具之一。该系统通过识别和判断入侵者的行为模式，一旦发现异常情况，会立即发出警报并通知相关人员。这种系统不仅可以保护博物馆的藏品和设施不受破坏，还可以有效遏制潜在的安全威胁。

3. 防火防盗设备

防火防盗设备的使用也是博物馆安全防范的重要环节。博物馆内收藏了大量的珍贵文物和艺术品，一旦发生火灾或盗窃事件，将会给博物馆带来巨大的损失。因此，采用先进的防火防盗设备是必要的。这些设备包括火灾报警器、烟雾探测器、防盗门禁系统等，能够及时发现火灾或盗窃行为，并采取相应的措施进行应对，保障了博物馆的安全。

随着科技的不断发展和社会环境的变化，新的安全挑战也不断涌现。因此，博物馆的安全防范工作不能止步于现有的技术手段。要注重技术的更新和升级，及时引入新的科技产品和解决方案。例如，利用人工智能技术可以实现更智能化的安全监控系统，通过分析历史数据和行为模式，提前预测潜在的安全风险；利用物联网技术可以实现对博物馆内外环境的全面监控，提高安全防范的覆盖面和准确性。

综上所述，利用现代科技手段提高博物馆的安全防范能力是必不可少的。视

频监控、入侵报警系统、防火防盗设备等技术手段的应用可以有效提升博物馆的安全水平。同时，博物馆也应该注重技术的更新和升级，以应对新的安全挑战，确保馆内藏品和人员的安全。

（四）人本理念

在设计防范体系时，要充分考虑到人的主观能动性。例如，通过培训和教育，提高员工的安全意识和应急处理能力；通过合理的布局和通道设计，减少人为的错误和疏忽。

人本理念强调将人作为防范体系的核心要素，注重发挥人的主观能动性和积极性。在设计防范体系时，应该充分考虑到员工的需求和特点，以确保他们能够在安全的环境中高效地工作。

通过培训和教育，可以提高员工的安全意识和应急处理能力。定期组织安全培训课程，向员工传授安全知识和操作规程，使他们能够正确理解和遵守相关规定。此外，还可以开展模拟演练和应急演习，让员工亲身体验并熟悉应急处理流程，增强他们在紧急情况下的应对能力。

合理的布局和通道设计也是考虑人本理念的重要方面。在办公场所或生产现场，应该根据人员流动的特点和需求，合理规划空间布局和通道设置。确保通道宽敞、明亮、通畅，避免拥堵和危险区域的存在。同时，设置明显的标识和警示标志，提醒员工注意安全事项，减少人为的错误和疏忽。

人本理念还强调关注员工的身心健康。在防范体系中应该考虑到员工的工作环境和工作强度，合理安排工作时间和休息时间，避免过度劳累和工作压力过大。同时，建立健全的健康监测机制，定期进行体检和健康评估，及时发现潜在的健康问题并采取相应的措施。

人本理念在设计防范体系时发挥着重要作用。通过培训和教育提高员工的安全意识和应急处理能力，通过合理的布局和通道设计减少人为的错误和疏忽，关注员工的身心健康，可以有效提升防范体系的效能，保障员工的安全和健康。

（五）法制保障

在设计安全防范体系时，必须确保其符合国家的法律法规和相关标准，以确保其合法性和有效性。这意味着在设计和实施过程中，需要充分考虑到国家法律对安全防范的要求和规定。例如，可能需要遵守相关的刑法、民法、行政法等法律规定，确保安全防范措施不会侵犯他人的合法权益。

（六）应急响应

设计的安全防范体系应具备快速、有效的应急响应能力。这意味着当发生安全事故时，系统应该能够立即启动应急预案，并迅速采取必要的措施来控制事态的发展，以减小事故的损失。

安全防范体系需要具备快速反应的能力。在发生安全事故时，系统应该能够迅速识别问题，并立即启动应急预案。这需要系统的设计和部署过程中考虑到各种可能的安全事故场景，并制定相应的预案和流程。通过提前规划和培训，确保相关人员能够在紧急情况下迅速采取行动，从而减少事故的影响范围和损失程度。

安全防范体系需要具备有效的应急响应能力。这意味着在事故发生后，系统应该能够迅速调动资源和人力，展开应急行动。这包括调度专业人员进行现场处理、协调相关部门提供支持和协助、组织人员疏散等。同时，系统还应该能够及时收集和分析事故信息，以便更好地了解事态发展的情况，并做出相应的决策和调整。

安全防范体系还应该具备持续监测和改进的能力。这意味着系统应该能够对应急响应过程进行实时监测和评估，及时发现问题并进行纠正。通过对应急演练和实际事件的总结和反馈，不断优化和完善应急预案和流程，提高应急响应的效率和准确性。

设计的安全防范体系应具备快速、有效的应急响应能力。只有通过提前规划、充分准备和持续改进，才能在发生安全事故时迅速应对，最大限度地减小事故的损失。因此，安全防范体系的建设需要综合考虑各个方面的因素，确保其能够有效地保护人们的生命财产安全。

以上六点原则是博物馆安全防范体系设计的基础，只有遵循这些原则，才能构建出一个既科学又实用的安全防范体系。

第二节　博物馆安全防范体系建设

一、建立健全安全管理制度

建立健全安全管理制度是博物馆安全防范体系建设的基础。博物馆应当建立

健全的安全管理制度，包括安全生产责任制、安全操作规程、安全检查制度、安全事故应急预案等。这些制度应当符合国家有关法律法规和标准规范，具有可操作性和可执行性。

二、完善人员管理机制

完善人员管理机制是博物馆安全防范体系建设的重要保障。博物馆应当建立健全的人员管理机制，包括人员招聘、培训、考核、奖惩等制度。这些制度应当符合国家有关法律法规和标准规范，具有可操作性和可执行性。

三、提升设备设施安全性能

提升设备设施安全性能是博物馆安全防范体系建设的重要内容。博物馆应当加强设备设施的安全管理，定期进行维护保养，确保设备设施的安全性能。同时，博物馆应当采用先进的安全技术和设备，提升设备设施的安全性能，提高安全防范能力。

四、优化环境因素

优化环境因素是博物馆安全防范体系建设的重要方面。博物馆应当采取措施，优化环境因素，包括控制人流、保持环境稳定、加强安全通道管理等。同时，博物馆应当建立健全的消防安全管理制度，加强消防安全工作。

五、加强技术防范

加强技术防范是博物馆安全防范体系建设的重要手段。博物馆应当采用先进的技术手段，加强安全防范，包括视频监控、门禁管理、红外报警、烟雾报警等。同时，博物馆应当建立健全的信息安全管理制度，加强信息安全工作。

六、开展安全演练与培训

开展安全演练与培训是博物馆安全防范体系建设的重要环节。博物馆应当定期开展安全演练和培训，提高员工的安全意识和应急处置能力。同时，博物馆应当建立健全的安全培训制度，对员工进行定期培训，确保员工具备相应的安全知识和技能。

第三节　博物馆的技术防范体系

一、视觉防范技术

（一）摄像监视系统

摄像监视系统是一种先进的安全监控系统，它通过在博物馆的各个出入口、重要展区、通道等关键区域安装高清晰度的摄像机，并配备监视器和录像机等设备，实现了对博物馆的全面监控。这种系统可以提供实时的图像传输和记录，使安保人员能够随时观察博物馆内的情况，及时发现异常行为和潜在的安全威胁。

这种摄像监视系统采用了先进的图像处理技术和人工智能算法，能够实现对博物馆内各个区域的高清实时监控。无论是游客进出博物馆的门口，还是参观者在重要展区的活动情况，甚至是通道内的人流情况，都能够被摄像机捕捉到并通过监视器呈现给安保人员。同时，录像机可以记录下这些画面，以便日后进行回放和分析。

这种摄像监视系统不仅提供了实时的图像传输和记录功能，还可以通过智能分析技术自动识别出异常行为和潜在的安全威胁。例如，当摄像头捕捉到一名游客携带违禁品进入博物馆时，系统会自动发出警报并通知安保人员进行处理。这种智能分析技术的应用大大提高了博物馆的安全防范能力。

除了对博物馆内部的监控，摄像监视系统还可以与外部安防系统进行联动。比如，当有可疑人员试图闯入博物馆时，系统可以通过联网的方式将相关信息发送给警方，以便及时采取措施保障博物馆的安全。

摄像监视系统作为一种先进的安全监控系统，为博物馆提供了全面的安全保障。它不仅能够实时监控博物馆内的情况，还能够及时发现异常行为和潜在的安全威胁，为安保人员提供了有力的支持。同时，系统的智能化分析和联网功能也进一步提升了博物馆的安全防范水平。

（二）激光扫描报警系统

激光扫描报警系统是一种重要的安全技术，它在博物馆等特定场所中发挥着关键作用。这些场所通常包含一些重要区域，如珍贵藏品陈列区、实验室等，需

要高度保护以确保文物和实验品的安全。

在这些重要区域，激光扫描器可以被安装起来。一旦有人闯入这些禁区，激光扫描器会立即感知到异常情况，并发出相应的报警信号。这种报警系统具有快速反应的特点，能够在瞬间发现潜在的入侵行为，并及时通知安保人员。

由于激光扫描器的高灵敏度，它可以精确地检测到人的存在，并将其与正常访客进行区分。当有陌生人进入时，系统会立即触发报警，提醒安保人员迅速采取行动。这种快速响应的能力使得安保人员能够迅速赶到现场，阻止入侵行为的发生，并采取适当的措施保障安全。

激光扫描报警系统的使用不仅提供了一种有效的安全防护手段，还提高了博物馆的安全管理水平。通过实时监测和报警功能，安保人员可以更加有针对性地进行巡逻和维护工作，减少了安全隐患的出现概率。

此外，激光扫描报警系统还可以与其他安全设备和技术相结合使用，形成一个综合的安防体系。例如，可以结合视频监控、门禁系统等设备，形成多层次的防护网，进一步提高了博物馆的安全性能。

总之，激光扫描报警系统作为一种重要的安全技术，在博物馆等特定场所中发挥着重要作用。它具备快速反应和高灵敏度的特点，能够及时发现入侵行为并通知安保人员，确保他们能够迅速采取措施应对。通过与其他安全设备的结合使用，可以进一步提高博物馆的整体安全性能，为珍贵文物和实验品提供可靠的保护。

（三）图像采集和识别技术

图像采集和识别技术，作为一种先进的安全手段，已经在许多领域得到了广泛应用。在博物馆领域，这种技术的应用尤为关键，因为它可以有效地提高博物馆的整体安全水平。

通过安装高清晰度摄像头和图像采集设备，博物馆可以对进出人员进行面部图像的实时采集。这些设备通常具有高分辨率和高灵敏度，能够捕捉到人脸的细节信息，包括面部特征、表情等。这些信息将被用于后续的身份验证过程。

利用图像识别技术对这些采集到的面部图像进行处理和分析。图像识别技术是一种基于人工智能的技术，它可以通过学习和训练，自动识别出图像中的关键特征，并进行分类或匹配。在博物馆场景中，图像识别技术可以用于判断进出人员的身份是否合法。

当有人进入博物馆时，摄像头会拍摄到他们的面部图像。这些图像将被传输到图像采集设备上，并经过图像识别技术的处理。系统会根据预先设定的规则和算法，对面部特征进行比对和验证。如果识别结果显示该人员是合法的博物馆参观者，系统将允许其进入；否则，系统将拒绝其进入或发出警报。

这种技术的应用具有以下几个优点：

（1）高效性：图像识别技术可以快速准确地对面部图像进行身份验证，大大减少了人工审核的时间和工作量。

（2）可靠性：由于图像识别技术是基于人工智能的技术，它具有高度的准确性和鲁棒性，能够有效地防止非法人员进入博物馆。

（3）实时性：图像采集设备可以实时采集和传输面部图像，使得博物馆能够及时采取相应的安全措施。

（4）可扩展性：随着人脸识别技术的不断发展和完善，图像采集和识别技术的应用范围也在不断扩大。未来，这项技术还可以应用于其他领域，如边境安全、公共交通等。

图像采集和识别技术在博物馆领域的应用是一种非常有效的安全手段。通过利用这种技术，博物馆可以提高整体的安全水平，保护珍贵的文物和艺术品免受非法侵害。同时，这也为观众提供了一个更加便捷和安全的参观环境。

摄像监视系统、激光扫描报警系统和图像采集与识别技术是博物馆安全措施的重要组成部分。这些技术相互配合，形成了一个全方位的安全网络，有效地保护了博物馆内的文物和艺术品，确保了参观者的安全和利益。同时，这些技术的应用也体现了现代科技在博物馆安全管理中的重要性和有效性。

二、声音防范

声音防范技术在博物馆安全管理中起着至关重要的作用。为了确保博物馆内的安全和秩序，我们可以采取以下两种主要的技术手段：

（一）声音传感器

在博物馆的各个角落安装声音传感器是一种有效的防范措施。这些传感器能够实时监测博物馆内各个区域的声音情况。一旦传感器检测到异常声音，比如突然的噪音或者可疑的活动声，它们会立即触发报警系统。这样一来，安保人员可以迅速得知异常情况的发生，并及时采取相应的应对措施，以确保博物馆内的文物和展品的安全。

（二）无线通信系统

为了方便安保人员之间的沟通和协调工作，博物馆内部应建立一套完善的无线通信系统。这套系统可以包括无线电台、对讲机或者其他无线通信设备，使安保人员能够在紧急情况下迅速传递信息。通过这种方式，他们可以快速响应突发事件，协同行动，确保博物馆的安全和秩序得到维护。

除了以上两种技术手段，博物馆还可以考虑其他可能的声音防范措施，如使用声音识别软件来分析和识别特定的声音模式，以便更精确地发现潜在的安全威胁。此外，博物馆还可以加强对参观者的引导和管理，教育他们保持安静和文明的行为习惯，减少人为因素对博物馆安全的潜在影响。

声音防范技术在博物馆安全管理中具有重要意义。通过安装声音传感器和建立无线通信系统，博物馆可以更好地监测和应对潜在的安全问题，保护珍贵的文物和参观者的安全。同时，结合其他可能的声音防范措施和加强管理措施，博物馆可以进一步提升安全水平，为参观者提供一个安全、舒适的环境。

三、电子防范体系

（一）电子门禁

电子门禁系统是一种现代化的安全防范措施，广泛应用于博物馆等重要场所的安全管理。在博物馆的文物库房、展厅等重要区域安装电子门禁系统，可以有效地控制人员的进出，确保只有经过授权的人员才能进入，从而提高安全防范能力。

电子门禁系统的引入为博物馆等重要场所带来了诸多优势。首先，它能够实现对人员进出的实时监控和管理，有效防止未经授权的人员进入敏感区域，从而降低了安全风险。其次，电子门禁系统具备高度的安全性和可靠性，采用先进的加密技术和身份验证机制，确保只有合法授权的人员能够通过门禁系统进入特定区域。此外，电子门禁系统还支持远程管理和监控功能，方便管理人员对门禁系统进行远程操作和维护，提高了管理效率和便利性。

在博物馆等重要场所中，电子门禁系统的应用范围广泛。除了文物库房、展厅等重要区域外，还可以应用于藏品库、办公室、会议室、洗手间等其他需要严格控制进出的地方。通过合理设置权限和访问规则，可以实现对不同区域的人员进出进行精细化管理，确保各类人员按照权限和规定进行活动，避免潜在的安全隐患。

电子门禁系统还可以与其他安全设备和技术相结合，形成综合安全防范体系。例如，可以通过安装视频监控系统、入侵报警系统等设备，与电子门禁系统联动，实现对整个场所的全方位监控和报警。同时，结合人脸识别技术、指纹识别技术等生物识别技术，进一步提高门禁系统的安全性和准确性，有效防止非法闯入和身份冒用。

电子门禁系统作为一种现代化的安全防范措施，在博物馆等重要场所的安全管理中发挥着重要作用。通过合理配置和使用电子门禁系统，可以有效提高安全防范能力，保障珍贵文物和重要资料的安全，维护场所的正常运营和参观秩序。随着科技的不断进步，电子门禁系统的功能和应用也将不断完善和拓展，为各行各业提供更加安全可靠的管理手段。

（二）电子巡检系统

电子巡检系统是一种创新而高效的技术，旨在通过安装电子标签和阅读器来对博物馆内的珍贵文物进行标记和跟踪，以确保它们的安全。这个系统为每一件文物提供了一个独特的电子标签，将文物的详细信息记录在标签中。通过使用这些标签，并结合阅读器的功能，博物馆可以精确地管理和监控文物的位置和状态。

当文物被放置在博物馆内的不同展柜或区域时，工作人员可以使用电子标签将其标记出来。每个标签都包含了唯一的标识符和相关的文物信息，例如名称、年代、作者等。这些信息可以通过阅读器读取，以便实时了解每件文物的状态和位置。

一旦文物被放置在错误的位置或被盗，电子巡检系统会立即发出警报，提醒相关人员采取适当的措施。这有助于防止文物的丢失或被盗，保护了珍贵的文化遗产。

电子巡检系统还可以提供详细的数据报告和分析功能。博物馆工作人员可以根据需要查询和分析文物的分布情况、访问量等信息，以优化展览布局和管理策略。这有助于提高博物馆的运营效率和参观体验。

电子巡检系统为博物馆提供了一种可靠而先进的解决方案，用于管理和维护珍贵文物的安全。它不仅提高了文物的保护水平，还为博物馆的管理者和工作人员提供了更多的数据支持和决策依据。通过采用这种系统，博物馆可以更好地展示和传承人类宝贵的文化遗产。

四、生物特征防范技术

（一）人脸识别技术

人脸识别技术是一种现代化的安全措施，通过在博物馆的入口处安装人脸识别设备，对进出博物馆的人员进行身份验证。这种技术的核心是利用计算机视觉和图像处理算法，通过对摄像头捕捉到的人脸图像进行分析和比对，以确认其身份是否合法。

当有人试图进入博物馆时，人脸识别系统会立即启动并扫描他们的人脸图像。然后，系统会将扫描到的人脸图像与预先存储在数据库中的身份信息进行比对。如果匹配成功，系统会确认该人员是合法的访客，允许其进入博物馆；否则，系统会发出警报，并将可疑人员的信息记录下来，以便进一步调查。

这种人脸识别技术的应用不仅提高了博物馆的安全性，还减少了人力资源的浪费。传统的人工身份验证需要安保人员逐个检查身份证件或询问个人信息，这不仅耗时耗力，而且容易出现人为错误。而人脸识别技术的引入使得博物馆能够实现自动化、高效的人员管理，管理人员可以更加专注于其他重要的任务，如维护博物馆的秩序和保护文物的安全。

人脸识别技术还可以应用于一些特殊场景，如紧急疏散、安全监控等。当博物馆发生火灾或其他紧急情况时，人脸识别系统可以快速识别出被困人员的位置，并提供最佳的逃生路线和救援指引，从而提高了人员的安全逃生能力。同时，监控系统可以通过人脸识别技术实时监测博物馆内的情况，及时发现异常行为并采取相应的措施，确保博物馆的安全运营。

总之，人脸识别技术为博物馆提供了一种高效、准确的身份验证方式，大大提高了安全性和管理效率。随着技术的不断发展和完善，相信未来会有更多领域受益于人脸识别技术的应用。

（二）指纹识别技术

指纹识别技术在现代社会中的应用越来越广泛，尤其是在一些重要区域如文物库房等场所。为了确保这些区域的安全管理和防止非法入侵，可以安装指纹识别设备来加强控制。

指纹识别设备是一种基于生物特征识别技术的设备，通过采集和比对个体的指纹信息，实现对身份的验证。在文物库房等重要区域，安装指纹识别设备可以有效地提高安全管理水平。只有经过授权的人员才能进入这些区域，从而避免了未经授权的人员进入并可能带来的风险。

指纹识别设备的使用具有许多优势。

指纹具有独特性和稳定性，每个人的指纹都是独一无二的，难以伪造或模仿。这使得指纹识别成为一种高度可靠的身份验证方式。

指纹识别设备的操作也相对简单方便。用户只需将手指轻触指纹识别器，设备会自动采集并记录指纹信息。一旦指纹信息被成功录入系统，当用户再次尝试进入时，设备会快速比对其指纹信息，进行实时验证。如果认证通过，则允许进入；否则，将拒绝访问并报警。

除了在文物库房等重要区域的应用外，指纹识别技术还可以应用于其他领域，如企事业单位、金融机构、机场等。它可以用于加强门禁管理、支付安全、边境安检等方面，提供更高水平的安全保护和便利服务。

然而，指纹识别技术也存在一些挑战和限制。例如，指纹信息的泄露和滥用可能导致安全风险，因此需要采取相应的措施来保护用户的隐私和数据安全。此外，指纹识别设备的成本较高，对于一些经济条件较差的地区或机构来说可能不太实际。

指纹识别技术作为一种先进的身份验证手段，在重要区域如文物库房等的应用中具有重要的意义。它能够提供高效、安全的访问控制，保护重要资产和文化遗产的安全。随着技术的不断发展和完善，指纹识别技术有望在更多领域发挥更大的作用，为社会的安全和稳定做出贡献。

五、数据安全防范技术

（一）数据备份和数据恢复系统

数据备份和恢复系统在博物馆信息安全中起着至关重要的作用。通过建立完善的数据备份和恢复系统，可以有效地保障博物馆各类数据的完整性和安全性，确保这些宝贵的信息不会因意外事件而永久丢失。

1. 数据备份

数据备份是确保博物馆数据安全的重要一环。博物馆拥有大量的文物、艺术品、历史资料等珍贵的数字资产，这些数据记录着丰富的文化和历史信息。然而，由于各种原因，如硬件故障、自然灾害或人为破坏等，这些数据可能会遭受损失或损坏。通过定期的数据备份，博物馆可以将重要数据复制到可靠的存储介

质上，以防止因意外事件而导致的数据丢失。备份的频率可以根据博物馆的需求和预算进行灵活调整，以确保及时恢复数据。

2．数据恢复

数据恢复系统的建立也是保障博物馆数据安全的关键步骤。即使进行了定期的数据备份，也不能完全排除数据丢失的可能性。因此，建立一个高效的数据恢复系统至关重要。这个系统应该包括快速的数据恢复流程、可靠的硬件设备以及专业的技术支持团队。当发生数据丢失时，博物馆可以迅速启动数据恢复系统，将备份的数据恢复到原始状态，最大程度地减少数据丢失带来的损失。

此外，数据备份和恢复系统还需要与其他安全措施相结合，以提供更全面的保护。例如，加密技术可以用来保护敏感数据的传输和存储过程，防止未经授权的访问和窃取。防火墙和入侵检测系统可以监控网络流量，及时发现并阻止恶意攻击。同时，定期的安全审计和漏洞扫描可以帮助发现潜在的安全风险，并采取相应的措施加以修复。

建立完善的数据备份和恢复系统是保障博物馆数据安全的重要措施之一。通过定期的数据备份，博物馆可以有效预防数据丢失的风险；而一个高效的数据恢复系统则可以在数据丢失后迅速恢复数据的完整性。此外，结合其他安全措施的综合防御体系可以进一步提高博物馆数据的安全保障水平。只有不断加强数据备份和恢复系统的建设与完善，才能更好地保护博物馆的珍贵文化遗产和重要信息资源。

（二）数据加密技术

数据加密技术在博物馆信息安全中的应用：在当今信息化社会，博物馆作为一个承载着丰富历史文化遗产的场所，其内的数据安全问题显得尤为重要。

数据加密技术可以对博物馆内的敏感数据进行保护。博物馆内的数据包括藏品信息、参观者信息、展览信息等，这些数据往往具有较高的价值。通过采用先进的加密算法，如 AES、RSA 等，可以对这些数据进行有效加密，使得未经授权的人员无法获取到这些数据的实际内容。这样一来，即使数据在传输过程中被截获，攻击者也无法破解加密密钥，从而保障了数据的安全。

数据加密技术可以提高博物馆内部数据传输的安全性。在博物馆的日常运营过程中，工作人员需要频繁地在不同系统之间传输数据。这些数据传输往往涉及到敏感信息，如藏品借阅记录、门票销售数据等。通过采用数据加密技术，可以确保这些数据传输过程中不被窃取或篡改，从而提高了数据传输的安全性。

数据加密技术还可以应用于博物馆与外部系统的数据交互。随着互联网技术的发展，博物馆越来越多地与其他信息系统进行数据交互，如票务系统、导览系统等。在这些交互过程中，为了保证数据的完整性和安全性，可以采用数据加密技术对传输的数据进行加密处理。这样，即使数据在传输过程中被截获，攻击者也无法获取到完整的数据信息，从而降低了数据泄露的风险。

总之，数据加密技术在博物馆信息安全中发挥着重要作用。通过对博物馆内的数据进行加密处理，可以有效地防止数据泄露和被非法使用，保障了博物馆的数据安全。随着技术的不断发展，数据加密技术将在博物馆信息安全领域发挥更加重要的作用

六、技术防范系统的设计与建设

博物馆技术防范系统的设计与建设是一项重要的任务，旨在确保博物馆的安全和保护珍贵的文物艺术品。在设计和建设过程中，需要综合考虑博物馆的实际情况和安全需求，以确保系统科学、合理、高效地运行。

（一）系统设计

系统设计是防范系统的基石，它为整个安全体系的构建奠定了基础。在设计阶段，我们需要对博物馆的布局、藏品特点以及潜在的安全威胁有充分的了解。这些信息将有助于我们确定系统的功能模块和技术要求，从而使我们的设计更加贴近实际需求。

以博物馆的入口区域为例，我们可以设计一套门禁系统，以满足不同场景的安全需求。这套系统可以采用人脸识别技术，通过摄像头捕捉到的人脸图像与数据库中预先录入的授权人员信息进行比对，从而实现对访客身份的验证。此外，我们还可以考虑引入指纹识别技术，为用户提供另一种便捷的入园方式。通过这两种技术的结合，我们可以确保只有经过授权的人员才能够进入博物馆，从而提高整体的安全性。

除了对入口区域的管理外，我们还可以在整个博物馆内部部署视频监控系统。这套系统可以实时监控博物馆内部的活动情况，对于任何异常行为或可疑人员都可以及时发现并采取相应的措施。例如，当系统检测到有人在展厅内滞留时间过长时，可以自动发出警告信号，提醒管理人员进行检查。此外，视频监控系统还可以帮助我们追踪失窃物品的行踪，为破案提供有力线索。

（二）系统建设

系统建设是将设计转化为实际设备的阶段。在这个阶段，需要选择合适的设备和技术，以满足系统的功能要求。例如，对于视频监控系统，可以选择高清晰度的摄像头和稳定的录像设备，以获取清晰的图像和可靠的录像数据。同时，还需要考虑到设备的安装位置和布线问题，以确保系统的正常运行和扩展。

在系统建设的过程中，设备的选择至关重要。不同的应用场景需要不同类型的设备来实现特定的功能。例如，在视频监控系统中，选择高清晰度的摄像头可以提供更清晰、更细腻的图像，有助于提高监控效果和准确性。而稳定的录像设备可以确保录制的视频数据不受到干扰或损坏，保证数据的完整性和可靠性。

除了设备的选择，还需要考虑设备的安装位置和布线问题。合理的设备安装位置可以最大程度地利用空间资源，提高系统的覆盖范围和效率。例如，在视频监控系统中，可以将摄像头安装在需要监控的区域的关键位置，确保能够捕捉到关键场景和目标。同时，合理的布线规划可以避免信号干扰和线路混乱，确保数据传输的稳定性和安全性。

此外，系统建设还需要考虑到系统的可扩展性和维护的便利性。随着系统的发展和需求的变化，可能需要增加更多的设备或升级现有的设备。因此，在系统建设时应该预留一定的扩展空间，以便后续的升级和维护工作。同时，系统的维护和管理也需要方便快捷，可以采用集中管理的方式或者使用远程控制的手段，减少维护人员的工作量和时间成本。

综上所述，系统建设是将设计转化为实际设备的阶段，其中设备的选择、安装位置和布线问题是关键环节。通过合理选择设备、合理安排安装位置和布线规划，可以提高系统的性能和稳定性，实现系统的正常运行和扩展。同时，系统的可扩展性和维护便利性也是需要重视的因素，可以为系统的长期发展和持续改进提供保障。

（三）系统测试与验收

系统测试与验收是确保系统稳定性和安全性的关键步骤。在系统建设完成后，进行全面的测试和验收工作是必不可少的。这包括对各个功能模块进行详尽的测试，以确保其正常运行并达到预期效果。例如，可以模拟一些常见的安全威胁情况，如入侵、盗窃等，以测试系统的报警机制和应急处理能力。同时，还需要进行性能测试，以确保系统在高负载情况下的稳定性和可靠性。

博物馆技术防范系统的设计与建设是一个综合性的工作过程。通过科学的系统设计，合理选择设备，以及严格的测试与验收，可以确保博物馆的安全和文物艺术品的保护。这样的系统不仅能够提供有效的安全防护措施，还能够提升博物馆的整体形象和服务质量。

在系统测试与验收过程中，需要对各个功能模块进行全面的测试。这包括对系统的各项功能进行逐一验证，确保其按照设计要求正常运行。例如，可以模拟用户登录、浏览展览、购买门票等操作，以测试系统的响应速度和用户体验。同时，还可以模拟各种异常情况，如网络中断、服务器故障等，以测试系统的容错能力和恢复能力。

除了功能测试外，还需要进行性能测试。性能测试的目的是评估系统在不同负载条件下的性能表现。例如，可以模拟大量用户同时访问系统的情况，以测试系统在高并发情况下的稳定性和响应速度。此外，还可以进行压力测试，以评估系统在极限负载下的性能表现和资源利用效率。

在测试与验收过程中，还需要关注系统的报警机制和应急处理能力。博物馆作为一个公共场所，面临着各种安全威胁，因此系统的报警机制必须灵敏且准确。可以模拟各种安全事件，如入侵、火灾等，来测试系统的报警机制和应急处理能力。只有在实际应用中能够及时发出警报并采取相应措施的情况下，才能有效保障博物馆的安全。

第六章 博物馆文化建设

第一节 博物馆文化概述

一、博物馆文化的产生

博物馆文化是人类文明发展的产物，它源于对历史、艺术和科学的热爱与探索。在人类社会的早期阶段，人们就开始收集和保存具有历史、艺术或科学价值的物品，以传承文化、展示成就和教育后人。随着社会的发展和科技的进步，博物馆逐渐成为了一个重要的文化载体，承载着人类智慧的结晶和文明的记忆。

博物馆作为文化的守护者，扮演着重要的角色。它们不仅是历史的见证者，记录着人类的发展历程，还是艺术的殿堂，展示着各种形式的艺术作品，包括绘画、雕塑、音乐、舞蹈等。同时，博物馆也是科学的宝库，收藏着各种科学仪器、实验设备和科技成果，为人们提供了了解科学原理和探索未知的机会。

博物馆不仅仅是静态的陈列馆，更是活动的中心。它们举办各种展览、讲座、研讨会等活动，吸引着来自世界各地的参观者。这些活动不仅丰富了人们的知识和视野，还促进了不同文化之间的交流与理解。通过互动式的展览和教育活动，博物馆使人们能够更加深入地了解历史、艺术和科学的魅力，激发人们对知识的渴望和探索的热情。

除了传统的实物展览，现代博物馆也在不断创新。虚拟现实技术的应用使得观众可以身临其境地体验历史事件或艺术作品的创作过程；数字展览则将大量珍贵的文物和艺术品数字化展示，让人们可以随时随地欣赏到精彩的文化遗产。这些创新举措不仅提升了博物馆的吸引力，也为人们提供了更多参与和互动的机会。

然而，博物馆也面临着一些挑战。保护和维护文物和艺术品需要巨大的投入和专业知识，同时也需要应对自然灾害和人为破坏的威胁。此外，如何让更多的

人参与到博物馆文化中来，也是一个亟待解决的问题。因此，社会各界应该共同努力，加强对博物馆的支持和关注，推动博物馆文化的传承和发展。

二、博物馆文化的发展背景

（一）社会需求

在现代社会中，人们对知识和文化的需求日益增长。这种需求的增加不仅体现在个人层面，也体现在社会整体上。人们希望通过学习和理解不同的文化，来丰富自己的知识结构，提升自我素养，更好地适应社会的发展和变化。博物馆作为一个重要的文化场所，为人们提供了丰富的学习资源和交流平台。它们收藏并展示了大量的历史文物、艺术品、科学成果等，使人们能够直观地了解和接触到各种文化信息。同时，博物馆还经常举办各种讲座、研讨会、展览等活动，为人们提供了一个交流思想、分享知识的平台。

（二）科技进步

现代科技的发展为博物馆的建设和管理提供了更多的技术支持。例如，数字化技术的应用使得博物馆能够通过数字展示、在线互动等方式，将藏品的信息和价值传播给更广泛的观众。这不仅大大提高了博物馆的公众影响力，也使得那些因为地域、时间等因素无法亲自参观博物馆的人们也能够接触到博物馆的文化资源。此外，虚拟现实（VR）等新兴技术也为博物馆的文化传播提供了新的可能。通过 VR 技术，人们可以身临其境地体验古代文明的生活场景，或者亲眼看到恐龙的真实面貌，这无疑为博物馆的文化传播增添了更多的趣味性和吸引力。

（三）国际交流

全球化的趋势使得不同国家和地区之间的文化交流更加频繁。在这样的背景下，博物馆成为了促进国际间文化交流的重要窗口。一方面，博物馆通过展示各国的文化遗产和历史成就，增进了各国人民对彼此文化的理解和尊重。另一方面，博物馆也通过组织各种跨国的展览和学术活动，推动了不同国家和地区间的学术研究和文化交流。这些活动不仅有助于提高公众的文化素养，也有助于推动全球文化的多样性和包容性。

三、博物馆文化的涵义

博物馆文化是指博物馆所代表、所反映的文化内涵及其价值观念，以及博物馆在展览、研究、教育、管理等方面的文化体现。它既包括博物馆的建筑、陈列、藏品等物质文化遗产，也包括博物馆所承载的历史、艺术、科技等非物质文化遗产，以及博物馆所呈现出的文化精神、价值观念和审美取向等。

博物馆文化是一种丰富多元的文化现象，它涵盖了博物馆所代表的、所反映的各种文化内涵及其价值观念。这些文化内涵和价值观念不仅体现在博物馆的展览、研究、教育和管理等方面，还深入到博物馆的建筑、陈列、藏品等物质文化遗产中。

第一，博物馆的建筑本身就是一种文化体现。每一座博物馆都有其独特的建筑风格和设计理念，这些设计往往融合了当地的历史、地理、民俗等多种文化元素，展现了博物馆所在地的独特文化风貌。同时，博物馆的建筑也反映了其历史发展和文化传承，如古代的宫殿式建筑、现代的简洁线条等，都是博物馆在建筑设计上对不同历史时期的文化特征的体现。

第二，博物馆的陈列也是展示文化内涵的重要方式。陈列品包括文物、艺术品、科技展品等，它们通过精美的陈列设计，向观众展示了一个时代、一个地区或一个领域的文化特色。例如，古代文明的陶器、青铜器等文物，展示了古人的生活方式和审美情趣；艺术品如绘画、雕塑等，则反映了艺术家的创作理念和时代精神；科技展品则展示了人类在不同历史时期所取得的科技成果和智慧结晶。

第三，博物馆的藏品是承载非物质文化遗产的重要载体。这些藏品包括民间工艺品、传统技艺、民间信仰等，它们代表了一个国家、一个民族或一个地区的非物质文化遗产。通过对这些藏品的研究和保护，博物馆有助于传承和弘扬这些非物质文化遗产，使其得以流传后世。

同时，博物馆还通过展览、研究、教育等方式传播文化精神、价值观念和审美取向。展览活动为观众提供了一个亲身感受文化魅力的平台，使他们能够更加直观地了解和欣赏各种文化成果；学术研究则为人们提供了深入了解历史文化的途径，帮助他们更好地认识和理解人类社会的发展脉络；教育活动则通过讲座、培训等形式，培养了一批批具有文化素养和国际视野的人才。

总之，博物馆文化是一个涵盖广泛、内涵丰富的概念，它既包括物质文化遗产，也包括非物质文化遗产；既体现了历史沿革和文化传承，也展示了文化精神和价值观念。博物馆作为文化的守护者和传播者，为我们提供了一个深入了解和感受各种文化的途径，使我们能够在快速发展的现代社会中，不断汲取文化的养分，丰富自己的精神世界。

四、建设博物馆文化的意义

物馆文化是人类文明的重要组成部分，对于促进人类文明进步、提高公众文化素质、传承文化遗产等方面具有重要意义。通过建设博物馆文化，可以增强公众对历史、文化、艺术的理解和认知，提高审美水平，培养人文精神，促进社会和谐发展。同时，建设博物馆文化也有助于提升博物馆的知名度和影响力，吸引更多的观众和游客，推动文化产业的发展。

在建设博物馆文化的过程中，首先需要注重对历史文物的保护和展示。博物馆作为历史文化的载体，承载着丰富的历史信息和文化内涵。因此，建设博物馆文化需要加强对历史文物的研究和保护工作，确保其完整性和真实性。同时，博物馆应该通过精心策划的展览和展示方式，将历史文物与当代社会生活相结合，使观众能够更加直观地感受到历史的厚重和文化的魅力。

建设博物馆文化还需要加强公众教育和互动体验。博物馆不仅仅是一个展示文物的场所，更是一个传播知识和文化的平台。因此，博物馆应该积极开展各类教育活动，如讲座、研讨会等，向公众传递专业知识和文化理念。此外，博物馆还可以通过互动展览、虚拟现实等方式，提供更加丰富多样的参观体验，激发公众的兴趣和参与度。

建设博物馆文化也需要注重国际交流与合作。博物馆作为各国文化交流的重要窗口，可以通过举办国际性展览、学术研讨会等活动，促进不同国家和地区之间的文化交流与合作。这不仅有助于丰富博物馆的文化内涵，还能够增进各国人民之间的相互了解和友谊。

建设博物馆文化还需要注意与时俱进，紧跟时代潮流。随着科技的发展和社会的进步，博物馆也应该不断创新展示方式和手段，利用新技术和新媒介，为观众提供更加便捷和多样化的参观体验。同时，博物馆还应该关注社会热点和时事问题，积极参与公共事务，发挥自身的社会责任和影响力。

总之，建设博物馆文化对于促进人类文明进步、提高公众文化素质、传承文化遗产等方面具有重要意义。只有不断加强博物馆文化的建设，才能够更好地满足公众的需求，推动社会的发展和进步。

五、建设博物馆文化的途径

（一）加强藏品保护和研究

博物馆的藏品是博物馆文化的核心，它们是历史的见证，是文化的载体。因此，加强藏品的保护和研究是建设博物馆文化的基础。这包括对藏品进行科学的分类、编目和管理，防止其因自然因素或人为因素导致的损坏；同时，还需要进行深入的研究，挖掘藏品背后的历史信息和文化内涵，为人们提供丰富的知识和启示。

为了确保藏品的保护，博物馆需要制定完善的保护计划和措施。首先，博物馆应建立专门的保护机构或部门，负责藏品的日常管理和保护工作。这些专业人员应具备专业的保护知识和技能，能够及时发现和处理藏品的损坏情况。其次，博物馆应加强对藏品的环境控制，保持适宜的温湿度和光照条件，以减少自然因素对藏品的损害。此外，博物馆还应加强对藏品的安全防范，采取必要的安全措施，防止盗窃和破坏行为的发生。

除了对藏品进行保护外，博物馆还需要加强对其历史信息和文化内涵的研究。研究人员可以通过文献资料的收集和整理，深入了解藏品的历史背景和相关事件。同时，他们还可以运用考古学、文物学等学科的方法和技术，对藏品进行系统的分析和研究。通过深入研究，研究人员可以揭示藏品所蕴含的历史信息和文化内涵，帮助人们更好地理解和认识历史文化。

加强藏品保护和研究的意义不仅在于保护文化遗产，还在于推动文化传承和发展。通过对藏品的研究，人们可以了解到不同历史时期的社会风貌、艺术风格和文化特点，从而加深对历史文化的认识和理解。同时，研究成果也可以为相关领域的学术研究提供重要的参考和依据，促进学术交流和合作。

总之，加强藏品的保护和研究对于建设博物馆文化具有重要意义。只有通过科学有效的保护措施和深入的研究工作，才能更好地传承和弘扬历史文化，为人们提供更加丰富和有意义的知识体验。

（二）提升展览和教育水平

展览和教育是博物馆文化传播的重要途径。通过举办丰富多样的展览，可以让观众直观地了解和感受到各种文化遗产的魅力，增强他们的文化认同感和自豪感。同时，博物馆还可以开展各种教育活动，提高观众的文化素质和认知水平。

这样不仅可以吸引更多的人参观博物馆，也可以培养公众的文化素养，促进社会的文化发展。

（三）推进文化创意产业的发展

文化创意产业在博物馆文化的发展中扮演着重要的角色。这个产业涵盖了艺术设计、影视制作、动漫游戏等多个子领域，为博物馆的文化传播提供了强有力的支持。通过开发各种与博物馆相关的产品和服务，可以吸引更多的观众和消费者，进而推动博物馆经济的发展。

文化创意产业可以通过创新的方式将博物馆的文物和艺术品进行重新诠释和展示。例如，在艺术设计领域，可以将博物馆中的古代文物与现代设计元素相结合，创造出独特的艺术品或衍生品，以吸引更多人的关注和购买。这种创新不仅可以提升博物馆的吸引力，还能够为文化遗产注入新的活力，使其更加生动有趣。

影视制作是文化创意产业中的重要一环。通过制作纪录片、电影、电视剧等影视作品，可以将博物馆的故事和历史文化传递给更广大的受众。这些影视作品不仅可以吸引更多观众前来参观博物馆，还可以让观众在家中通过观看影视作品深入了解博物馆的展品和文化内涵。这种多媒体的传播方式不仅拓宽了博物馆的影响力，也提高了观众的参与度和体验感。

动漫游戏作为文化创意产业的一部分，也可以为博物馆的发展带来新的机遇。通过开发与博物馆主题相关的动漫游戏作品，可以将历史文化知识以更具吸引力的形式呈现给年轻一代。这种寓教于乐的方式可以激发年轻人对历史和文化的兴趣，培养他们对文化遗产的认同感和保护意识。同时，动漫游戏作品的成功也可以帮助博物馆吸引更多的游客和消费者，进一步推动博物馆经济的发展。

推进文化创意产业的发展对于博物馆文化的繁荣和发展具有重要意义。通过开发各种与博物馆相关的产品和服务，可以吸引更多的观众和消费者，推动博物馆经济的发展。同时，这也可以为文化遗产的创新提供新的可能，使其更加生动、有趣和贴近现代生活。因此，我们应该积极支持和鼓励文化创意产业的发展，为博物馆文化的传承和创新做出更大的贡献。

（四）加强国际交流与合作

国际交流与合作在促进博物馆文化的传播和交流方面扮演着重要的角色。通过与其他国家和地区的博物馆建立合作关系，可以共享资源、交流经验，共同推动博物馆的发展。这种合作不仅有助于提升各个博物馆的专业水平，还能够促进不同文化之间的相互了解和尊重。同时，这也是展示本馆文化、提升本馆影响力的重要平台。通过国际交流与合作，可以使博物馆文化走向世界，让更多的人了解和欣赏到不同地区、不同民族的优秀文化，推动世界文明的和谐发展。

国际交流与合作可以促进资源的共享和优势互补。不同国家和地区的博物馆拥有各自独特的藏品和文化资源，通过交流合作，可以实现资源的互补和共享。例如，一些博物馆可能在某个特定领域具有独特的收藏和研究优势，而另一些博物馆则在其他领域有突出的贡献。通过合作，双方可以互相借鉴和学习，共同提高自身的专业水平和展览质量。

国际交流与合作可以促进经验和知识的交流与传承。博物馆作为一个学习和研究的场所，不断积累着丰富的经验和知识。通过与其他博物馆的交流与合作，可以分享彼此的经验和研究成果，促进学术研究的进步。此外，国际交流还可以促进不同国家和文化之间的相互了解和尊重，增进友谊和合作。

国际交流与合作对于提升博物馆的影响力和知名度也具有重要意义。通过参与国际展览和活动，博物馆可以向全球展示自己的特色和成果，吸引更多的观众和合作伙伴。同时，国际交流也可以为博物馆带来更多的合作机会和项目，进一步提升其在国际舞台上的地位和影响力。

总之，加强国际交流与合作是博物馆发展中不可或缺的一部分。通过与其他国家和地区的博物馆建立合作关系，可以共享资源、交流经验，共同推动博物馆的发展。同时，这也是展示本馆文化、提升本馆影响力的重要平台。通过国际交流与合作，博物馆文化可以走向世界，让更多的人了解和欣赏到不同地区、不同民族的优秀文化，推动世界文明的和谐发展。

六、建设博物馆文化过程中需注意的问题

在构建博物馆文化的过程中，有几个问题需要特别关注。

（一）文化多样性和包容性

博物馆文化应该反映出不同地区、不同民族、不同文化的丰富多样性，尊重并包容各种不同的文化形态和价值观念。我们需要展示各种文化的独特性和美丽，让每个人都能在博物馆中找到自己文化的影子。

为了实现这一目标，博物馆应该积极收集和展示来自不同地区、不同民族的艺术品和文化文物。这些展品可以包括绘画、雕塑、陶瓷、织物等各种形式的艺

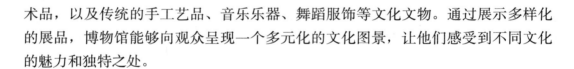

术品，以及传统的手工艺品、音乐乐器、舞蹈服饰等文化文物。通过展示多样化的展品，博物馆能够向观众呈现一个多元化的文化图景，让他们感受到不同文化的魅力和独特之处。

（二）避免过度商业化

博物馆作为一个公共的文化场所，其主要目标应该是向广大观众传播知识、提高公众的文化素养，而不是过分追求商业利润。因此，我们需要时刻警惕商业化和利益驱动对博物馆的影响，确保其保持公益性质和文化价值。

在当今社会，一些博物馆为了迎合市场需求，过度追求商业利益，将自身变成了商业化的娱乐场所。这种做法不仅破坏了博物馆的学术性和教育性，也削弱了其作为公共文化场所的核心使命。我们应该坚决抵制这种倾向，坚守博物馆的公益性质和文化价值。

首先，我们需要加强对博物馆管理者和工作人员的培训和教育，让他们深刻理解博物馆的使命和责任。只有真正认识到博物馆的价值所在，才能更好地保护和传承文化遗产。同时，我们还需要加大对博物馆的宣传力度，让更多的人了解博物馆的重要性，从而提高公众对博物馆的关注度和支持度。

其次，政府和相关部门应该加大对博物馆的投入和支持，确保博物馆有足够的资金用于文物保护、展览策划和教育活动等方面。这样，博物馆才能更好地履行其传播知识、提高公众文化素养的职责。

此外，我们还可以通过举办各类公益活动，如讲座、展览、研讨会等，吸引更多的观众参与其中。这样既能提高博物馆的社会影响力，也能为公众提供更多的学习机会，进一步弘扬文化精神。

总之，我们要时刻警惕商业化和利益驱动对博物馆的影响，努力维护其公益性质和文化价值。只有这样，博物馆才能真正成为人们学习历史、传承文化的重要场所。

（三）注重参与性和互动性

在建设博物馆文化的过程中，我们应该高度重视参与性和互动性。这意味着我们需要创造一个环境，让观众和游客能够积极参与到文化体验和互动活动中来。这不仅能够增强他们的参与感，也能够提升他们对博物馆的归属感。

我们可以通过设计各种互动展览和活动，让观众和游客有机会亲身参与到文化体验中来。例如，我们可以设置一些模拟场景，让观众在了解历史文化的同

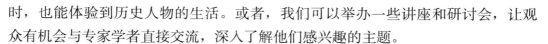

时，也能体验到历史人物的生活。或者，我们可以举办一些讲座和研讨会，让观众有机会与专家学者直接交流，深入了解他们感兴趣的主题。

我们还可以通过提供一些互动工具和设备，让观众和游客能够更深入地参与到文化体验中来。例如，我们可以提供一些虚拟现实设备，让观众能够通过虚拟现实技术，更直观地了解历史文化。或者，我们可以提供一些互动游戏和挑战，让观众在游戏中学习和体验文化。

我们还可以通过提供一些参与性的服务和设施，提升观众和游客对博物馆的归属感。例如，我们可以设置一些专门的儿童区，让孩子们能够在玩耍中学习文化。或者，我们可以提供一些休息和餐饮设施，让观众和游客在参观过程中能够得到休息和满足。

总之，建设博物馆文化应该注重参与性和互动性，这样不仅能够提升观众和游客的参与感和归属感，也能够让他们在参观博物馆的过程中得到更丰富和深入的文化体验。

（四）保持持续性和创新性

为了在激烈的市场竞争中保持竞争力，我们需要不断地进行创新和改进。随着社会的发展和科技的进步，公众对文化的需求也在不断变化。因此，我们需要紧跟时代的步伐，不断更新展览和教育内容，以适应这种变化。

关注社会热点和趋势，以便及时调整我们的展览主题和内容。例如，我们可以策划一些与当下社会问题相关的展览，如环保、心理健康等，以提高公众的关注度和参与度。同时，我们还可以邀请一些知名艺术家和专家来分享他们的见解和经验，为观众提供更丰富的文化体验。

利用新的技术手段来提升观众的体验。例如，我们可以开发一款虚拟现实（VR）应用程序，让观众在家中就能参观博物馆或艺术展览。此外，我们还可以利用增强现实（AR）技术，将虚拟艺术品融入到现实环境中，让观众在欣赏艺术品的同时，还能体验到科技的魅力。

除了展览内容的创新，还需要开发具有创新性的文化产品和服务。例如，我们可以设计一些寓教于乐的文化活动，如亲子阅读俱乐部、艺术工作坊等，以满足不同年龄和兴趣群体的需求。此外，我们还可以与其他文化机构合作，共同推出一些跨界合作的产品和服务，如音乐会、戏剧表演等，以吸引更多的观众。

总之，为了在激烈的市场竞争中保持竞争力，需要不断地进行创新和改进。

通过关注社会热点和趋势、利用新的技术手段以及开发具有创新性的文化产品和服务，我们可以满足公众不断增长的文化需求，从而在市场中占据一席之地。

第二节　博物馆与和谐文化建设

一、博物馆文化属性上实现科学与人文的和谐

博物馆，作为一个专门收藏、研究、展示和宣传人类文化遗产的机构，具有独特的文化属性。它既包含科学的元素，又融入了人文的精神。在博物馆的文化属性上，实现科学与人文的和谐是至关重要的。这种和谐不仅仅是指两者之间的平衡，更是指它们在反映自然科学、社会科学和文学艺术等不同领域的知识时，能够相互融合、相互促进，形成一个有机的整体。这样的融合和促进，使得博物馆的文化不仅仅是冷冰冰的知识堆砌，而是充满了生命力和活力，能够引发人们的思考和探索。

同时，博物馆文化也应该注重人文关怀。这意味着，博物馆不仅要展示科学知识，还要关注人的精神需求和情感表达。博物馆应该成为一个能够触动人心的地方，让人们在这里找到共鸣，感受到温暖。这就需要博物馆在设计和展示方式上，更加注重人性化和情感化，营造出一种和谐、温馨的文化氛围。这样的氛围，不仅能够吸引人们前来参观，也能够让人们在参观过程中得到精神上的满足和愉悦。

博物馆文化上的科学与人文的和谐，是一个复杂而又重要的课题。它需要我们在尊重科学的基础上，注重人文关怀，让博物馆成为一个既有知识性又有情感性的地方。只有这样，博物馆才能真正发挥其应有的作用，为人们提供丰富的精神食粮，推动社会的进步和发展。

二、在博物馆文化职能上实现收藏与展示、教育与娱乐（欣赏）的和谐

博物馆的职能是多元化的，它包括收藏、展示、教育和娱乐等多个方面。在博物馆的文化职能中，实现收藏与展示、教育与娱乐（欣赏）的和谐，就是要让这些不同的职能能够相互衔接、相互补充，而不是相互割裂和冲突。这样，博物馆才能更好地发挥其文化价值和社会功能。

　　收藏是博物馆的基础职能之一，它是博物馆建立和发展的重要支撑。博物馆通过收藏各种文物、艺术品、自然标本等，不仅丰富了自身的文化内涵，也为观众提供了深入了解和学习的机会。同时，展示也是博物馆不可或缺的职能之一。通过精心设计的展览布局和陈列方式，博物馆将收藏的文物艺术品呈现给观众，使其能够直观地感受到历史和文化的魅力。

　　教育是博物馆的重要使命之一。博物馆不仅是文化的宝库，也是教育的殿堂。通过举办各类讲座、工作坊、导览等活动，博物馆可以向观众传递知识、启发思考，提高公众的文化素养和审美能力。而娱乐则是博物馆为观众提供的一种愉悦体验。通过设置互动游戏、表演艺术等娱乐项目，博物馆可以让观众在欣赏文物艺术品的同时，享受到轻松愉快的氛围。

　　实现收藏与展示、教育与娱乐的和谐需要根据不同观众的需求和兴趣进行差异化的服务。博物馆应该根据观众的年龄、文化背景、兴趣爱好等因素，提供多样化的展览和教育内容，满足不同观众的需求。例如，对于儿童观众，可以设计互动性强、寓教于乐的展览和活动；对于专业人士和学者，可以提供更加深入的研究和学术交流机会。通过这样的服务方式，博物馆可以增强观众的参与感和归属感，从而进一步提高其社会影响力和文化价值。

　　综上所述，实现收藏与展示、教育与娱乐的和谐是博物馆文化职能发展的重要方向。只有在这些职能相互衔接、相互补充的基础上，博物馆才能更好地履行其文化传承和创新的使命，实现可持续发展的目标。同时，博物馆也应该不断探索和创新，适应时代发展的需要，为观众提供更丰富多元的文化体验和服务。

三、在博物馆文化理念上实现"以物为核心"与"以人为本"的和谐

　　博物馆作为一个文化传承和展示的重要场所，其收藏和研究的核心都是围绕着文物展开的。这些珍贵的文物承载着丰富的历史和文化内涵，是了解和研究人类文明的重要依据。因此，博物馆的收藏和研究工作应该始终以物为核心，注重文物的保护、整理和研究，以便更好地传承和展示给观众。

　　然而，博物馆的功能不仅仅是文物的收藏和展示，更重要的是教育和传播。在展示和教育等方面，博物馆应该更加注重"以人为本"，关注人的需求和感受。这意味着博物馆应该根据观众的兴趣和需求，设计多样化的展览内容和教育活动，使观众能够更加深入地了解和体验博物馆的文化内涵。同时，博物馆还应该提供舒适的环境和便利的服务，让观众在参观过程中感受到愉悦和满足。

　　在实现"以物为核心"与"以人为本"的和谐方面，博物馆可以采取一些措施。首先，博物馆可以开展调查和研究，了解观众的兴趣和需求，以此为基础制定展览计划和教育活动。其次，博物馆可以加强与观众的互动，例如设置互动展示区、举办讲座和工作坊等，让观众能够参与到展览和教育活动中来。此外，博物馆还可以利用现代科技手段，如虚拟现实、增强现实等技术，为观众提供更加丰富和生动的展览体验。

　　总之，博物馆文化理念上实现"以物为核心"与"以人为本"的和谐是博物馆发展的重要方向。只有将物的展示与人的需求相互融合、相互促进，才能更好地满足观众的需求，推动博物馆事业的发展。同时，博物馆也应该注重观众参与和互动，让观众能够更加深入地了解和体验博物馆的文化内涵。只有这样，博物馆才能成为人们学习、交流和思考的重要场所，为社会的文化繁荣做出积极贡献。

四、博物馆文化目标上实现弘扬主旋律与保护多样性的和谐

　　在博物馆文化目标的实现过程中，弘扬主旋律与保护多样性的和谐关系至关重要。博物馆作为一个具有丰富文化内涵和历史价值的场所，承载着传承和展示文化遗产的重要使命。因此，在博物馆文化的建设中，既要弘扬主流价值观和文化传统，又要尊重和保护各种文化形式的多样性。

　　弘扬主旋律是指博物馆应该积极传播和宣传主流价值观和文化传统，以引导公众正确理解和认同社会的核心价值观念。通过展示和解读代表性的艺术品、文物和历史遗迹，博物馆可以向观众传递积极向上的思想情感，激发他们对传统文化的兴趣和热爱。同时，博物馆也应该注重对当代艺术和文化的创新和发展，以推动文化艺术的进步和社会的繁荣。

　　保护多样性是指博物馆应该尊重和包容不同文化背景和表现形式的存在。博物馆不仅是一个展示主流文化的场所，更是一个汇聚多元文化的地方。通过展览和活动，博物馆可以为各种文化提供展示的平台，让不同文化之间相互交流、碰撞和融合。这种多样性的保护不仅可以促进文化的交流与对话，还可以丰富人们的审美体验和文化认知。

　　博物馆文化也应该注重文化创新和发展。随着社会的不断进步和变革，博物馆需要不断地更新展览内容和形式，以适应时代的需求和观众的喜好。通过引入新的科技手段和展示方式，博物馆可以提升观众的参与感和互动性，使文化传播更加生动有趣。此外，博物馆还应该积极推动文化遗产的保护和传承工作，加强

对非物质文化遗产的研究和保护，以确保珍贵的文化遗产得以永久保存和传承。

综上所述，博物馆文化在弘扬主旋律与保护多样性的和谐中扮演着重要的角色。只有在主流文化与多元文化相互融合、相互促进的基础上，博物馆才能真正发挥其文化传承和社会教育的功能。通过不断创新和发展，博物馆可以为人类文明的和谐发展做出积极的贡献，为社会的进步和繁荣注入源源不断的文化动力。

第三节　博物馆与城市文化

一、博物馆是城市的文化名片

博物馆，作为城市的文化名片，是城市文化的重要象征和载体。它们不仅是收藏、研究、展示和宣传人类文化遗产的机构，更是城市文化的中心和灵魂所在。一个具有特色和品位的博物馆，不仅可以提升城市的知名度和美誉度，还可以吸引更多的游客和文化爱好者前来参观和交流。

博物馆作为收藏人类文化遗产的重要机构，承载着丰富的历史和文化内涵。通过展示和研究各类文物、艺术品和手工艺品，博物馆向人们展示了人类的智慧和创造力，让人们更加了解和感受不同文化的魅力。这些珍贵的文化遗产不仅是历史的见证，也是人类文明的瑰宝，对于传承和弘扬优秀传统文化具有重要意义。

博物馆在展示和宣传方面发挥着重要作用。通过精心设计的展览和陈列，博物馆将文化遗产以多样化的形式呈现给观众，让他们能够身临其境地感受到历史的魅力和艺术的美感。同时，博物馆还通过举办各类主题展览和文化活动，吸引着更多的游客和文化爱好者前来参观和交流。这种互动和交流不仅丰富了人们的文化生活，也促进了不同文化之间的相互理解和融合。

博物馆对城市的文化建设和发展也起到了重要的支持和帮助作用。一方面，博物馆通过举办各类学术研讨会和文化活动，为城市的学术研究和文化交流提供了平台。这些活动不仅有助于推动城市的学术交流和文化创新，也为城市的文化建设注入了新的活力。另一方面，博物馆还可以与社会各界合作，开展文化遗产保护和利用的项目，为城市的可持续发展做出贡献。

综上所述，博物馆作为城市的文化名片，在城市文化中扮演着不可或缺的角色。它们的收藏、研究、展示和宣传工作不仅丰富了城市的文化底蕴，也为城市的文化建设和发展提供了重要的支持和帮助。因此，我们应当重视和支持博物馆的建设与发展，让更多的人能够走进博物馆，感受文化的魅力，共同推动城市文化的繁荣和发展。

二、博物馆是典藏人类文明的殿堂

博物馆作为典藏人类文明的殿堂，承载着丰富多样的文物和艺术品。这些珍贵的收藏品涵盖了不同时期、不同领域以及不同的文化形态，记录着人类历史上的重要事件、成就和进步。

在博物馆中，我们可以欣赏到古代文明的瑰宝，如埃及的金字塔、中国的青铜器、希腊的雕塑等。这些文物见证了人类社会的发展和演变，展示了古人的智慧和技艺。同时，博物馆还收藏着各种艺术作品，如绘画、雕塑、陶瓷等，它们以独特的形式展现了不同文化的独特魅力。

通过展示和宣传这些文化遗产，博物馆不仅仅是一个保存历史的地方，更是一个传递人类智慧和创造力的场所。观众可以通过观赏展品，了解人类文明的起源、发展和演变过程，感受人类对美的追求和创造力的无限可能。

博物馆还承担着教育和研究的重要使命。它为学者、研究人员提供了丰富的研究材料和资源，帮助他们深入研究各个领域的知识。同时，博物馆还举办各种学术讲座、展览和教育活动，为公众提供了学习和交流的平台，促进了人们对人类文明的理解和认识。

总之，博物馆作为典藏人类文明的殿堂，通过收藏和展示各类文物和艺术品，向观众传递了人类智慧和创造力的精髓。它让人们更好地了解和认识人类文明的伟大和卓越，激励着人们对未来的探索和创造。

三、博物馆是社区文化活动的中心

博物馆，作为一个具有历史、艺术和科学价值的场所，不仅是展示文化遗产的重要载体，更是社区文化活动的中心。在现代社会中，博物馆扮演着至关重要的角色，不仅通过举办各种文化活动，如展览、讲座、研讨会、亲子活动等，吸引社区居民前来参与，增强社区居民的文化素质和归属感，同时也为社区的文化建设和发展提供重要的支持和帮助。

博物馆作为社区文化活动的中心，可以通过举办丰富多样的展览活动来吸引社区居民的关注。这些展览不仅可以包括传统的文物展览，还可以涵盖当代艺术、科技发展等方面的内容，以满足不同年龄层次和兴趣爱好的观众需求。这样

的展览活动不仅可以让社区居民了解历史文化的发展脉络，还能够激发他们的创造力和想象力，促进文化交流与融合。

博物馆还经常举办各类讲座和研讨会，邀请专家学者或业界精英分享他们的研究成果和经验心得。这些讲座和研讨会不仅可以提升社区居民的知识水平，还能够拓宽他们的视野，激发他们对学习的兴趣和热情。同时，这些活动也为社区居民提供了一个交流思想、探讨问题的平台，促进了学术和社会的进步。

博物馆还积极组织亲子活动，为家庭提供一个共同学习和成长的机会。这些亲子活动可以包括参观导览、手工制作、互动体验等形式，旨在让孩子们在游戏和探索中了解博物馆的展品和文化内涵。这样的亲子活动不仅能够增进家庭成员之间的感情，还能够培养孩子们的文化素养和审美能力，为他们的成长奠定坚实的基础。

博物馆还积极参与社区的文化建设和发展，为社区提供更多的支持和帮助。博物馆可以为社区提供场地和设施，支持社区举办的各类文化活动；也可以与社区合作开展文化项目，推动社区文化的繁荣与发展。通过这样的合作与支持，博物馆成为了社区文化活动的中心，为社区居民提供了丰富多样的文化体验和学习机会。

博物馆作为社区文化活动的中心，不仅通过举办各种文化活动吸引社区居民参与，增强他们的文化素质和归属感，还为社区的文化建设和发展提供重要的支持和帮助。博物馆的存在和发展对于社区文化的繁荣和社会的进步具有重要意义。

四、博物馆是爱国主义和省情、市情教育的基地

博物馆作为爱国主义和省情、市情教育的基地，扮演着重要的角色。通过展示本地区的历史和文化，博物馆为观众提供了一个深入了解和热爱自己家乡和祖国的机会。观众可以通过观看展览、听取讲解等方式，了解本地的发展历程、文化遗产以及重要历史事件，从而增强对家乡和祖国的情感认同和归属感。

在博物馆中，观众可以亲身感受到家乡和祖国的独特魅力。他们可以欣赏到精美的艺术品、珍贵的文物和独特的民俗文化，这些展品不仅代表着过去的时代记忆，更体现了当地人民的智慧和创造力。通过与这些展品的互动，观众可以更加深入地了解自己所处的环境和社会背景，从而培养出对家乡和祖国的深厚感情。

此外，博物馆还为省情、市情的研究和宣传提供了重要的支持和帮助。通过

收集、整理和展示本地区的历史文化资料，博物馆成为了一个宝贵的研究资源库。学者、研究人员和相关机构可以借助博物馆的馆藏进行深入研究，挖掘出更多有关本地区的历史、经济、社会等方面的信息。同时，博物馆还可以举办专题展览、学术讲座等活动，为省情、市情的宣传提供平台和渠道。

总之，博物馆作为爱国主义和省情、市情教育的基地，不仅能够让观众更加了解和热爱自己的家乡和祖国，还能够为研究和宣传省情、市情提供重要的支持和帮助。通过参观博物馆，人们可以感受到家乡和祖国的独特魅力，增强对家乡和祖国的认同感和自豪感。同时，博物馆也成为了一个重要的学术研究平台，为省情、市情的研究提供了丰富的资源和支持。

第七章　博物馆人才队伍建设与发展

第一节　博物馆人力资源管理与改革

一、博物馆人力资源现状

博物馆作为文化事业单位，其人力资源的管理与改革对于博物馆的发展至关重要。当前，博物馆人力资源的现状存在一些问题，如人员结构不合理、人才流失严重、缺乏激励机制等。

人员结构不合理是博物馆人力资源的一个突出问题。一些博物馆的工作人员往往集中在管理层和技术部门，而其他领域的专业人才相对匮乏。这种人员结构的不合理导致了博物馆在展览策划、文物保护、学术研究等方面的能力不足，影响了博物馆的整体发展水平。

人才流失严重也是博物馆人力资源面临的一大挑战。由于博物馆工作环境相对封闭，薪酬待遇相对较低，加之职业发展空间有限，一些优秀的专业人才往往选择离开博物馆转向其他行业或机构。这种人才流失不仅给博物馆带来了人员空缺和工作压力，也使得博物馆失去了培养和吸引优秀人才的机会，进一步制约了博物馆的发展。

此外，缺乏激励机制也是博物馆人力资源管理中需要解决的问题之一。目前，一些博物馆的激励机制还不够完善，无法有效激发工作人员的工作积极性和创造力。这导致了一些工作人员对工作缺乏热情和投入度，影响了工作效率和质量。因此，建立科学合理的激励机制，为工作人员提供有竞争力的薪酬待遇和发展机会，成为博物馆人力资源管理亟待解决的重要课题。

二、市场经济下博物馆人力资源管理改革措施

在市场经济的环境下，博物馆的人力资源管理改革目标应着重于多个方面。

博物馆人力资源管理改革的建议

为了推动博物馆人力资源管理的改革创新，我们建议从以下几个方面着手：

（一）优化人力资源结构

优化人力资源结构是关键。博物馆应根据自身的需求和特点，合理配置各类人员，包括专业技术人员、管理人员和服务人员等。在专业技术人员方面，博物馆可以引进具有相关专业背景和经验的人才，提升博物馆的科研和展览水平。对于管理人员来说，博物馆应注重培养具备管理能力和创新思维的领导者，以推动组织的整体发展。服务人员是博物馆与观众之间的重要纽带，他们应具备良好的服务意识和沟通能力，以确保观众能够享受到优质的服务体验。

（二）建立有效的激励机制

建立有效的激励机制是激发工作人工作人员作积极性的关键。博物馆可以设计合理的薪酬制度，确保工作人员的薪酬与其工作表现相匹配。此外，奖励制度也是激励工作人员的重要手段之一，博物馆可以根据工作人员的工作成绩和贡献，给予相应的奖励和荣誉，激发他们的工作热情和创造力。晋升制度也是激励工作人员的重要机制，博物馆可以根据工作人员的表现和潜力，提供晋升的机会和空间，让工作人员感受到自己的成长和发展。

（三）加强工作人员培训

加强工作人员培训是提高工作人员职业素养和文化素质的重要途径。博物馆可以定期组织各类培训活动，包括专业知识培训、管理技能培训、沟通协调培训等，以提高工作人员的专业能力和综合素质。此外，博物馆还可以鼓励工作人员参加外部培训和学习交流活动，拓宽视野、增长见识，不断提升个人的职业发展和竞争力。

（四）加强团队建设

加强团队建设是推动机构整体发展的关键。博物馆可以组织各类团队活动和合作项目，增强团队凝聚力和协作能力。通过团队合作，博物馆可以实现资源共享、信息共享和协同创新，提高工作效率和质量。同时，博物馆还应注重培养团队成员之间的相互信任和支持，营造良好的工作氛围和团队文化，为机构的长远发展奠定坚实的基础。

综上所述，博物馆人力资源管理的改革需要从优化人力资源结构、建立有效

的激励机制、加强工作人员培训和加强团队建设等方面入手。只有通过全面改革和创新，才能实现博物馆人力资源管理的现代化和可持续发展。

第二节　博物馆人才战略

一、博物馆人才培养的重要性

作为文化事业单位的重要组成部分，博物馆承载着丰富的文化遗产和知识传承的使命。而人才则是博物馆事业发展的关键因素之一。因此，博物馆对于人才培养的重视程度不可低估。

首先，博物馆的人才培养是确保其正常运营和发展的基础。博物馆需要具备专业知识和技能的馆员，他们能够有效地管理和保护文物，提供专业的解说和服务，以及开展各种展览和活动。只有拥有一支高素质的团队，博物馆才能更好地履行其社会职能，满足公众对于文化教育的需求。

其次，博物馆的人才培养也是推动博物馆事业创新和发展的动力源泉。随着时代的变迁和社会的进步，博物馆面临着新的挑战和机遇。培养具有创新意识和开放思维的人才，能够为博物馆带来新的思路和方法，推动其与时俱进，适应社会需求的变化。同时，这些人才还能够为博物馆的文化创意产业、数字化展示等方面提供新的发展动力。

此外，博物馆的人才培养还与国际交流和合作密切相关。在全球化的背景下，博物馆之间的交流与合作日益频繁。培养具有国际视野和跨文化交流能力的人才，能够帮助博物馆更好地参与国际交流项目，推广本国文化，促进不同文明之间的对话与理解。

总之，博物馆人才培养的重要性不言而喻。为了实现博物馆事业的可持续发展，博物馆应该制定科学合理的人才战略，包括明确人才培养目标、制定培训计划、建立激励机制等措施。同时，博物馆还应积极与高校、研究机构等合作，共同推进人才培养工作。只有通过持续不断的人才引进和培养，才能够为博物馆事业的发展提供坚实的人才保障，使其在未来的道路上行稳致远。

二、博物馆人才战略的目标

博物馆人才战略是博物馆发展的重要组成部分，其目标旨在选拔、培养和保留一流的文化人才，建立科学的人才管理体系，提高人才的使用效益，推动博物馆事业的可持续发展。

（一）选拔一流人才

博物馆人才战略的首要目标是选拔一流的文化人才。这意味着博物馆需要通过严格的选拔程序，从众多应聘者中筛选出具有专业知识、技能和热情的人才。这些人才应该具备对文化遗产保护和展示的独特见解和能力，能够为博物馆的发展贡献自己的力量。

（二）培养一流人才

博物馆人才战略的另一个重要目标是培养一流的文化人才。博物馆应该为工作人员提供良好的培训和发展机会，帮助他们不断提升专业素养和技能水平。这包括组织内部培训课程、外部学习交流以及参与相关研究项目等。通过培养，博物馆可以建立起一支高素质、专业化的文化人才队伍，为博物馆的各项工作提供有力支持。

（三）保留一流人才

博物馆人才战略的目标是保留一流的文化人才。博物馆应该重视工作人员的福利待遇和个人发展需求，为他们提供良好的工作环境和发展机会。同时，博物馆还应该建立健全的激励机制，通过薪酬激励、晋升机制等方式，激发工作人员的工作积极性和创造力，从而留住优秀的人才。

（四）建立科学的人才管理体系

此外，博物馆人才战略还包括建立科学的人才管理体系。博物馆应该建立起一套科学、规范的人才管理制度，明确岗位职责和任职要求，确保人才的合理配置和使用。同时，博物馆还应该注重人才的绩效评估和激励机制，通过定期考核和奖励制度，激发工作人员的工作动力和创造力。

（五）提高人才的使用收益

博物馆人才战略的目标是提高人才的使用效益。这意味着博物馆应该充分发挥每一位工作人员的潜力和专长，合理安排工作任务和岗位分工，使每位工作人员都能够充分发挥自己的才能。同时，博物馆还应该注重团队协作和知识共享，

鼓励工作人员之间的合作与交流，提高工作效率和质量。

总之，博物馆人才战略的目标包括选拔、培养、保留一流的文化人才，建立科学的人才管理体系，提高人才的使用效益，推动博物馆事业的可持续发展。只有通过有效的人才战略，博物馆才能够吸引、留住优秀的人才，提升自身的核心竞争力，为社会提供更好的文化服务。

三、博物馆人才战略的实施

（一）建立科学的人才选拔机制

建立科学的人才选拔机制旨在选拔具有潜力的人才，为博物馆事业的发展提供坚实的人才保障。为了实现这一目标，我们需要制定明确的招聘标准和程序，以确保选拔过程的公平、公正和透明。同时，建立多样化的招聘渠道，包括线上招聘、校园招聘和社会招聘等，以吸引更多优秀人才加入博物馆事业。

在选拔过程中，我们将进行严格的面试和考核。面试环节将全面考察应聘者的专业知识、沟通能力、团队协作能力和解决问题的能力等方面，以确保他们具备博物馆事业发展所需的基本素质。考核环节则将通过笔试、实际操作和综合评估等方式，进一步了解应聘者的综合素质和潜力。此外，我们还将关注应聘者的道德品质和职业操守，以确保他们能够为博物馆事业的长远发展做出贡献。

通过选拔具有潜力的人才，我们可以为博物馆事业的发展提供坚实的人才保障。这些人才将在各自的岗位上发挥专业优势，推动博物馆事业的创新和发展。他们将积极参与展览策划、文物保护、学术研究等工作，为观众提供丰富多样的文化体验。同时，他们还将成为博物馆事业的传承者和推动者，培养新一代的专业人才，确保博物馆事业的可持续发展。

总之，建立科学的人才选拔机制是博物馆事业发展的关键。通过制定明确的招聘标准和程序、建立多样化的招聘渠道、进行严格的面试和考核等措施，我们可以选拔出具有潜力的人才，为博物馆事业的发展提供坚实的人才保障。这将有助于提升博物馆的整体实力和影响力，为公众提供更优质的文化服务。

（二）加强人才培养力度

为了加强人才培养，提高工作人员的职业素养和文化素质，推动个人与机构的共同发展，我们需要制定一系列有效的培训计划和措施。首先，要明确培训的目标和内容，根据不同岗位和职责的需求，有针对性地进行培训。同时，要注重培训的实效性，确保培训活动能够真正提高工作人员的能力和素质。

定期开展各类培训活动，如专业技能培训、团队协作培训、沟通技巧培训等，以满足工作人员在不同阶段的成长需求。此外，还可以通过邀请专家讲座、组织内部分享等方式，让工作人员在轻松愉快的氛围中学习和成长。

鼓励工作人员参加学术会议和研讨会，拓宽视野，提升专业素养。这不仅有助于工作人员了解行业动态和前沿技术，还能促进工作人员之间的交流与合作，共同提高整体水平。

通过加强人才培养，可以提高工作人员的职业素养和文化素质，使他们更加适应岗位要求，提高工作效率和质量。同时，优秀的人才是企业发展的核心竞争力，加强人才培养也有助于提升企业的市场竞争力和品牌形象。

总之，加强人才培养是一项长期而系统的工程，需要企业和个人共同努力。只有不断提高工作人员的职业素养和文化素质，才能推动个人与机构的共同发展，实现共赢。

（三）建立科学的人才管理机制

建立一个科学有效的人才管理制度是至关重要的，它涵盖了多个方面，包括薪酬制度、奖励制度以及晋升制度等。这些制度的建立和实施，旨在提高人才的使用效益，从而更好地推动博物馆事业的可持续发展。

制定合理的薪酬制度是人才管理的基础。薪酬制度应该公平、透明，能够体现工作人员的价值和贡献。同时，薪酬制度也应该具有一定的灵活性，以适应市场的变化和工作人员个人的发展需求。通过合理的薪酬制度，可以激发工作人员的工作积极性和创新精神，从而提高博物馆的整体运营效率。

建立奖励制度也是提升人才使用效益的重要手段。奖励制度应该与工作人员的能力和业绩挂钩，以鼓励他们在工作中取得更好的成绩。奖励可以是物质奖励，如奖金、福利等，也可以是非物质奖励，如荣誉证书、表彰大会等。通过设立奖励制度，可以让工作人员感受到自己的努力得到了认可和回报，从而更加积极地投入到工作中。

根据工作人员的能力和业绩进行晋升是激励人才发展的关键。晋升制度应该公平、公正，让每一个有能力和潜力的工作人员都有机会获得晋升的机会。晋升不仅可以提高工作人员的职业满意度，还可以激发他们的工作热情和责任感，从而更好地为博物馆事业做出贡献。

总之，建立科学的人才管理制度是博物馆事业发展的重要保障。通过合理制

定薪酬制度、奖励制度以及晋升制度，可以提高人才的使用效益，推动博物馆事业的可持续发展。只有充分发挥人才的作用，才能使博物馆事业不断壮大，为社会创造更多的价值。

（四）营造良好的工作环境和文化氛围

为了实现博物馆事业的可持续发展，我们必须关注营造良好的工作环境和文化氛围。这意味着我们需要为员工提供舒适、安全的工作环境和生活条件，让他们能够全身心地投入到工作中。同时，我们还需要建立积极向上的文化氛围，让员工感受到尊重、支持和鼓励，从而激发他们的工作热情和创造力。

为了吸引和保留一流的文化人才，我们需要从多方面入手。首先，我们要提供具有竞争力的薪酬待遇和福利，以吸引优秀的人才加入我们的团队。其次，我们要为员工提供专业培训和发展机会，帮助他们提升技能和知识，实现个人价值。此外，我们还要关注员工的心理健康和职业规划，为他们提供一个稳定的职业生涯发展平台。

在推动博物馆事业的可持续发展过程中，员工参与决策和管理是非常重要的。我们应该鼓励员工提出建设性的意见和建议，让他们参与到博物馆的各个方面，如展览策划、教育项目、市场营销等。这样既能提高员工的归属感和认同感，也能为博物馆的发展注入新的活力。

通过营造良好的工作环境和文化氛围，我们可以吸引和保留一流的文化人才，为博物馆事业的可持续发展提供强大的人力支持。同时，我们还应该关注社会的需求变化，不断创新博物馆的服务模式和内容，以满足不同人群的需求。只有这样，博物馆事业才能在激烈的市场竞争中立于不败之地，实现可持续发展的目标。

第三节　博物馆人才培养

一、博物馆人才培养的状况

博物馆作为文化事业单位，其人才培养的状况存在一些问题，如缺乏系统的培训计划、培训内容单一、培训方式陈旧等。

博物馆在人才培养方面普遍存在着缺乏系统的培训计划的问题。由于博物馆的职能多样，涉及文物保护、展览策划、教育推广等多个领域，因此需要针对不同岗位和专业制定相应的培训计划。然而，目前很多博物馆的培训计划相对零散，缺乏整体性和系统性，导致员工无法全面掌握所需的专业知识和技能。

博物馆的培训内容往往过于单一。在传统的博物馆人才培养中，培训内容主要集中在文物鉴定、修复技术等方面，而对员工的综合能力培养较少。随着社会的发展，博物馆的工作范围不断扩大，对员工的综合素质要求也越来越高。然而，目前的培训内容仍然偏重于传统领域，缺乏与时俱进的课程设置，无法满足现代博物馆的需求。

博物馆的培训方式也存在一些陈旧的问题。传统的培训方式主要以讲座、实践操作为主，缺乏互动性和灵活性。这种单一的培训方式容易让员工感到枯燥乏味，难以激发他们的学习兴趣和积极性。此外，由于博物馆工作的特殊性，很多培训活动需要在实地进行，但受限于场地和设施条件，很难提供多样化的培训环境。

二、博物馆人才培养的方法与途径

博物馆可以通过一系列的改进措施来提升员工的能力和素质，从而提高博物馆的整体运营水平。

（一）建立完善的培训计划体系

建立完善的培训计划体系是至关重要的。博物馆应该根据不同岗位和专业的需求制定相应的培训内容和目标，确保每个员工都能得到有针对性的培训。同时，与相关高校和科研机构的合作也是提高培训质量和效果的关键。通过引入先进的教学资源和方法，博物馆可以借鉴其他领域的先进经验和技术，使培训更加专业化和实用化。

（二）丰富培训内容

丰富培训内容也是非常重要的。除了专业知识的培训外，博物馆还应该注重培养员工的创新能力、沟通能力和团队合作精神等综合素质。这可以通过开设跨学科的课程、组织实践活动等方式来实现。例如，可以邀请专家进行讲座，分享创新思维和管理经验；组织员工参加团队建设活动，增强团队合作意识和协作能力。这些举措将有助于提升员工的综合素质，使他们能够更好地适应博物馆的发展需求。

（三）采用多元化的培训方式

采用多元化的培训方式也是博物馆改进措施的重要方面之一。传统的讲座式培训已经不能满足现代员工的学习需求。博物馆可以结合实践操作、案例分析等多种教学方法，使培训更加生动有趣。例如，可以组织员工参观其他博物馆进行实地考察和交流学习；利用虚拟实验室等现代科技手段进行实践操作，提高员工的动手能力和实际操作技能。此外，博物馆还可以利用在线学习平台等数字化工具，为员工提供灵活的学习方式和资源，拓宽培训的空间和形式。

（四）建立与高校、科研机构等合作的教育机制

通过与高校、科研机构等建立合作关系，共同开发一系列与博物馆相关的课程。这些课程可以涵盖博物馆的历史、展览策划、文物保护、科学研究等多个方面，使学生在学习过程中能够全面了解博物馆的运作和价值。同时，这些课程还可以结合实地考察、实习实训等方式，让学生更加深入地体验博物馆工作的魅力。

将博物馆纳入学校的教育体系中，使其成为学生学习的重要场所。具体来说，可以将博物馆作为实践教学基地，让学生在参观、研究、策划等过程中，亲身感受博物馆工作的实际操作。此外，还可以邀请博物馆专家、学者担任客座教授，为学生提供专业的指导和建议。

通过开设相关专业课程，培养学生对博物馆工作的兴趣和专业知识。例如，可以设立"博物馆学"、"文化遗产管理"等专业方向，为有志于从事博物馆事业的学生提供系统的培训和教育。同时，还可以鼓励学生参加各类博物馆相关的竞赛、活动，提高他们的实践能力和创新意识。

还可以通过举办各类讲座、研讨会等活动，拓宽学生的视野，激发他们对博物馆工作的热情。这些活动可以邀请国内外知名博物馆的专家、学者进行交流分享，也可以邀请成功的博物馆工作者分享他们的经验和故事，使学生更加深入地了解博物馆行业的发展趋势和挑战。

通过以上措施，我们可以建立一个与高校、科研机构等合作的教育机制，将博物馆纳入学校的教学体系中。这将有助于培养出更多具有专业素养、热爱博物馆事业的人才，为推动博物馆事业的发展做出贡献。

第八章　生态博物馆概述

第一节　生态博物馆的产生

一、生态博物馆产生的过程与背景

生态博物馆的概念最早起源于 20 世纪 70 年代的欧洲。当时，随着工业化和城市化的快速发展，人们开始意识到自然环境和文化遗产的重要性，并且开始寻求一种新的博物馆理念，以保护和展示自然环境和文化遗产。在这种背景下，生态博物馆的理念逐渐形成。

随着环境问题的日益凸显，人们开始反思人类对自然环境的破坏以及文化遗产的流失。为了解决这些问题，一些学者和环保组织开始提出建立一种新的博物馆形式，即生态博物馆。这种博物馆强调保护自然环境、传承文化遗产以及促进可持续发展的理念。

生态博物馆与传统博物馆不同之处在于，它不仅仅是一个展示文物艺术品的场所，更是一个关注生态环境和可持续发展的教育中心。生态博物馆通过展览、研究和教育活动，向公众传递关于环境保护、生物多样性、气候变化等重要议题的信息，并鼓励观众积极参与到环境保护行动中来。

生态博物馆的建筑和设计也与传统博物馆有所不同。它们通常采用环保材料和技术，减少能源消耗和碳排放。同时，生态博物馆还注重与周围自然环境的融合，通过建筑外观和景观设计，使其成为自然生态系统的一部分。

随着时间的推移，生态博物馆的概念逐渐在全球范围内得到推广和应用。越来越多的国家和地区开始建设自己的生态博物馆，以保护和展示当地的自然环境和文化遗产。这些生态博物馆不仅成为了旅游景点，也为当地社区带来了经济效益和文化认同感。

总之，生态博物馆的产生是社会发展和环境意识提升的产物。它通过创新的

博物馆理念和实践，为人们提供了一个了解自然环境和文化遗产的新视角，同时也促进了可持续发展的理念在社会中的传播和实践。

二、生态博物馆的含义

生态博物馆，作为一种独特的博物馆类型，其含义和目标在于将自然环境与文化遗产紧密结合，通过展示两者之间的关系和相互影响，为观众提供一个全面了解自然与文化交融的平台。生态博物馆的核心理念是将博物馆打造成为一个开放、动态、多元的文化生态系统，使得文化遗产与自然环境在这个系统中得以共生共荣。

生态博物馆的设立并非仅仅关注文化遗产的保护和展示，而是将其作为一个更大的环境背景来考虑。在设计和展示过程中，生态博物馆注重保护自然环境的完整性和可持续性，力求减少对环境的破坏和资源的浪费。这种理念体现了对自然环境的尊重和珍视，同时也强调了人类与自然的和谐共生关系。

生态博物馆的展示内容也更加多元化和丰富多样。除了传统的文物陈列和展览外，生态博物馆还可能包括生态环境的模拟展示、动植物种群的保护与研究、可持续发展的实践案例等。这些内容旨在呈现一个真实而生动的自然与文化交融的场景，让观众更加深入地了解和感受自然界的美丽与多样性。

生态博物馆的开放性也是其独特之处。与传统博物馆相比，生态博物馆更加注重与社区和公众的互动和参与。通过举办各类教育活动、工作坊、讲座等活动，生态博物馆鼓励观众主动参与其中，深入了解自然与文化的关联，并积极投身于环境保护和可持续发展的事业中。这种开放的态度不仅促进了知识的传播和文化的交流，也为人们提供了一个思考和行动的平台。

总之，生态博物馆是一种将自然环境与文化遗产相结合的博物馆形式，它以保护自然环境和文化遗产为目标，通过展示两者之间的关系和相互影响，打造一个开放、动态、多元的文化生态系统。生态博物馆的理念和实践为我们提供了一种全新的思考方式，使我们更加重视自然与文化的平衡与共生，为实现可持续发展的目标共同努力。

三、生态博物馆与传统博物馆的主要区别

（一）空间范围

传统博物馆主要关注的是文化遗产，通常是在博物馆建筑内部展示，而生态

博物馆则将视野扩大到整个社区或地域，包括自然环境在内。传统博物馆的展览空间局限于建筑内部，通常以文物和艺术品的陈列为主。而生态博物馆则更加开放，将展示范围扩展到整个社区或地域，包括自然环境、生态系统等。这样的设计使得观众能够更全面地了解文化遗产与自然环境的关系。

传统博物馆的建筑内部通常被精心打造，以展示文化遗产为主题。这些博物馆致力于保护和展示历史文物、艺术品以及其他具有文化意义的物品。游客们可以在展厅内欣赏到各种精美的展品，了解不同文化的历史背景和发展过程。这种展示方式使得观众能够在相对封闭的空间中深入了解文化遗产的内涵和价值。

然而，随着人们对环境问题的关注不断增加，生态博物馆逐渐崭露头角。与传统博物馆相比，生态博物馆更加注重展示文化遗产与自然环境之间的关系。这种博物馆的设计更加开放，将展示范围扩展到整个社区或地域，包括自然环境、生态系统等。通过这种方式，观众可以更全面地了解文化遗产与自然环境之间的相互影响和依存关系。

生态博物馆的设计通常注重自然元素的融入。例如，一些生态博物馆会利用周围的自然环境作为展览的一部分，通过模拟自然景观或使用植物、水体等元素来营造一种与自然融为一体的感觉。这样的设计不仅能够增加观众的参与感，还能够让他们更好地理解文化遗产与自然环境之间的联系。

总之，传统博物馆和生态博物馆在展示文化遗产方面有着不同的侧重点。传统博物馆主要关注文物和艺术品的陈列，而生态博物馆则更加注重展示文化遗产与自然环境之间的关系。通过开放性的设计和自然元素的融入，生态博物馆为观众提供了更全面、更深入的了解文化遗产的机会，同时也提醒人们保护自然环境的重要性。

（二）关注的重点不同

传统博物馆主要关注的是文物的收藏、保护和研究，而生态博物馆则更加注重文化遗产和自然环境的整体保护和展示。传统博物馆注重对文物的保护和研究，通过收集、整理和展示文物，传承历史和文化。而生态博物馆则更加关注文化遗产与自然环境的相互关系，致力于整体保护和展示。它们不仅关注文物本身的价值，还重视其所处的环境和背景，以呈现文化遗产与自然环境的共生关系。

传统博物馆的主要职责是收集、保护和研究文物。这些文物往往具有重要的历史和文化价值，它们是过去时代的见证者和记录者。传统博物馆通过精心策划的展览和陈列，向观众展示了各种珍贵的文物，让人们能够了解历史的发展和文

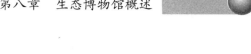

化的演变。同时，传统博物馆也承担着对文物进行研究和保护的重要任务。研究人员通过对文物的研究，探索其中蕴含的历史信息和文化内涵，为学术界提供宝贵的研究成果。此外，传统博物馆还致力于对文物进行修复和保养，确保它们的保存和传承。

　　与传统博物馆相比，生态博物馆更加注重文化遗产与自然环境的整体保护和展示。生态博物馆将文物与自然环境相结合，通过展示文物与环境的关系，强调文化遗产与自然环境之间的共生关系。生态博物馆不仅仅是一个展示文物的空间，更是一个让人们了解和思考人与自然关系的场所。在生态博物馆中，观众可以亲身感受自然环境的美丽和脆弱，从而增强对环境保护的意识。

　　生态博物馆还注重对文化遗产的整体保护和展示。它们不仅关注文物本身的保存和修复，还关注文物所处的环境和社会背景。生态博物馆通过展示文物所处的历史背景和社会环境，帮助人们更好地理解文物的意义和价值。同时，生态博物馆也致力于推动文化遗产的整体保护工作，通过教育和宣传等方式提高公众对文化遗产保护的认识和参与度。

　　总之，传统博物馆和生态博物馆在关注点上有所不同。传统博物馆更注重对文物的保护和研究，强调历史和文化的传承；而生态博物馆则更加注重文化遗产与自然环境的整体保护和展示，强调人与自然的共生关系。无论是传统博物馆还是生态博物馆，它们都在各自领域发挥着重要的作用，为人们提供了了解历史、文化和环境的窗口。

（三）展示方法不同

　　传统的博物馆主要采用的是静态的展示方法，即文物和展品被陈列在展柜中，观众可以通过解说文字来了解相关信息。这种展示方式虽然能够提供丰富的知识内容，但往往缺乏互动性和参与感，导致观众对展览的兴趣和参与度不高。

　　而生态博物馆则更加注重动态和参与式的展示方法，鼓励观众积极参与和体验展览内容。生态博物馆通过设置互动装置、举办活动等方式，使观众能够亲身感受文化遗产和自然环境的魅力。例如，可以设置触摸屏或虚拟现实设备，让观众通过触摸或穿戴设备来了解文物的历史背景和文化内涵；或者组织参观者参与保护环境的行动，让他们亲身体验到生态环境保护的重要性。

　　这样的展示方法能够增加观众的参与度和兴趣，提升参观体验。观众不再是被动地接受信息，而是主动参与到展览中，与展品进行互动，从而更好地理解和感受文化遗产和自然环境的价值。同时，这种互动性的展示方式也能够激发观众的思考和创造力，促进他们对文化遗产和自然环境的保护意识的培养。

传统博物馆的静态展示方法和生态博物馆的动态参与式展示方法各有优势。传统博物馆通过文物陈列和解说文字向观众传递信息，提供了丰富的知识内容；而生态博物馆通过互动装置和活动让观众亲身体验，增加了参观者的参与度和兴趣。这两种展示方法的结合可以提供更加丰富多样的参观体验，满足不同观众的需求。

（四）侧重点不同

传统博物馆的主要目的是收藏、研究和展示文化遗产，而生态博物馆则更加注重社区发展和文化传承，以促进社区的可持续发展和文化的传承。传统博物馆的主要任务是收集、保存和研究文化遗产，并通过展览的方式向公众传递知识和文化。而生态博物馆则更加注重社区的发展和文化的传承，通过展示文化遗产与自然环境的关系，促进社区居民对环境的认识和保护意识。同时，生态博物馆也致力于社区的文化传承和发展，通过开展教育、培训等活动，推动社区居民参与到文化保护和传承中来。这样的目标使得生态博物馆在文化保护的同时，也能够促进社区的可持续发展和文化的传承。

传统博物馆通常是一个专门用于收藏、研究和展示文化遗产的场所。它们通常拥有丰富的藏品，包括艺术品、文物、手工艺品等，这些藏品代表了特定地区或时期的文化历史和传统价值观。传统博物馆通过展览的方式将这些文化遗产向公众展示，让更多的人了解和欣赏到这些宝贵的文化遗产。同时，传统博物馆还承担着对文化遗产进行研究和保护的重要任务，通过对藏品的研究和整理，揭示出文化遗产背后的历史背景、社会意义和艺术价值。

相比之下，生态博物馆更注重社区发展和文化传承的重要性。生态博物馆强调将文化遗产与自然环境相结合，通过展示文化遗产与自然环境的关系，引导公众关注环境保护和可持续发展的问题。生态博物馆通常会设置一些特殊的展示区域，例如生态保护区、农业体验区等，让参观者亲身感受自然资源的重要性和珍贵性。同时，生态博物馆也致力于社区的文化传承和发展，通过开展各种教育活动、培训课程等，鼓励社区居民参与到文化保护和传承的行动中来。生态博物馆的目标是在保护文化遗产的同时，促进社区的可持续发展和文化的传承。

传统博物馆和生态博物馆在收藏、研究和展示文化遗产方面有着不同的侧重点。传统博物馆更注重对文化遗产的保护和研究，而生态博物馆则更注重社区发展和文化的传承。然而，无论是传统博物馆还是生态博物馆，它们都扮演着重要

的角色，为人们提供了一个了解和学习历史文化的平台，同时也促进了社区的可持续发展和文化的传承。

生态博物馆的理念在博物馆界引起了广泛的关注和讨论。这种理念的提出，被视为一种新的、具有创新性的博物馆模式，它以生态环保为主导，强调对文化遗产和自然环境的保护与展示，同时也致力于促进社区的可持续发展和文化传承。

生态博物馆的理念得到了一些专家和学者的支持。他们认为，这种博物馆模式能够更好地保护文化遗产和自然环境，避免因人类活动而造成的破坏。同时，生态博物馆也能够通过展示文化遗产和自然环境，提高公众的环保意识，促进社区的可持续发展。此外，生态博物馆还有助于文化传承，让更多的人了解和尊重各种文化和自然环境。

然而，也有一些人对生态博物馆的理念提出了质疑。他们认为，生态博物馆可能会破坏原有文化和环境的原始风貌，使得这些宝贵的遗产失去了其原有的价值。同时，他们也认为实施生态博物馆存在着较大的难度，需要大量的资金投入，而且效果可能并不明显。

因此，对于生态博物馆的评价存在着不同的观点和争议。一些人认为这是一种创新的博物馆模式，值得尝试和推广；而另一些人则对其持保留态度，认为它可能会带来一些无法预见的问题。这种争议也反映出人们对于如何平衡保护文化遗产和自然环境，以及如何实现可持续发展等问题的不同看法。

第二节　生态博物馆的特点

一、生态博物馆注重保护和传承地方文化

生态博物馆，这种独特的文化机构，不仅致力于保护自然环境，而且同样重视对地方文化的保护和传承。它的目标不仅仅是保存历史遗产，更在于通过展示和传播当地的文化遗产，包括历史、传统、艺术、习俗等各个方面，来保护和传承地方文化。

生态博物馆的展览内容丰富多样，既有自然景观的展示，也有人文历史的呈现。生态博物馆通过各种形式，如图片、模型、视频、互动展示等，生动地展示了地方的历史变迁和文化特色。这些展览不仅让人们了解到地方的历史和文化，

也使人们更加深入地理解和认同当地的文化特色。

生态博物馆以其独特的方式，既保护了自然环境，又传承了地方文化，为人们提供了一个了解和认识地方文化的窗口。

二、生态博物馆注重展示和传播自然生态知识

态博物馆的展示和传播自然生态知识是其核心使命之一。它不仅仅是一个文化遗产的保护和展示场所，更是一个注重自然环境保护和传播的重要机构。

生态博物馆通过展示当地的自然环境，包括植被、动物、地质等各个方面的内容，向观众传递丰富的自然生态知识。在展览中，人们可以了解到不同地区特有的植被种类、生长特点以及与当地气候条件的适应性；可以近距离观察各种珍稀的动物物种，了解它们的生活习性和栖息地；还可以了解到地质变迁对自然环境的影响，以及人类活动对自然环境的改变。通过这些展示内容，观众们可以更加深入地认识自然界的奥秘，增强对自然环境的关注和保护意识。

生态博物馆还通过举办各类教育活动和讲座等形式，将自然生态知识传播给更多的人。比如，他们可以组织野外考察活动，带领观众亲身体验自然环境的美丽和脆弱；也可以邀请专家学者进行专题讲座，深入解读自然生态知识，并与观众进行互动交流。这些活动不仅能够增加人们对自然生态的认知，还能够激发他们对环境保护的热情和行动。

此外，生态博物馆还积极与其他相关机构合作，共同推动自然生态知识的研究和传播。他们可以与科研机构合作开展科学研究项目，深入探索自然环境的变化和生态系统的演变规律；也可以与学校合作开展教育课程，将自然生态知识融入到学校的课程体系中，培养学生的环保意识和责任感。通过多方合作，生态博物馆能够更好地发挥作用，推动自然生态知识的传播和保护工作。

综上所述，生态博物馆在展示和传播自然生态知识方面发挥着重要作用。通过展示当地的自然环境，举办教育活动和讲座，以及与其他机构的合作，生态博物馆为人们提供了深入了解自然生态的机会，增强了人们对自然环境的认识和保护意识。这对于推动生态文明建设、保护生物多样性和维护地球家园的可持续发展具有重要意义。

三、生态博物馆注重参与性和互动性

生态博物馆在设计和运营上，非常重视观众的参与和互动。它鼓励观众主动参与探索和了解文化遗产和自然环境的过程，而不仅仅是被动地观看展品。生态

博物馆通过各种方式提供参与式和互动式的展示体验，使观众能够更加深入地了解文化遗产和自然环境的背后故事和意义。

在生态博物馆中，观众可以参与到展览的策划和制作过程中，例如提供意见和建议，或者参与一些小型的实践活动。这样的参与不仅能够增加观众对展览的兴趣和投入感，还能够让他们更深入地了解文化遗产和自然环境的保护与传承的重要性。

此外，生态博物馆还通过互动式的展示形式，如触摸屏、虚拟现实等技术手段，让观众能够身临其境地感受文化遗产和自然环境的魅力。观众可以通过触摸屏幕来了解文物的历史背景和文化内涵，或者通过虚拟现实技术亲身体验自然环境的变化和生态系统的运作。这种互动性的展示方式不仅能够激发观众的学习兴趣，还能够增加他们的参与感和体验感。

除了展览内容的丰富多样外，生态博物馆还注重与当地社区的交流和互动。它们通常会组织一些社区活动，邀请当地居民参与其中。这些活动不仅可以让当地居民更好地了解文化遗产和自然环境的价值，还能够促进他们与生态博物馆之间的交流和合作。同时，生态博物馆也会定期举办一些面向公众的活动，如导览、讲解员培训等，为观众提供更多参与的机会。

态博物馆注重观众的参与和互动，通过提供参与式和互动式的展示体验，使观众能够更加深入地了解文化遗产和自然环境。这不仅能够增强观众的学习效果和体验感，还能够促进观众与当地社区的交流和互动，推动文化遗产和自然环境的保护与传承工作的开展。

四、生态博物馆注重可持续发展

生态博物馆在设计和运营过程中，高度重视社区的可持续发展和文化传承。它们致力于保护和展示文化遗产和自然环境，以促进社区的可持续发展和文化传承。通过这种方式，生态博物馆不仅能够为当地居民提供一个了解和欣赏自然与文化的场所，还能够提高他们的文化自觉和自信心。

生态博物馆注重保护文化遗产和自然环境。它们将文物保护作为重要任务之一，通过采取一系列措施来确保文物和自然环境的安全和完整。这些措施包括加强文物保护设施的建设和维护，制定严格的文物保护政策和法规，加强对文物保护人员的培训和管理等。同时，生态博物馆还积极参与环境保护工作，推动可持续利用自然资源，减少对环境的破坏。

生态博物馆通过展示文化遗产和自然环境，促进社区的可持续发展和文化传承。它们精心策划展览内容，将文化遗产与自然环境有机结合起来，使观众能够深入了解和感受当地的历史文化和生态环境。这种展示方式不仅能够激发人们对文化遗产的兴趣和热爱，还能够增强他们对自然环境的保护意识。通过这种方式，生态博物馆成为了社区居民学习和交流的重要场所，促进了社区的文化传承和发展。

生态博物馆也能够提高当地居民的文化自觉和自信心。通过参观生态博物馆，当地居民可以了解到自己所在地区的历史和文化背景，增强对自己文化的认同感和自豪感。同时，生态博物馆也为当地居民提供了一个学习和探索的平台，使他们能够更加深入地了解和学习文化遗产和自然环境知识。这种文化自觉和自信心的培养，有助于当地居民更好地参与到社区的发展和文化传承中来。

综上所述，生态博物馆注重可持续发展和文化传承，通过保护和展示文化遗产和自然环境，促进社区的可持续发展和文化传承。同时，它们还能够提高当地居民的文化自觉和自信心。因此，生态博物馆在当今社会发挥着重要的作用，为我们提供了一种全新的、可持续发展的文化体验方式。

第三节　生态博物馆的功能

一、生态博物馆的社会教育功能

生态博物馆的社会教育功能：生态博物馆可以通过展示和讲解自然生态知识，提高公众对自然环境的认识和保护意识，促进社会的生态文明建设。

生态博物馆作为一个专门展示自然生态系统的场所，具有重要的社会教育功能。首先，生态博物馆通过丰富多样的展览和展示内容，向公众传达了关于自然界的知识和信息。这些展品可以是动植物标本、化石、岩石、土壤等，它们生动地展示了自然界的多样性和奇妙之处。同时，生态博物馆还通过多媒体技术、互动展示等方式，将科学知识以更直观、生动的方式呈现给观众，激发他们对自然科学的兴趣和探索欲望。

生态博物馆通过讲解员的讲解和导览服务，帮助公众深入了解自然生态系统的原理和运作方式。讲解员通常会结合展品进行讲解，解释其背后的科学原理和生态环境的重要性。他们还会引导观众思考人类与自然的关系，以及如何保护和维护自然环境。这种互动式的学习方式不仅增加了观众的学习兴趣，也提高了他

们的科学素养和环保意识。

　　生态博物馆还举办各类教育活动和讲座，为公众提供更多学习和交流的机会。这些活动可以涵盖生态环境保护、生物多样性保护、可持续发展等领域，旨在培养公众的环保意识和行动能力。例如，生态博物馆可以组织野外考察活动，让参与者亲身感受大自然的魅力，了解生态系统的脆弱性和保护的必要性。同时，生态博物馆还可以与企业、学校等合作开展科普教育项目，将科学知识融入课堂教学和社会实践中。

　　总之，生态博物馆在社会教育方面发挥着重要作用。它通过展示和讲解自然生态知识，提高公众对自然环境的认识和保护意识，促进社会的生态文明建设。在未来的发展中，我们应该进一步加强生态博物馆的建设和管理，提升其社会教育功能的效果和影响力，为建设美丽中国做出积极贡献。

二、生态博物馆的文化传承功能

　　生态博物馆是一个致力于保护和传承地方文化的机构。它的使命是通过展示和传播当地的文化遗产，使更多的人了解和认同当地的文化特色，从而促进文化的传承和发展。

　　生态博物馆在保护地方文化方面采取了多种措施。首先，他们收集和保存了大量的历史文物、艺术品和手工艺品，这些物品是当地文化的见证和载体。其次，生态博物馆还建立了专门的研究机构和团队，致力于对当地文化进行深入研究和解读。他们通过挖掘和整理历史资料，还原了当地文化的发展历程和文化内涵。同时，他们还与当地社区合作，开展文化教育和培训活动，提高人们对本地文化的认同感和自豪感。

　　生态博物馆的展示方式也非常独特。他们利用多媒体技术和互动展览，将传统文化与现代科技相结合，使观众能够更加直观地感受到当地文化的魅力。此外，生态博物馆还举办各种文化活动和演出，如传统音乐演奏、舞蹈表演等，让观众亲身参与其中，增强对地方文化的理解和体验。

　　生态博物馆的努力不仅使更多的人了解了当地的文化特色，也促进了文化的传承和发展。通过展示和传播地方文化，生态博物馆为年轻一代树立了榜样，激发了他们对本土文化的热爱和探索精神。同时，生态博物馆也为当地经济的发展带来了新的机遇。越来越多的游客前来参观，带动了旅游业的发展，促进了相关产业的繁荣。

　　总之，生态博物馆在保护和传承地方文化方面发挥着重要的作用。通过展示

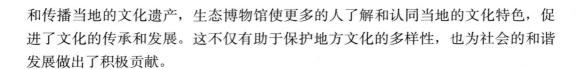

和传播当地的文化遗产，生态博物馆使更多的人了解和认同当地的文化特色，促进了文化的传承和发展。这不仅有助于保护地方文化的多样性，也为社会的和谐发展做出了积极贡献。

三、生态博物馆的生态保护功能

生态博物馆作为一个特殊的文化载体，注重自然环境的保护和传播。它不仅仅是一个展示自然景观的场所，更是一个教育人们如何与自然和谐共生的平台。生态博物馆通过多种方式向观众展示当地的自然环境，包括植被、动物、地质等各个方面。这些展品不仅让人们感受到大自然的美丽和神奇，更重要的是激发人们对自然环境的认识和保护意识。

在生态博物馆中，观众可以亲眼目睹各种珍稀植物和动物，了解它们的生长习性和生态环境。通过观察和学习，人们可以更加深入地了解自然界的多样性和复杂性。同时，生态博物馆还通过模拟生态系统的方式展示动植物之间的相互作用和依存关系，让观众深刻认识到自然界的平衡和脆弱性。

除了展示自然环境，生态博物馆还致力于传播生态保护的理念和方法。通过展览和教育活动，生态博物馆向观众传递着保护自然环境的重要性和紧迫性。它提醒人们要珍惜自然资源，合理利用，不进行过度开发和破坏。同时，生态博物馆还鼓励观众采取实际行动参与到环境保护中来，如参与植树造林、垃圾分类等环保活动，为生态环境的改善贡献自己的力量。

生态博物馆的生态保护功能不仅仅局限于当地社区，还可以辐射到更广泛的范围。通过展览和教育活动，生态博物馆将环保理念传递给更多的人，唤起公众对生态环境保护的关注和重视。这种影响力可以推动整个社会形成保护生态环境的共识，促进生态的可持续发展。

综上所述，生态博物馆在生态保护方面发挥着重要的作用。它通过展示自然环境、传播生态保护理念和方法，提高人们对自然环境的认识和保护意识，促进生态的可持续发展。生态博物馆的建设和发展对于保护我们的地球家园具有重要意义，也是我们共同努力的方向。

四、生态博物馆的旅游发展功能

生态博物馆作为一种特殊的文化展示机构，注重展示和传播文化遗产和自然环境，具有独特的旅游资源。它通过发展旅游业，带动当地经济的发展，同时也能够提高当地居民的生活水平和幸福感。

生态博物馆在旅游发展中扮演着重要的角色。首先，生态博物馆作为一个展示文化遗产和自然环境的平台，吸引了大量的游客前来参观。这些游客不仅可以欣赏到珍贵的文物和美丽的自然景观，还可以了解到丰富的历史文化和生态环境知识。这种文化与自然相结合的旅游体验，使得生态博物馆成为吸引游客的重要景点之一。

生态博物馆的发展也带动了当地的经济发展。随着越来越多的游客涌入，生态博物馆周边的商业活动逐渐繁荣起来。酒店、餐饮、交通等服务业得到了迅速发展，为当地居民提供了更多的就业机会和经济收入。同时，生态博物馆的建设和维护也需要大量的人力和物力投入，进一步促进了当地经济的发展。

最重要的是，生态博物馆的发展也提高了当地居民的生活水平和幸福感。生态博物馆的建设不仅改善了当地的基础设施条件，还提升了当地的文化软实力。居民们可以更方便地参观博物馆，了解历史和文化，丰富自己的知识和视野。此外，生态博物馆的发展也为当地居民提供了更多的娱乐休闲选择，增加了他们的生活质量和幸福感。

总之，生态博物馆在旅游发展中发挥着重要的作用。通过展示和传播文化遗产和自然环境，生态博物馆吸引了大量游客前来参观，带动了当地的经济发展，提高了当地居民的生活水平和幸福感。因此，我们应该重视和支持生态博物馆的发展，为其提供更好的政策和资源支持，以实现更加可持续的旅游发展。

第四节　生态博物馆建设概述

一、生态博物馆建设的原则

生态博物馆建设应遵循以下几个原则。

（一）尽量保持当地文化的原状

态博物馆的建设应尽量保持当地文化的原状，尊重当地的风俗习惯和传统文化，尽可能保留文化遗产的真实性和完整性。

生态博物馆作为一个展示自然环境与人类文化交融的场所，其建设的核心理念是保护和传承当地独特的文化遗产。因此，在设计和规划过程中，必须充分考虑到当地的文化特点和传统习俗，以确保博物馆能够真实地反映当地的历史、人文和自然环境。

第一，生态博物馆的建筑风格应该与当地的传统建筑相协调。建筑师可以借鉴传统的建筑技艺和材料，将现代建筑元素与传统元素相结合，创造出独特而具有地方特色的建筑风格。这样不仅能够融入当地环境，还能够让人们感受到历史与现代的交融之美。

在设计生态博物馆时，建筑师应该注重保护和传承当地的文化遗产。他们可以研究当地传统建筑的特点和风格，从中汲取灵感，并将其融入到博物馆的设计中。例如，他们可以使用传统的建筑材料和技术，如青砖、木材和瓦片等，以展示当地建筑的独特魅力。同时，他们还可以利用现代建筑技术来提升博物馆的功能性和可持续性，如使用节能材料、太阳能发电系统等。

除了保护和传承传统建筑，生态博物馆还应该注重与自然环境的融合。建筑师可以选择与周围环境相协调的建筑设计，如利用地形地貌、植被覆盖等自然元素来塑造博物馆的外观和内部空间。此外，他们还可以采用绿色屋顶、雨水收集系统等环保措施，以减少对环境的影响，并提高能源利用效率。

生态博物馆的展览内容应该精心策划，以展现当地的独特文化。展品的选择应该注重代表性和多样性，包括当地的传统工艺品、民间艺术品、历史文物等。同时，还可以通过多媒体技术、互动展示等方式，让观众更加深入地了解当地的文化内涵和价值观念。

生态博物馆的管理团队应该具备专业的知识和经验，能够有效地保护和管理文化遗产。他们应该与当地政府、学术机构和文化组织等建立紧密的合作关系，共同制定保护计划和措施，确保文化遗产的真实性和完整性得到最大程度的保护。

总之，生态博物馆的建设是一项重要的文化事业，需要各方共同努力。只有通过保护和传承当地文化的原状，尊重当地的风俗习惯和传统文化，才能让生态博物馆真正成为一个展示人类与自然和谐共生的文化殿堂。

（二）强调社区居民的参与

生态博物馆的建设应该强调社区居民的参与，让他们成为生态博物馆的主人。通过他们的积极参与，可以增强社区居民的文化认同感和自信心。

首先，生态博物馆作为一个重要的文化场所，它的建设不仅仅是为了展示自然和文化遗产，更是为了促进社区居民之间的交流与合作。当社区居民能够参与到生态博物馆的建设中，他们将成为这个场所的主人，拥有更多的话语权和决策权。这种参与感会激发社区居民对生态博物馆的归属感和责任感，使他们更加珍惜和维护这个宝贵的资源。

其次，通过社区居民的参与，生态博物馆可以更好地反映社区居民的需求和意见。每个社区都有自己独特的文化背景和价值观，通过社区居民的参与，生态博物馆可以更好地了解社区的特点和需求，从而提供更加贴近实际、具有吸引力的展览内容和活动形式。这不仅能够丰富生态博物馆的内容，也能够增加社区居民对生态博物馆的兴趣和满意度。

此外，社区居民的参与还能够增强他们的文化认同感和自信心。通过参与生态博物馆的建设和管理，社区居民可以更加深入地了解本地的自然和文化遗产，感受到自己与这些资源的紧密联系。同时，他们也可以通过自己的努力和贡献，为生态博物馆的发展做出一份力量，从而增强自己的成就感和自豪感。这种文化认同感和自信心的提升，不仅对于个人的成长和发展有益，也有助于整个社区的凝聚力和社会和谐。

总之，生态博物馆的建设应强调社区居民的参与，让他们成为生态博物馆的主人。通过他们的积极参与，可以增强社区居民的文化认同感和自信心，同时也能够丰富生态博物馆的内容和活动形式。这样的建设方式既有利于保护和传承本地的自然和文化遗产，又能够促进社区居民之间的交流与合作，实现可持续发展的目标。

（三）强调自然与文化的结合

生态博物馆的建设应该强调自然与文化的结合，这是一个非常重要的原则。

文化遗产的保护不仅仅是为了保存历史和文化的传承，更是为了保护我们共同的人类遗产。这些文化遗产是我们祖先智慧和创造力的结晶，是我们民族和国家的宝贵财富。因此，在建设生态博物馆时，我们必须注重对文化遗产的保护，确保它们能够得到妥善保存和传承。

生态博物馆的建设还应该注重保护当地的自然环境。生态环境是人类生存和发展的基础，也是文化遗产得以存在和延续的重要条件。在建设生态博物馆时，我们应该尽量减少对自然环境的破坏，采取可持续的发展方式，实现人与自然的和谐共生。只有这样，才能够真正实现自然与文化的协调发展。

为了实现自然与文化的协调发展，可以采取一些具体的措施。首先，可以在选址上充分考虑自然环境的因素，选择那些自然环境优美、生态系统完整的地方作为生态博物馆的建设地点。其次，以在建筑设计和布局上融入自然元素，使建筑与周围环境相融合，形成一种自然与人工相结合的独特景观。此外，我们还可以通过开展环保教育和宣传活动，提高公众对自然环境保护的意识和参与度。

总之，生态博物馆的建设应强调自然与文化的结合，既要保护文化遗产，又要保护当地的自然环境，实现自然与文化的协调发展。这不仅是对传统文化的尊重和传承，也是对未来可持续发展的追求和责任。只有通过这样的努力，才能够创造出一个既具有历史文化底蕴又充满生机活力的生态博物馆，为人们提供更好的文化体验和教育机会。

（四）生态博物馆的建设应当保持持续性

生态博物馆的建设应当保持持续性，这意味着我们需要不断地进行文化传承和保护工作。通过这种方式，我们可以为当地社区的发展提供持久的支持，使其在经济、社会和文化方面取得持续的进步。

生态博物馆的建设需要注重文化传承。文化是一个国家和民族的灵魂，它承载着世代相传的智慧和经验。生态博物馆作为一个展示和传播文化的场所，应该充分利用其资源和平台，将本土的传统文化与现代科技相结合，创造出独特的展览形式和体验活动。这样不仅可以吸引更多的游客，还可以让更多的人了解和认同自己的文化传统，从而增强文化自信和凝聚力。

生态博物馆的建设需要关注文化保护。随着现代化进程的加快，许多传统文化面临着被遗忘和消失的危险。生态博物馆可以通过收集、整理和展示文化遗产，帮助人们重新认识和重视这些宝贵的历史遗产。同时，生态博物馆还可以开展相关的研究和教育活动，培养人们对传统文化的兴趣和热爱，推动文化保护工作的深入开展。

生态博物馆的建设可以为当地社区的发展提供持久的支持。生态博物馆作为一个综合性的文化设施，不仅可以吸引游客和投资，还可以促进当地产业的发展和经济的增长。例如，生态博物馆可以开展旅游推广活动，吸引更多的游客前来参观和消费；它可以与当地的农业、手工艺等产业合作，开发出具有地方特色的产品和服务；它还可以举办各种文化活动和节庆活动，丰富当地居民的文化生活。通过这些方式，生态博物馆可以为当地社区的发展注入新的活力和动力。

生态博物馆的建设应当保持持续性，不断进行文化传承和保护工作。只有这样，我们才能更好地利用和发展这一宝贵的资源，为当地社区的发展提供持久的支持。同时，生态博物馆也可以成为一个文化交流的平台，促进不同地区之间的相互了解和合作，推动全球文化的多样性和繁荣。让我们共同努力，建设更多优

秀的生态博物馆，为人类文明的进步做出更大的贡献。

（五）注重科学规划

生态博物馆的建设是一项复杂而重要的任务，需要注重科学规划。首先，建筑选址是科学规划的关键一环。在选址过程中，应充分考虑地理环境、气候条件、交通便捷性等因素，确保博物馆能够与周边自然环境和谐共生，同时方便游客的参观和交流。

展览设计也是科学规划的重要组成部分。展览设计应该以科学知识和文化传承为核心，结合现代科技手段和艺术表达方式，创造出具有吸引力和教育意义的展览内容。同时，展览设计还应该注重互动性和参与性，通过互动展示、体验活动等方式，让游客更加深入地了解生态知识，增强对环境保护的认识和意识。

管理运营方面的科学规划也不可忽视。生态博物馆的管理团队应该具备专业的知识和技能，能够有效地组织和管理博物馆的各项事务。同时，他们还应该注重与社会各界的合作与交流，积极引入社会资源和专业机构的支持，提升博物馆的运营水平和服务质量。

总之，生态博物馆的建设必须注重科学规划。只有通过科学的规划和管理，才能确保生态博物馆建设的科学性和有效性。这样的博物馆不仅能够满足游客的需求，还能够为生态保护事业做出积极的贡献。因此，在生态博物馆的建设过程中，我们应该高度重视科学规划的重要性，并不断完善和优化规划方案，以确保博物馆的可持续发展和长久影响力。

（六）注重实用性

生态博物馆的建设应注重实用性，这意味着在设计和规划过程中，不仅要满足文化展示的需求，还要充分考虑当地社区的实际需要。生态博物馆作为一个兼具教育和娱乐功能的场所，应该为当地居民提供一个丰富多样的学习和交流平台。

生态博物馆应该充分利用其独特的空间和资源，举办各类文化活动和展览，展示当地的历史文化、民俗风情和自然风光等。通过这些活动，可以增强当地居民的文化认同感和自豪感，同时也有助于传承和弘扬优秀的传统文化。

生态博物馆应该关注当地社区的实际需求，提供针对性的教育项目和培训课程。例如，可以开设关于生态保护、可持续发展和环境保护等方面的讲座和工作坊，提高当地居民的环保意识和行动力。此外，生态博物馆还可以与当地的学校、企业和政府部门合作，开展实践性的教育项目，培养具有创新精神和实践能力的人才。

生态博物馆应该积极参与社区建设和发展，为当地提供实际的支持。例如，可以通过筹款活动筹集资金，支持当地的公益事业和社会项目；也可以与企业合作，推动绿色产业的发展，为当地创造更多的就业机会。同时，生态博物馆还可以利用自身的技术和资源优势，为当地的科技创新和产业升级提供支持。

总之，生态博物馆的建设应尊重当地的文化和自然环境，强调社区居民的参与和实用性，实现文化遗产的有效保护和传承，同时也为当地的文化和经济发展提供有力的支持。

二、生态博物馆的选址与规划

（一）生态博物馆的选址

生态博物馆的选址与规划是建设过程中的重要环节。选址应该考虑到当地的文化遗产和自然环境的特点，以及社区发展和可持续发展的需要。规划应该包括博物馆的建筑风格、展示内容、展示方式、运营管理等方面的规划，同时也应该考虑到当地居民的需求和意见。

在生态博物馆的选址方面，首先需要对当地的文化遗产进行充分的调研和评估。这包括了解当地的历史文化背景、传统艺术形式以及具有代表性的历史遗迹等。通过对这些文化遗产的研究，可以确定博物馆的定位和主题，以及展示的内容和形式。

在调研和评估文化遗产的过程中，需要考虑多个因素。首先，要深入了解当地的历史文化背景，包括当地的历史事件、重要人物、社会制度等。这些历史背景将为博物馆的定位和主题提供重要的参考依据。其次，要研究当地的传统艺术形式，如绘画、雕塑、音乐、舞蹈等。这些传统艺术形式是博物馆展示内容的重要组成部分，可以为博物馆增添独特的艺术氛围和文化特色。此外，还需要关注当地的具有代表性的历史遗迹，如古建筑、遗址、文物等。这些历史遗迹是当地文化遗产的重要载体，也是博物馆展示内容的重要来源。

通过对当地文化遗产的调研和评估，可以为生态博物馆的选址提供有力的支持。选址时需要考虑博物馆与周边环境的关系，确保博物馆的建设和运营不会对当地的生态环境造成不良影响。同时，选址还要考虑交通便利性，方便游客前来参观和学习。此外，选址还需要考虑到当地居民的意愿和参与度，确保博物馆能

够得到当地社区的支持和认可。

其次，需要考虑当地的自然环境特点。生态博物馆通常会融入自然环境，以展示人与自然的和谐共生关系。因此，选址时需要选择拥有丰富自然资源的地区，如山脉、湖泊、森林等。同时，还需要考虑交通便利性和周边环境是否适合游客的访问和体验。

另外，社区发展和可持续发展也是选址的重要考虑因素之一。生态博物馆的建设应该与当地社区的发展相协调，为当地居民提供文化交流和学习的机会。同时，也要考虑博物馆的可持续性发展，包括能源利用、废物处理等方面的问题。

（二）生态博物馆的规划

首先，要考虑的是建筑风格的选择。生态博物馆的建筑应当与周围的自然环境和谐共生，体现出自然与人文的完美结合。为了实现这一目标，我们可以采用环保材料和技术来打造绿色建筑，以减少对环境的负面影响。例如，我们可以使用可再生材料和节能技术，如太阳能板和雨水收集系统，来降低能源消耗和水资源浪费。此外，建筑的设计也应该注重自然通风和采光，以提供更舒适和健康的室内环境。通过选择这些环保的建筑方式，我们可以为观众提供一个与自然紧密相连的展览空间，使他们能够更好地了解和欣赏自然环境的重要性。

其次，展示内容的规划也是至关重要的。生态博物馆的展示内容应该涵盖多个方面，包括自然历史、生物多样性、环境保护等主题。通过展览、互动展示和教育活动等方式，我们可以向观众传递生态环境保护的重要性和知识。例如，在自然历史部分，我们可以展示不同地区的地质演化和动植物物种的进化过程；在生物多样性部分，我们可以介绍各种珍稀濒危物种的保护现状和保护措施；在环境保护部分，我们可以探讨人类活动对自然环境的影响以及可持续发展的概念和方法。通过这些多样化的展示内容，我们可以激发观众的兴趣和好奇心，增强他们对生态环境保护的认识和意识。

展示方式也是规划的重要考虑因素之一。除了传统的展品陈列外，我们还可以考虑引入虚拟现实（VR）和增强现实（AR）等先进的技术手段，以增加观众的体验感和参与度。通过使用 VR 设备，观众可以身临其境地探索不同的生态系统和保护项目，感受大自然的奇妙之处。而 AR 技术则可以将虚拟信息叠加在实际环境中，让观众更直观地了解生态环境的变化和保护措施的实施效果。

三、生态博物馆建设概述

生态博物馆的建设是一项复杂而重要的工作，它不仅需要考虑到当地的文化遗产和自然环境的保护和展示，同时也应该注重博物馆的建筑风格和内部布局。

每一个博物馆都是一个文化的载体，它承载着一个地方的历史和文化记忆。因此，在建设生态博物馆时，我们必须优先考虑到这些文化遗产的保护和展示。这包括对文物的适当修复和维护，以及对相关历史事件的详细研究和解读。同时，我们还需要通过各种方式，让公众了解并参与到这些文化遗产的保护和传承中来。

生态博物馆的建筑风格和内部布局是博物馆建设中不可忽视的重要方面。一个好的博物馆不仅要有丰富的展示内容，还要有吸引人的建筑风格和舒适的内部环境，以提供观众良好的参观体验。

建筑风格在生态博物馆中扮演着重要角色。它应该能够反映出当地的文化特色和历史背景，使博物馆成为当地文化的载体。同时，建筑风格也应该考虑到博物馆的实用性和环保性。例如，选择使用可持续材料和技术来构建建筑物，以减少对环境的影响；设计合理的空间利用，以确保展览区的合理布局和人流的顺畅流动。此外，建筑风格还应该与周围环境相协调，融入自然景观中，创造出一种和谐的氛围。

内部布局是决定观众参观体验的关键因素之一。为了提供良好的参观体验，博物馆需要合理规划观众的参观路线和体验感受。这包括设置清晰的导览标识和指示牌，以便观众能够轻松地找到他们感兴趣的展示内容；合理安排展品的陈列顺序和展示方式，以突出重点展品和主题；提供足够的休息区域和互动设施，以满足观众的需求。此外，还可以通过灵活的空间设计和多媒体技术的应用，为观众提供更加丰富多样的参观体验。

总之，生态博物馆的建筑风格和内部布局是博物馆建设中不可忽视的重要方面。通过精心设计建筑风格和合理规划内部布局，可以提升博物馆的吸引力和参观体验，使博物馆成为人们了解历史文化、探索科学知识的场所。

四、生态博物建设需要考虑的问题

（一）保护和恢复所在地的生态环境

生态博物馆的建设首要任务是保护和恢复所在地的生态环境，确保其生物多

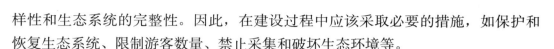

样性和生态系统的完整性。因此，在建设过程中应该采取必要的措施，如保护和恢复生态系统、限制游客数量、禁止采集和破坏生态环境等。

首先，生态博物馆的建设需要注重对当地生态环境的保护和恢复。这意味着在设计和建设过程中，应该尽量减少对自然环境的干扰和破坏。例如，可以选择使用环保材料进行建设，采用可再生能源来供电，以及合理规划建筑布局，减少对自然资源的消耗。此外，生态博物馆还可以通过种植植被、修复湿地等方式，积极参与到生态环境保护中，为当地的生态系统提供支持和帮助。

其次，为了确保生态博物馆的生物多样性和生态系统的完整性，应该采取一些限制措施来控制游客数量。这可以通过设置门票限额、限制参观时间等方式来实现。同时，生态博物馆还可以通过预约制度、分时段参观等方式，避免过度拥挤和人为干扰对生态环境造成不利影响。

此外，禁止采集和破坏生态环境也是生态博物馆建设中的重要措施之一。生态博物馆应该加强对游客的教育和管理，提高他们的环保意识和文明素质。可以通过设置警示标识、开展宣传活动等方式，向游客传达保护生态环境的重要性，并引导他们在参观过程中遵守相关规定。同时，生态博物馆也应该与相关部门合作，加强对违规行为的监管和处罚力度，确保游客的行为符合环保要求。

总之，生态博物馆建设的首要任务是保护和恢复所在地的生态环境，确保其生物多样性和生态系统的完整性。通过采取保护和恢复生态系统、限制游客数量、禁止采集和破坏生态环境等必要措施，生态博物馆可以为人们提供一个了解自然、感受生态之美的平台，同时也为当地生态环境的保护做出积极贡献。

（二）科学监测

生态博物馆的建设和运营不仅仅是展示和教育，更应该包括开展科学研究和监测。这些研究活动可以帮助我们了解和掌握所在地的生态环境状况，从而制定出更为科学和有效的保护措施。

科学研究可以帮助我们深入理解生态博物馆所处环境的生态系统结构和功能。例如，我们可以通过生态学、地质学等学科的研究，了解土壤类型、气候条件、物种分布等信息，从而为博物馆的展品设计和展览布局提供科学依据。同时，这些研究还可以帮助我们预测未来的环境变化，为博物馆的长期发展提供参考。

监测是确保生态博物馆环境保护工作有效进行的重要手段。通过定期对环境质量进行监测，我们可以及时发现环境问题，如污染源、生物多样性变化等，并采取相应的保护措施。此外，监测还可以为我们提供定量的数据支持，以评估保护措施的效果，从而不断优化我们的保护策略。

在生态博物馆的建设过程中，我们应该充分考虑到科学研究和监测的需求。这可能意味着我们需要在设计阶段就预留出足够的空间用于实验室或监测站的建设，或者在建设过程中增加相关的设施，如通风系统、照明设备等。同时，我们还应该提供必要的条件，如资金支持、人员培训等，以确保科学研究和监测工作的顺利进行。

（三）建立生态保护和管理机制

生态博物馆的建设与管理是一个复杂而重要的任务。为了确保其长期的可持续发展，我们需要建立一套科学的生态保护和管理机制。这包括制定和实施一系列相关的管理规章和制度，以便对博物馆的各个方面进行全面而有效的管理。

首先，需要明确生态保护的重要性，并将其纳入博物馆的运营策略中。这意味着我们需要在建筑设计、展览策划、教育活动等方面充分考虑到生态环境的保护，避免对环境造成不必要的破坏。同时，我们也需要定期进行环境评估，以确保博物馆的环境质量始终处于良好状态。

其次，需要建立一套完善的管理规章和制度，以规范博物馆的各项活动。这包括对藏品的管理、对游客的服务、对员工的管理等方面的规定。这些规章和制度应该具有明确的责任划分和操作流程，以确保每一项活动都能按照既定的规则进行。

此外，还需要加强对博物馆的管理和监督。这包括定期进行内部审计，检查各项规章和制度的执行情况，及时发现并纠正存在的问题。同时，我们也需要接受外部的监督，如政府部门的审查、社会公众的评价等，以提高我们的管理水平和服务质量。

最后，管理人员需要不断提高自身的管理水平和专业素养。这包括学习新的管理理念和方法，提升自己的专业技能，以便更好地应对各种复杂的管理问题。同时，我们也需要注重培养员工的环保意识，让他们在日常工作中始终保持对环境的尊重和保护。

（四）开展丰富多样的生态旅游活动

生态博物馆应该开展丰富多样的生态旅游活动，以向游客宣传和普及生态知识和文化遗产。这些活动可以包括生态导游、生态讲座、生态文化节庆等多种形

式，旨在吸引游客并提高博物馆的知名度。

　　生态导游是生态博物馆开展的一项主要活动，它为游客提供了深入了解当地生态系统的机会。通过专业的导游讲解，游客可以了解不同物种之间的关系、生态系统的运作原理以及保护生态环境的重要性。这种互动式的学习方式不仅使游客对自然环境产生更深刻的认识，还激发了他们对生态保护的兴趣。

　　生态讲座是另一项重要的活动，它为游客提供了一个深入学习生态知识的平台。生态博物馆可以邀请专家学者或相关领域的从业者来给游客做讲座，分享他们的研究成果和实践经验。这些讲座涵盖了广泛的主题，如气候变化、生物多样性保护、可持续发展等，帮助游客全面了解当前面临的环境挑战，并思考如何采取行动来保护我们的地球家园。

　　此外，生态文化节庆也是生态博物馆吸引游客的一种有效方式。通过举办各种与生态相关的文化活动，如传统民俗表演、手工艺品展览、美食品尝等，生态博物馆能够展示当地的生态文化特色，让游客在欣赏美景的同时，也能体验到独特的文化氛围。这样的活动不仅丰富了游客的旅行体验，还促进了地方文化的传承和发展。

　　生态博物馆应该加强与当地社区的合作，这是一个非常重要的举措。通过与社区共享资源、共同保护生态环境、共同发展旅游业等方式，可以增强博物馆与当地社区的联系，提高博物馆的社会影响力和认可度。

参考文献

［1］国家文物局博物馆司．博物馆建设思考答卷．［M］．北京：文物出版社，2003．

［2］吴宏堂．博物馆建设与特色彰显．［M］．武汉：湖北人民出版社，2012．

［3］买靳．博物馆建设与文化发展．［M］．哈尔滨：北方文艺出版社，2020．

［4］王春．数字博物馆建设管理．［M］．天津：百花文艺出版社，2011．

［5］张永发．论民族博物馆建设．［M］．北京：民族出版社，2007．

［6］文物保护领域物联网建设技术创新联盟．智慧博物馆案例．［M］．北京：文物出版社，2017．

［7］王栋云．博物苑．［M］．北京：文物出版社，2011．

［8］陈晓苏．北京文博．［M］．北京：北京燕山出版社，2009．

［9］郑文君，刘书景，高鹤心．博物馆建设发展与档案管理．［M］．北京：北京燕山出版社，2022．

［10］丁卫泽．教育技术博物馆建设与场馆学习．［M］．北京：科学技术出版社，2016．

［11］孙晨，刘福艳．现代博物馆建设与馆藏管理．［M］．哈尔滨：北方文艺出版社，2020．